献给世界的壮丽史诗
——外国人看长征

主　编／赵已阳
副主编／魏建永　梁　勇
编　者／陈小鹏　刘培刚　李　涛

北京理工大学出版社
BEIJING INSTITUTE OF TECHNOLOGY PRESS

版权专有　侵权必究

图书在版编目（CIP）数据

献给世界的壮丽史诗：外国人看长征/赵巳阳主编．—北京：北京理工大学出版社，2016.10

2016年主题出版重点出版物

ISBN 978－7－5682－0509－2

Ⅰ．①献… Ⅱ．①赵… Ⅲ．①中国工农红军长征－史料 Ⅳ．①K264.406

中国版本图书馆CIP数据核字（2016）第322109号

出版发行 / 北京理工大学出版社有限责任公司
社　　址 / 北京市海淀区中关村南大街5号
邮　　编 / 100081
电　　话 / （010）68914775（总编室）
　　　　　（010）82562903（教材售后服务热线）
　　　　　（010）68948351（其他图书服务热线）
网　　址 / http：//www.bitpress.com.cn
经　　销 / 全国各地新华书店
印　　刷 / 北京地大天成印务有限公司
开　　本 / 710毫米×1000毫米　1/16　　　　责任编辑 / 林　杰
印　　张 / 17.5　　　　　　　　　　　　　　　　　　刘永兵
彩　　插 / 11　　　　　　　　　　　　　　　策划编辑 / 李炳泉
字　　数 / 295千字　　　　　　　　　　　　　　　　王佳蕾
版　　次 / 2016年10月第1版　2016年10月第1次印刷　责任校对 / 周瑞红
定　　价 / 66.00元　　　　　　　　　　　　　责任印制 / 王美丽

图书出现印装质量问题，请拨打售后服务热线，本社负责调换

中国史诗，世界绝唱

——《献给世界的壮丽史诗——外国人看长征》序

英国历史学家阿诺德·汤因比在其代表作《历史研究》中开宗明义指出："应该把历史现象放到更大的范围内加以比较和考察，这种更大的范围就是文明。"①

长征，值得放到这样一个宏大的背景中去解读。

中国工农红军辗转大半个中国的长征已过去了80年。然而，对它的纪念和思考，中国从来没有停止过，世界也没有停止过。

斯诺在《红星照耀中国》（中文版译为《西行漫记》）中预言："总有一天，会有人写出这一惊心动魄的远征的全部史诗。"

时隔半个世纪，斯诺的老友、美国著名记者兼作家、《纽约时报》的副总编哈里森·索尔兹伯里和他的妻子夏洛特在1984年3月来到北京，对当年参加过长征的健在者，包括党的领导人、高级将领、红军战士，以及知情的百姓进行了采访，走访了党史、军史的有关专家。在一个月的"旋风式采访"后，又用了两个多月的时间，沿红军长征路线进行采访。1985年索尔兹伯里和他的妻子分别出版了关于长征的专著《长征——前所未闻的故事》和《长征日记：中国史诗》。

索尔兹伯里夫妇只是重走长征路的外国人中的一个代表。其实，80年来，已有许多对长征感兴趣的外国人，沿着当年的红军长征之路，进行了实地考察，以他们自己独特的视角审视并体验了红军长征这一段辉煌的历

---

① 阿诺德·汤因比著，《历史研究（上）》，郭小凌、王皖强译，上海人民出版社，2010。

程，思考着长征精神对中国和世界的影响。在这些来自国外的"长征迷"中，有一位名叫李爱德的英国历史学博士于2002年10月与朋友马普安一起从江西出发，经过300多天的跋涉，徒步走完了中央红军当年的长征路程。后来，他们以这次经历撰写了《两个人的长征》一书，出版后受到了读者的热烈追捧。曾出任美国国家安全事务助理的布热津斯基也于1981年秋天宣布，他要来中国进行一次"沿着长征路线"的跋涉。后来，他带着全家走上了1934年中国工农红军走过的路。此外，以色列前总统侍卫长武大卫和张爱萍的女儿张小艾也于2006年3月10日从江西瑞金（今瑞金市）出发，沿着长征路线艰苦跋涉，最后到达了陕西省延安市吴起县①。"老外"为何纷纷争当"长征迷"？最初的好奇和质疑固然是一方面原因，但随着他们的亲自寻访和体验，以及随后的深入了解和思索，终于让这些中国革命的"旁观者"，甚或是"对手"们深深感到：长征精神不仅是中国人民的独特精神财富，同时也是全人类的宝贵精神财富。纵观人类文明发展史，也可以说是一部不畏艰难险阻、勇敢跋涉的远征史。而发生于20世纪30年代的中国工农红军长征，正是集中体现了人类这一无比伟大的人文精神，堪称世界绝唱。

　　令人担忧的是，当世界上许多人敬仰中国工农红军，痴迷于探寻长征精神时，我们却有不少人淡忘了中国工农红军长征的光辉历史，甚至否定可歌可泣的长征精神。

　　忘记历史就等于背叛，否定红军长征及长征精神就无法开始新的长征。

　　如今，我们正在进行实现"中国梦"的新长征，如何才能把新长征的每一步都走得踏实而有力量，客观上需要我们大力发扬红军的长征精神，不畏艰难险阻，去争取一个又一个胜利！

　　可喜的是，在纪念红军长征胜利80周年之际，以赵巳阳博士为首的几位青年人，不忘红军长征之初心，牢记弘扬长征精神之使命，以新的视角编撰了这本《献给世界的壮丽史诗——外国人看长征》。这些青年人全方位、多层次搜集整理了世界各国军界、政界、文化界等各界人士对中国工

---

① 原为吴起镇。1935年10月19日毛泽东同志率领中央红军进入苏区大门——吴起镇，与陕北红军会师；1942年，设吴起县，不久又改名为吴旗县；2005年10月19日，正式更名为吴起县，隶属延安市。

农红军长征的认识和评价，并进行了恰当地分析和点评，对当代中国新一代年轻人客观认识红军长征历史、深入学习长征精神将大有裨益。可喜可贺，是为序。

薛国安

二〇一六年九月

想必大家对于毛泽东的《七律·长征》一诗并不陌生，这首诗最先为众人所知是在1935年9月29日。这天陕甘支队主力进驻通渭县城。当晚，毛泽东在文庙街小学接见了第一纵队第一大队先锋连全体指战员，并举行了晚会。晚会上，毛泽东满怀豪情地朗诵了他的诗作《七律·长征》。

但是最先发表毛泽东这首诗的，却是一个外国人，他就是美国进步记者、著名作家埃德加·斯诺。

1936年6月，在宋庆龄的联系与帮助下，斯诺与在上海行医的马海德医生冒着生命危险，经西安来到陕甘苏区访问，成为陕甘苏区第一个来访的外国记者。在当时的中共中央所在地保安（今陕西省志丹县），斯诺和毛泽东进行了四次长谈，搜集了关于二万五千里长征的第一手资料。然后又长途跋涉，到苏区各地去采访。1936年10月底，斯诺带着十几本日记和笔记、三十个胶卷回到北平（今北京），决心把"这些日子所看到的、所听到而且所学习到的一切，作一番公开的、客观的、无党派之见的报告"[①]。在其夫人海伦·斯诺的协助下，斯诺把带回来的采访手记迅速整理成文。不久，他便在上海的《密勒氏评论报》《大美晚报》和北平的《民主》杂志等英文报刊上发表了一组有关陕甘苏区的报道。1937年年初，斯诺还将一些英文电讯稿原件提供给他的中国友人——燕京大学的进步学生王福时。王福时深感这些文稿对中国人民了解陕甘苏区和西安事变真相的重要性，于是就和时任斯诺秘书的郭达、燕京大学学生李放等一起，利用与《东方快报》的关系，迅速把这些文稿译成中文编辑成书，仅用两个多

---

① 埃德加·斯诺著，《西行漫记》，董乐山译，东方出版社，2005。

月的时间就完成了在北平的秘密印刷出版工作，书名为《外国记者西北印象记》。第一版印5 000册，后又有10多种翻印本，总销量数以万计。此书除了从《亚细亚》杂志上翻译过来的一位美国经济学家有关苏区的3篇报道外，其余的都是斯诺的文章和访谈录。斯诺还为这本书提供了32幅照片、10首红军歌曲和毛泽东《长征》一诗的手迹，因而这本书成了最早收录毛泽东《长征》一诗的出版物。《长征》单独刊登在《外国记者西北印象记》一书的封三上，标题为《毛泽东所作红军长征诗一首》。原版诗句竖排，每行两句，没有标点。全诗如下：

红军不怕远征难　　万水千山只等闲
五岭逶迤腾细浪　　乌蒙磅礴走泥丸
金沙浪拍悬岩暖[①]　大渡桥横铁索寒
更喜岷山千里雪　　三军过后尽开颜

之所以赘言这段往事，是想告诉读者，西方世界最初了解毛泽东、了解长征是通过中国人民的老朋友斯诺。自从斯诺敲开了红色世界的大门，外国的记者、作家、医生甚至军界人士纷至沓来，如艾格妮丝·史沫特莱、爱泼斯坦·汉森、贝特兰、伊·卡尔逊、根·斯坦因、哈·福尔曼、海伦·福斯特等，他们不远千里，辗转到达陕北，探寻这支浴火重生的中国工农红军魅力之谜。他们或者用纸笔，或者用相机，或者用声音向世界人民介绍长征，讲述长征的故事。

而今，在长征胜利80周年之际，我们将外国人对长征的叙述和评论加以整理归纳，并辅以大量的历史图片，从另一个角度为读者呈现红军长征的相关史实，希望能为读者提供一个国际视角下的长征管窥。

---

① 细心的读者会发现，现在我们读到的《七律·长征》与当初斯诺书中的诗略有不同。1957年1月《诗刊》正式发表的该诗的定稿，与《外国记者西北印象记》《红星照耀中国》等书中所载《长征》诗原稿略有不同，有一些改动：(1) 诗的标题正式定为《长征》，并在标题前注上"七律"。(2) 颈联中的"金沙浪拍悬岩暖"改为"金沙水拍云崖暖"。为何要把"浪拍"改为"水拍"？毛泽东曾在文物出版社同年9月刻印的《毛主席诗词十九首》书眉上批注说："水拍：改浪拍。这是一位不相识的朋友建议如此改的。他说：不要一篇内有两个浪字，是可以的。"毛泽东所说的这位"不相识的朋友"，后来据考证是山西大学历史系的罗元贞教授。而毛泽东因何把"悬岩"改作"云崖"，却从未有人提及，他本人也未解释。

本书第一章由赵巳阳撰写，第二章由魏建永、李涛撰写，第三章由陈小鹏、梁勇、刘培刚、赵巳阳撰写，第四章由赵巳阳、李涛撰写。国防大学原战略教研部副主任、博士生导师薛国安少将为本书作序。

第一章 第三种眼光看长征：长征国外传播与研究历程·············001

　一、民主革命时期国外关于长征的报道与研究
　　——打破反动新闻蒙蔽下的世界舆论·············004

　二、新中国成立后国外关于长征的报道与研究
　　（成为国际中共学和毛学研究重要组成部分）·············018

　三、改革开放后国外关于长征的报道与研究
　　——实地考察与微观学术性探讨·············023

第二章 "他们"的疑惑与探寻：
　　　国外关于长征热点问题的评议·············035

　一、关于红军长征的原因·············037
　　（一）中央红军长征的原因·············039
　　（二）红四方面军长征的原因·············047
　　（三）红二方面军长征的原因·············048
　　（四）红二十五军长征的原因·············049

　二、关于长征起始终止的时间、地点与里程·············051
　　（一）红军长征起始终止时间、地点和里程的总体情况·············051
　　（二）各支红军部队长征起始终止的时间、
　　　　地点和里程·············055

　三、关于战略转兵·············065
　　（一）战略转兵的背景·············065

（二）关于战略转兵的主要考量 ··· 065
（三）战略转兵决策的形成过程 ··· 066

四、关于长征时期中共新领导核心的形成及确立 ······························· 071
（一）初期遭受严重损失，迫切需要新的领导集体来领导红军 ······ 072
（二）纠正了"左"倾军事错误，形成了以毛泽东为主的
新领导集体 ··· 075
（三）三大主力胜利会师，进一步确立了党的新领导集体的
核心地位 ··· 076
（四）国外对在长征时期党的新领导核心形成及确立的评议 ······ 079

五、关于反对张国焘分裂主义的斗争 ·· 081
（一）分为左右两路军，中共中央北上开拓新的革命局面 ············ 082
（二）遭遇战略失败，张国焘被迫取消"第二中央" ··················· 087
（三）成立西北局，红军三大主力实现胜利会师 ·························· 090
（四）国外对长征时期中共中央同张国焘分裂主义
做斗争的评议 ··· 094

六、关于长征时期的统战工作 ··· 096
（一）利用敌人内部矛盾争取地方军阀，突破敌人封锁线 ············ 096
（二）大力宣传民族政策订立同盟，通过少数民族聚居区 ············ 099
（三）以抗日为共同目标开创合作局面，取得长征最后胜利 ······ 103
（四）国外对长征时期统战工作的评议 ······································· 106

第三章　那年那人那事：外国人看长征中的重要人物、
战斗与会议 ··· 109

一、峥嵘岁月竞风流——长征中的主要人物 ····································· 111
（一）毛泽东 ··· 112
（二）周恩来 ··· 122
（三）张闻天 ··· 132
（四）朱　德 ··· 139
（五）彭德怀 ··· 149
（六）贺　龙 ··· 160
（七）李　德 ··· 169

二、枪林弹雨中突围——长征中的主要战役战斗⋯⋯⋯⋯⋯⋯⋯⋯177
　　（一）血战湘江——突破国民党军队的第四道封锁线⋯⋯⋯⋯⋯178
　　（二）四渡赤水、巧渡金沙江——毛泽东的神来之笔⋯⋯⋯⋯⋯185
　　（三）强渡大渡河、飞夺泸定桥——粉碎让红军成为
　　　　　"石达开第二"的预言⋯⋯⋯⋯⋯⋯⋯⋯⋯⋯⋯⋯⋯⋯⋯200
　　（四）吴起镇战斗——切掉了中央红军长征追兵的"尾巴"⋯⋯207

三、运筹决策定乾坤——长征中的重要会议⋯⋯⋯⋯⋯⋯⋯⋯⋯⋯211
　　（一）黎平会议：确认毛泽东转兵贵州的战略决策⋯⋯⋯⋯⋯⋯211
　　（二）猴场会议：解除李德的军事决策权和指挥权⋯⋯⋯⋯⋯⋯217
　　（三）遵义会议：生死攸关的伟大转折⋯⋯⋯⋯⋯⋯⋯⋯⋯⋯⋯222
　　（四）两河口会议：确定北上抗日的战略方针⋯⋯⋯⋯⋯⋯⋯⋯229
　　（五）吴起镇会议：宣告胜利扎根陕北⋯⋯⋯⋯⋯⋯⋯⋯⋯⋯⋯235

第四章　外国人看长征：需要继续讲述的故事⋯⋯⋯⋯⋯⋯⋯241

一、长征——中国好故事讲给世界听⋯⋯⋯⋯⋯⋯⋯⋯⋯⋯⋯⋯⋯243
　　（一）长征是中国的"好故事"⋯⋯⋯⋯⋯⋯⋯⋯⋯⋯⋯⋯⋯⋯244
　　（二）"他们"讲长征好故事给世界听⋯⋯⋯⋯⋯⋯⋯⋯⋯⋯⋯250

二、以国际眼光"讲中国好故事，讲好中国故事"⋯⋯⋯⋯⋯⋯⋯⋯254

参考文献 ⋯⋯⋯⋯⋯⋯⋯⋯⋯⋯⋯⋯⋯⋯⋯⋯⋯⋯⋯⋯⋯⋯⋯⋯260

第一章

第三种眼光看长征：
长征国外传播与研究历程

人类的文明史也是一部人类战争史。

人类几千年的战争史,犹如一幅苍凉的长卷,犹如一首沧桑的史诗。

回溯战争史,远征的战例比比皆是。普鲁士著名的军事思想家卡尔·冯·克劳塞维茨在他的鸿篇巨制《战争论》中指出:战争的目的就是"使敌人无力抵抗",在现实中要实现这一目的,需要三个途径——"消灭敌人的军队""占领敌人的国土""征服敌人的意志"。由于有着占领敌人国土这一目标,战争往往伴随着大规模、远距离行军。不论是亚历山大率领着马其顿兵团远征波斯,建立起横跨亚非欧的庞大帝国,还是成吉思汗及其子孙率蒙古铁骑横扫欧亚大陆,建立起蒙古帝国,或是拿破仑为了巩固法兰西第一帝国的霸权,远征沙俄,这些远征至今仍为人津津乐道。

但是,在20世纪上半叶的中国,有这样一次行军,虽然发生在本国国土范围之内,却吸引了全世界的目光,被美国《时代周刊》评选为20世纪影响人类社会文明发展进程的100件事之一。它历时两年,四支红军部队行程总和超过60 000里①,其中中央红军主力部队行军最远达25 000里,跨越11省,沿途进行了340多次战斗,平均每行进300米左右就有一名官兵献出生命。就是这样一条由血与火筑就的行军之路,80年以来,国内外不断有人为此讴歌颂扬,有人为此著书立说,还有人从质疑其真实性转变为其"粉丝"和"代言人"。

是什么样的行军在全世界范围内具有如此持久而巨大的魅力?

这就是中国工农红军的长征。

虽然称为"长征",但是它与以往世界军事史上的远征大相径庭,不是"征伐"他国土地,不是"征讨"他国财富,不是"征服"他国人民。正如毛泽东在谈到长征意义时所讲的那样,"长征是宣言书,长征是宣传队,长征是播种机"②。中国

---

① 1里=500米。此处用"里"作为计量单位,是因为当时中国计量单位没有国际化,中央红军的长征一直约定俗成用"二万五千里长征"来表达。
② 1935年12月27日毛泽东在瓦窑堡所作的《论反对日本帝国主义的策略》的报告中指出:"长征是历史纪录上的第一次,长征是宣言书,长征是宣传队,长征是播种机。"

> 工农红军长征，征服的是"人心"，征服了反抗剥削压迫和抵御外敌侵略的亿万中国人民的心，随着长征事迹的广泛传扬，也征服了热爱和平、追求真理的全世界有识之士的心。
>
> 长征犹如一座桥梁，把1949年前在中国这片饱受磨难与欺凌的土地上发生的新民主主义革命的两个历史阶段——"瑞金时期"和"延安时期"连接起来。长征胜利后直至今天，它的独特魅力仍吸引着国内外无数人对其产生浓厚的兴趣。关于长征，虽然中国共产党与国民党有着各自的认识，但是世界范围内第三方对于长征的评述及研究却有其独特的视角，正所谓用第三种眼光来看长征。

一、民主革命时期国外关于长征的报道与研究
——打破反动新闻蒙蔽下的世界舆论

1921年中国共产党登上历史舞台之初，关于中共的报道极少见诸海外报端，更不要说有学者专门去做研究了，这除了中国共产党当时缺乏强有力的对外宣传外，主要有以下五个主要原因：一是同创立时间更早，领导过辛亥革命、推翻帝制的国民党相比，当时的中国共产党势单力薄；二是1927年4月第一次国共合作破裂后，中国共产党的革命活动转入低潮和"非法"状态；三是在国民党政府实行严密的新闻封锁和反动宣传下，外媒几乎无法对中共和红军进行客观公正的报道，即使有报道，也往往以"土匪""叛乱者"来称呼中国共产党及其工农红军；四是国民党军队进行数次疯狂"围剿"，迫使红军主力于1934年10月开始大规模撤离根据地，使得一般人认为中国共产党领导的红军气数已尽，不足挂齿；五是当时西方各国主要是与国民党打交道，而中国共产党只能以"日愈加重的神秘感，成为民间的热门话题"[①]。

---

① 肯尼恩·休梅克著，《美国人与中国共产党人》，郑志宁等译，吉林文史出版社，1989。

在这样的背景下，1928—1936年西方有关中国共产主义的报道是模糊不清和笼统概括的。比如说，当时在中国的美国人多达13 000余人，他们也写了不少关于中国的文章，发表了不少著作，却大多应声附和蒋介石的国民党政府，或者更关心自己在华的冒险事业。

1930年7月，美国的《太平洋事务》杂志在《太平洋来讯》专栏提到中国共产党的活动，这是美国主流媒体自1927年以来首次对中国共产党进行报道，它完全采用国民党的口吻，把共产党的活动与"土匪活动"相提并论。在以后的连续报道中，美国人民得到的消息是："中国西部和南部地区的土匪活动频繁""共产党匪帮普遍破坏和洗劫""持续不断的土匪和共产党骚动"，等等。① 正是这些关于中共和红军的歪曲报道，给世界人民造成一种假象：中共和红军在中国各地制造麻烦，他们的力量已经受到政府的致命打击；南京政府只是偶尔才"关心"一下这些"赤匪"。另外，外国人在国民党的重重封锁下根本不可能进入中共领导的苏区，实地考察是一件不可企及的事。这样，外界既不能直接也无法间接获取有关中共活动的可靠材料和信息，只能在"近乎全然无知的条件下"，试图评价中国共产党。可以说，"在世界各国中，恐怕没有比红色中国的情况是更大的谜、更混乱的传说了"②。

《密勒氏评论报》（*Millard's Review*）主编鲍威尔

在上海，由美国人约翰·本杰明·鲍威尔（John Benjamin Powell）主编的英文报纸《密勒氏评论报》（*Millard's Review*）③，偶尔对红军的行踪做一些较客观的报道。

---

① 肯尼恩·休梅克著，《美国人与中国共产党人》，郑志宁等译，吉林文史出版社，1989。
② 埃德加·斯诺著，《西行漫记》，董乐山译，东方出版社，2005。
③ 由美国《纽约先驱论坛报》驻远东记者汤姆斯·米勒于1917年6月9日在上海创办的英文刊物，后于1922年11月被第二任主编约翰·本杰明·鲍威尔收购。1923年6月更名为《中国每周评论》（*The China Weekly Review*），但考虑到读者对原中文名的习惯，在英文刊名下仍保留原《密勒氏评论报》的中文名。读者群包括在华外国人、海外人士（近一半的发行量在海外）、中国政界和知识阶层，还有大、中学校学生将其作为英文学习辅助读物。

例如，1934年10月20日，《密勒氏评论报》写道："两年前，一支数千人的红军队伍开入四川，随后不久，红军就对田颂尧将军统率的川军转入进攻，先后占领了通江、南江、巴中三城，在四川成立了苏维埃政府。虽然田颂尧将军也收复了几座丢失的县城，但最后仍然被红军击溃，损失步枪一万支。一年不到的时间，红军兵力扩大为十倍。1933年9月，红军对杨森将军发起进攻。红军还攻击了刘文辉将军所部，占领了遂宁、中坝。省军的战败有力地鼓舞了红军的士气，使红军获得了许多装备，大大扩充了军队。遂宁兵工厂被用来武装红军。现在红军又开始进攻，力图夺占万县和重庆。"《密勒氏评论报》的这些报道，向外界客观透露了一些少得可怜的、关于红军的，甚至过时长达一年之久的情况。

20世纪30年代的《密勒氏评论报》

对于历时两年的中国红军长征，全世界知之更少。著名的美国《纽约时报》在1934年10月整整一个月的新闻报道中，没有一则中国新闻，更不要说提到红军长征了。1934年11月9日，美国《纽约时报》在第6版上用四行字歪曲报道了中国红军的长征。说有4万人的共产党军队撤离被封锁数月的江西、福建，此时正在西行途中，他们沿着粤汉铁路两边的湖南边界行进，在100英里①长、12英里宽的地区大肆抢劫。三个星期后，《纽约时报》又发了一条简短的消息，要读者放心，说国民党已在江西打败了共产党。这两则报道可能是西方世界对长征的最早披露了。

---

① 1英里=1 609.344米。

至今据我们所知，直接介入红军，同红军一起亲历长征的一共有6位外国人：共产国际军事顾问奥托·布劳恩（Otto Braun，中文名李德），德国人（一说为奥地利人）；英国传教士鲁道夫·阿尔弗雷德·勃沙特（Rudolf Alfred Bosshardt，中文名薄复礼）和阿诺利斯·海曼（Arnolis Hayman）；越南人洪水（曾用名武元博、阮山）；朝鲜人毕士悌（曾用名金勋、杨林等）和武亭（原名金武亭）。其中，李德和薄复礼事后都专门写了回忆录，叙述这一不同寻常的经历。

李德（1900—1974）

海曼（左）和勃沙特（右）

其中，勃沙特跟随红军长征的经历颇为神奇。1934年10月1日，勃沙特在祈祷活动结束后回家的路上遇到中央红军先遣部队红六军团，被以"间谍"之名"逮捕"。虽然红军最初想以勃沙特作为人质向教会索取一些物资和资金，但是在长征的过程中勃沙特跟红六军团领导人萧克逐渐互相了解，建立了深厚的友谊。尤其当红六军团从江西进入贵州境内时，对贵州地理状况可以说是一无所知，是勃沙特帮助萧克连夜翻译了一幅珍贵的

洪水（1908—1956）

毕士悌（1898—1936）

武亭（1905—1952）

法文版贵州地图，使得红六军团得以转战贵州东部直到进入湘西地区。勃沙特跟随萧克、王震领导的部队进行了长达十八个月的行军，1936年4月12日，勃沙特被红军释放，离开长征队伍。他用三个月的时间写了一本长达288页、配有多幅珍贵照片的回忆录《抑制的手》(The Restraining Hand)①，于1936年8月在英国伦敦哈德尔和斯托顿（London Hodder and Stoughton）公司出版。这是"红军长征中以局外人身份写的唯一的印象记，第一次从一个侧面向国外读者介绍了红军长征"②。

《抑制的手》(The Restraining Hand) 1936年出版

勃沙特夫妇

海曼被提前释放时
由红军颁发的通行证

---

① 《抑制的手》又译为《神灵之手》。
② 肖显社著，《东方魅力》，中共党史出版社，1996。

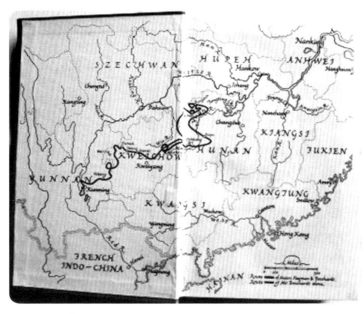

勃沙特帮助红军先遣部队翻译的法文版贵州地图
（现藏于中国人民革命军事博物馆）

这本书问世后颇受欢迎，在1936年11月和12月又再版两次；1937年，被译成法文由瑞士艾迪托斯·艾马思（Editos Emmaus）出版社出版。后来由于战乱，该回忆录的英文打字稿被毁，未再版。1978年，已经81岁高龄的勃沙特应出版商之邀，在原来回忆录的基础上补写了他自1922年来到中国至离开中国的全部经历，书名改为《指导的手》（The Guiding Hand）。不久，瑞士教会出版社又将其译为法文出版，定名为《指引之手》（Conduit Par Sa Main）。作为跟随红军长征的外国人，勃沙特的回忆录提供了另一个视角，成为研究中国工农红军长征的珍贵历史资料。除此以外，勃沙特在回国之后采取演讲等多种形式，客观介绍中国红军的情况，较为有效地驳斥、澄清了当时官方报纸称红军为"土匪"或"强盗"等诬蔑和误解。当时的英国报刊，有的采用了十分醒目的标题新闻——"勃沙特先生计划返回曾经逮捕过他的国家"；有的文章指出："勃沙特先生亲身告诉我们，中国红军那种令人惊异的热情，对新的世界的追求和希望，对自己信仰的执着是前所未闻的。"所以说，勃沙特回忆录对于长征的客观描述，有助于外国了解中国红军的真实情况，对促进建立最广泛的统一战线产生了积极的作用。但是，必须指出的是，由于他本人是传教士，他的书具有较浓厚的宗教色彩；

另外，他是被迫跟随长征的，因此也存在一些歪曲事实的描述。

李德1900年出生于德国慕尼黑，在第一次世界大战期间参加了德国共产党并参与创建巴伐利亚苏维埃。1926年被德国政府逮捕入狱，1928年越狱逃亡苏联，进入伏龙芝军事学院学习。1932年春毕业后被派往中国。是年秋，抵达上海，代替当时未到任的共产国际驻华军事代表曼弗雷德·施特恩，开始了其对中国革命战争的军事指导。第五次反"围剿"失败后，在长征初期，仍是军事最高领导"三人团"成员之一。遵义会议后被撤销指挥权，但仍随红军长征抵达陕北，后曾在较短时期内担任过中国人民抗日军政大学的教员，1939年返回莫斯科，1949年回到德意志民主共和国（东德）定居至1974年病逝。在东德期间，在马克思列宁研究所工作，潜心于研究和翻译工作，著有《中国纪事1932—1939》，该书作为当代稀见史料书系中的一部于1973年由东方出版社出版。

《中国纪事1932—1939》中文版
1973年出版

虽然在该书中，出于某种心理，李德对于中国革命有一定的歪曲描写，但是作为长征的亲历者，他也给予长征积极的评价。他认为："虽然长征付出了巨大的牺牲，但从政治上看，仍是中国红军的一次胜利。红军抵御了占有强大优势的敌军，突破了敌人的坚固阵地和重重包围，给敌人以数十次打击和成百次骚扰。红军行程1万多公里①，横贯12个省②，翻过18座大山，渡过24条大河。这是一个不可磨灭的功绩，是中国红军——共产党领导下的农民军队的全体战士伟大的勇敢、坚韧的毅力和革命的热情的明证。"③

其实，在1934年10月中央红军开始战略大转移后，有少数美国人不

---

① 1公里＝1 000米。
② 原文如此，应为11个省。
③ 奥托·布劳恩著，《中国纪事1932—1939》，李逵六等译，东方出版社，1973。

太相信国民党一再宣传的"残匪论"。在中国工作的诺曼·汉韦尔（Norman Hanwell）①认为，既然国民党不得不"在作战地图上翻来覆去地标记、筹划"，那么，所谓残余土匪的宣传就一钱不值。相反，这说明红军在长征途中采取的策略很灵活，好像在拽着国民党的鼻子东奔西走。1936年，汉韦尔把自己的工作搁置一边，走访了很多人，并且亲自游历、考察红军长征经过的一些地区。汉韦尔的调查结果以系列文章的形式发表在美国《亚洲》杂志上。《亚洲》杂志的编辑们说，这些文章是"目前已出版的有关中国红军的最详尽、最可靠的报道"②。可连汉韦尔本人都认为，自己主要依据的第二手材料仍然极不可靠。除此以外，一些美国外交官也力图查明共产党人转移后在政治上和军事上的结果。可是，美国外事部门综合了近150份报告，得出的结论竟然是：长征路线是西去再转北上，最后将自行消失。当然，也有少数人持不同看法，认为共产党"有胜任的领导，有高昂的士气，对群众有吸引力"，共产党的力量将变得更为强大。总的说来，在1936年以前对红军长征的报道是"一幅混乱的画"③。

从中国共产党自身来讲，并不希望自己被世界遗忘，反而在想方设法打破蒋介石的严密封锁。在长征结束后，中共决定邀请西方记者，特别是对中国颇为友好的美国记者，来陕甘苏区访问。与此同时，随着中国形势的发展，已有一些外国人士确信蒋介石的所谓"残匪论"破产了。他们渴望用事实证明经历了大退却的红军依然有顽强的生命力。正是在这种里应外合的大趋势下，美国记者埃德加·斯诺幸运地成为深入苏区采访的第一位西方记者。1936年6月，即已胜利完成长征的中央红军尚在等待与二、四方面军会师的时候，斯诺在中共的周密安排下来到了陕西保安县④，进行了为期四个月的访问。他回到北平后，首先为英美报刊撰写了许多具有轰动效应的通讯报道。已有十几年奋斗历史的中国共产党及其诞生九年的红

---

① 诺曼·汉韦尔（中文名韩蔚尔），美国记者，常年为欧美各大报刊撰写关于中国形势的文章，为躲避日军耳目，有时将稿件拿到美国使馆随同外交文件寄出，有时用 David Weile 的笔名发表文章。他曾与斯诺共同进入苏区，两人的文章被匿名译成中文，1937年由上海丁丑编译社以《外国记者西北印象记》的书名出版；1949年6月重印，更名为《美国记者中国红区印象记》，由群众图书公司发行。现在大多数人都知道斯诺，而早逝的诺曼·汉韦尔则很少被人提及了。
② 肯尼思·休梅克著，《美国人与中国共产党人》，郑志宁等译，吉林文史出版社，1989。
③ 约翰·马克斯韦尔·汉密尔顿著，《埃德加·斯诺传》，沈蓁、沈永华、许文霞译，学苑出版社，1990。
④ 1936年7月3日至1937年1月13日是中共中央所在地，1936年4月刘志丹牺牲后，为纪念他，保安县更名为志丹县。

军似乎直到这时才被斯诺"发现",才被世界"发现"。在当时这就像哥伦布发现美洲大陆一样,成为震撼世界的成就。

斯诺在采访中从上至毛泽东下至普通战士那里,搜集了丰富的有关红军二万五千里长征的第一手资料,因而在他的系列报道中,有关长征的内容非常引人注目。斯诺在其通讯报道的基础上,抓紧撰写了一本全面、系统介绍中共及其红军的书,这就是1937年10月由英国格兰茨公司出版的《红星照耀中国》(*Red Star over China*),该书问世后迅即风靡世界。长征是《红星照耀中国》的高潮部分,当时在美国"差不多每一位评论家都选出斯诺对长征的描述加以评论"①。《红星照耀中国》不仅首次向国外全面介绍了红军长征,就连中国人也是在该书于1938年被译成中文版《西行漫记》②后,才首次读到了长征这一英雄史诗。《红星照耀中国》一书的成功,不仅体现在20世纪三四十年代所引发的"爆炸性"新闻轰动效应,而且迄今为止它仍不失为研究长征以及中共党史的重要文献资料。书中有关长征的描写建立在斯诺同长征亲历者直接交谈的基础上,因而所使用的原始材料是无可挑剔的。在西方世界颇有影响的美国著名历史学家斯图尔特·施拉姆(Stuart Schram)指出,第一本最有说服力的讲述长征的书是斯诺的《红星照耀中国》。

斯诺在写《红星照耀中国》的"长征"篇时,只利用了他所搜集的相关资料的大部分。后来,他曾试图充分利用所存的宝贵资料,写一本长征专史,可惜未能遂愿。1957年,在费正清的积极倡导和鼎力协助下,哈佛大学出版社把斯诺散存的一些珍贵材料汇编成《红色中国杂记(1936—1945)》。书中的内容过去未曾发表过,从长征这一角度来看,其有力地补充了《红星照耀中国》中略写的内容。

斯诺于1972年2月15日在瑞士日内瓦病逝,根据其遗愿,他的一部分骨灰于次年被送到中国,葬在了北京大学未名湖畔。③

---

① 肯尼思·休梅克著,《美国人与中国共产党人》,郑志宁等译,吉林文史出版社,1989。
② 由于在国民党严密的新闻封锁下,想要公开出版《红星照耀中国》的中译本是不可能的,1938年2月,胡愈之等人征得斯诺本人同意,以"复社"的名义组织爱国进步人士翻译该书,为应付国民党和日军检查,更名为《西行漫记》。斯诺为中译本亲自作序,并在增删原著少量文字的同时,增加了原书没有的大量珍贵图片。
③ 斯诺从1934年起应邀兼任燕京大学(现北京大学)新闻系讲师。

· 献给世界的壮丽史诗 ·

外国人看长征

英文版《红星照耀中国》（Red Star Over China）

《西行漫记》1979年版　　《红色中国杂记（1936—1945）》（Random Notes on Red China，1936—1945）1957年第1版

北京大学未名湖畔斯诺墓

继斯诺敲开陕甘苏区的大门后，一些美国记者、作家、学者竭力寻找机会前往共产党领导的红色根据地，掀起了一股"红区热"。事后，他们在撰写文章时都没有忘记要写一写长征。其中，较为有名的包括尼姆·威尔斯（Nym Wales，即海伦·斯诺，埃德加·斯诺的第一任夫人，原译宁谟·韦尔斯）的《红色中国内幕》（*Inside Red China*）①、安娜·路易斯·斯特朗②（Anna Louise Strong）的《中国人征服中国》、艾格妮丝·史沫特莱（Agnes Smedley）的《伟大的道路——朱德的生平和时代》（*The Great Road: The Life and Times of Chu Teh*）③ 等。这些引人入胜的著作有一个共同的特点——基本属于新闻性质的纪实报告，书中有关长征的内容大多是采访时的笔录，作者只略加评点而已。

尼姆·威尔斯（1907—1997）

《续西行漫记》内封，1939年出版

---

① 在《西行漫记》出版后，该书中文版书名改译为《续西行漫记》。
② 由于斯诺、斯特朗和史沫特莱的名字都是以"S"开头，他们被并称为中国人民的老朋友"3S"。
③ 该书写于新中国成立前。史沫特莱由于在美国受到麦卡锡主义迫害，健康严重受损，1950年病逝。她在生病期间也一直在修订书稿，该书在新中国成立后出版。

安娜·路易斯·斯特朗
（1885—1970）

《中国人征服中国》
1949年出版

中国人民的老朋友"3S"纪念邮票（1985年6月25日中国邮政发行）

就长征而言，在这些纪实性著作中，最有特色、最有价值的当属史沫特莱的《伟大的道路——朱德的生平和时代》。和《红星照耀中国》一样，"长征"篇也是《伟大的道路——朱德的生平和时代》一书中的"高潮"部分。从政治角度来看，该书"最有价值的一个贡献也许是张国焘搞分裂的历史"，"这是英文著作中第一次最全面的记录"[1]。

值得一提的是，由于蒋介石的封锁，共产国际与中国共产党中断联络长达近一年之久，共产国际最初并不知道中国红军即将进行长征。直到陈

---

[1] 艾格妮丝·史沫特莱著，《伟大的道路——朱德的生平和时代》，梅念译，生活·读书·新知三联书店，1979。

云同志在泸定桥战斗后,于1935年6月奉命秘密离开长征队伍,取道上海、海参崴等地,经历诸多波折于1935年9月下旬到达莫斯科后,共产国际才知道红军长征的消息。1935年11月14日,曼努意斯基在《共产国际第七次代表大会的总结》中提到朱德、毛泽东和红军时说:"红军主力在朱德及毛泽东的指挥之下的长途西征,从江西到四川三千余公里,为避免蒋介石的轰炸起见,多半在夜间和山中行军,没有渡河工具,没有必需的军需和车辆,渡过了许多深阔的河流,爬过了人迹不到的高山,这种传奇一般的西征,证明中国红军具有中国任何军阀军队所不能击破的高度觉悟性、超人的坚韧性与战斗精神。"① 可见,共产国际对于中共和红军的了解最初也是抽象和肤浅的。

20世纪30年代中期至新中国成立前,中国处在新民主主义革命和民族解

史沫特莱(1892—1950)

史沫特莱墓

(在史沫特莱去世一年后,根据她的遗愿,1951年5月6日其骨灰移入北京市八宝山革命公墓)

---

① 中国人民解放军政治学院党史教研室编,《中共党史参考资料(第七册)》,人民出版社,1979。

放运动时期，还谈不上对工农红军长征进行深入的学术研究。在那种战火纷飞的动荡年月，共产党保留下来的原始文字材料并不丰富，可见的资料多数是以追述方式写出来的，并且当时有关共产党的比较客观的报道为数极少，历史学家只得较多地依赖旁观者写的相关报道，尤其是那些深入苏区的西方人士采集的资料、获取的信息。20世纪三四十年代以《红星照耀中国》为代表的著作冲破了新闻封锁，为全世界客观地展现了长征过程的艰难困苦和红军顽强斗争的史实，为后来的历史学家研究长征、研究中共党史提供了极其珍贵，甚至堪称经典的史料。

二、新中国成立后国外关于长征的报道与研究
（成为国际中共学和毛学研究重要组成部分）

随着第二次世界大战的结束，开始了长达将近半个世纪的"冷战"。以美国为首的北约在远东的势力扩张，使它越来越深地陷入了干涉中国的内部事务之中，对中国现实问题进行研究成为美国当时相当急迫的战略任务。同时，中国在经历了长达一个世纪的内忧外患后站起来了，作为一个从弱到强的伟大力量的崛起，也吸引了全世界政治家、社会活动家和学者的目光。

于是，在这一官方现实需要和民间自发探讨双重刺激下，各国政府开始组织力量研究日益壮大的中国共产党及其领导的武装力量，国外一些学者开始致力于研究中国共产党的历史，探求中国共产主义运动的轨迹。这一时期，在国际学术界逐步兴起了一门新的学科——研究现当代中国的中国学。由于中国共产党领导的军队在抗日战争和解放战争中的出色表现和新中国所取得的一系列伟大成就，海外学者对中国共产党及其领导人毛泽东的研究日益增多，并逐渐发展成为中国学这一学科下面的重要分支——中共学和毛泽东学。那么，作为中共发展史上重要转折点之一的长征是研究中绝不能忽略的，长征问题再次成为研究中共和毛泽东的热点之一。

美国的中国学研究的开拓者之一、哈佛大学教授费正清（John King Fairbank）在20世纪30—40年代曾在中国学习和工作，还担任过美国驻华使馆官员，与国共两党都有较多接触。他利用在华的机会实地考察了共产党的活动，并于1948年出版了他的第一部著作《美国与中国》（The United States & China），该书于1958年、1971年、1979年、1989年四次修订再版。该书一问世就得到了美国政界、学界和广大读者的高度评价，它差不多成了一般知识阶层认识中国的入门书。书中把长征同中共党内的权力斗争紧密结合起来加以分析。在这场斗争中，毛泽东是最后的胜利者。费正清的这一研究视角和分

《美国与中国》（The United States & China）1979年第4版

析方法扩展成了一种模式，后来的美国学者几乎都沿袭这一模式。权力斗争成了西方学界尤其是美国学界研究长征乃至整个中共党史的一条主线。但是，费正清对长征胜利的直接成果——延安予以高度评价，他称中国共产党当时的首都延安为"世外桃源"，他在《费正清中国史》①中这样评价："延安，在少数曾亲临考察的外国人眼里，就是一个世外桃源，那里阳光灿烂，欢声笑语，革命的热情感染着人们，正如斯诺和其他记者报道给世界的一样。中共领导人中间展现的延安朴素民主与重庆的专制压抑形成了鲜明的对比。"②20世纪50年代，费正清在申请福特基金会的项目申请书中，也提到"中国革命是世界上最伟大的革命，推动人类最大群体进入新的秩序"。

除了费正清，还有欧文·拉铁摩尔（Owen Lattimore）、F·V·菲尔德（Frederick Vanderbilt Field）等新一代汉学家、中国问题以及亚洲问题专家，能够正视中国现实，比较清醒、客观地评价经历长征后而重新崛起

---

① 原名《中国：传统与变迁》。
② 费正清著，《费正清中国史》，张沛等译，吉林出版社，2015。

费正清（左二）与周恩来（右二）

《费正清中国史》（*China: A New History*），2006年出版

的中国共产党，主张美国政府不要不留余地地同失去民心的国民党捆绑在一个战车上。可惜，这些有进步倾向的中国问题专家在麦卡锡主义①肆虐的20世纪50年代被打入冷宫。在这样的情形下，根本不可能正常开展对中共党史的研究。直到50年代末期，在美国国内和国际形势发生重大转变后，遭受严重摧残的中国学研究才开始复兴和发展。

---

① 麦卡锡主义是1950—1954年由美国参议员麦卡锡主导的美国国内反共、反民主的排外运动，有"美国文革"之称。

20世纪60年代中期以后,中国学和对毛泽东的研究迅速发展成一门"显学"。有关中共党史的研究乘势开展起来,而对中国红军长征的研究也开始占据学术领域的一席之地。例如,本森·李·格雷森(Benson Lee Grayson)在他编著的 *The American Image of China*(《美国的中国形象》)一书中,认为长征"具有重大历史意义",而"美国几乎没有留心毛泽东对1931年12月建立的中华苏维埃共和国的高超领导。对中共从1934年10月到1935年10月具有重大历史意义的'长征',同样也缺少关注。在这期间,面对着国民党军队反复不断的竭力'围剿',他们仍行程达6 000英里,从中国南部的江西到中国西北的延安建立了一个新的更巩固的根据地。在20世纪30年代中期,正当有关共产党是对中国未定的威胁的文章开始被发表在大众化的美国报刊上的时候,一个引人注目的、新的且颇能赢得赞同的关于中国共产党的观念在美国出现了"。[①]

新中国成立后,英籍华裔女作家韩素音第一次回到中国,她亲身感受到祖国的巨大变化后激动不已,酝酿要写一部关于长征和中国革命的书。为此,她多次同中国领导人交谈,访问参加过长征的红军将领和普通战士,还亲自沿着长征的部分路线实地采访,历经10年积累,以英文写成了《早晨的洪流——毛泽东与中国革命》(*The Morning Deluge: Mao Tsetung and*

《早晨的洪流——毛泽东与中国革命》
(*The Morning Deluge: Mao Tsetung and the Chinese Revolution*)

---

① Benson Lee Grayson. *The American Image of China*. Fredrick ungar, 1979.

the Chinese Revolution）一书，于1972年由乔纳森·凯普出版公司出版，1979年由韦文朔和齐力合作翻译成中文，由北京出版社出版。韩素音的英文造诣在英美文坛也堪称一流，其精美、清丽、雅洁的文笔早在西方评论界获得公认。韩素音以英文写成的介绍中国的作品，为全世界了解中国、了解中国共产党提供了丰富的资料。在书中，她以崇敬的笔调赞扬"红军以不可思议的英勇精神进行战斗"，由于中国红军"坚忍不拔、英勇和不屈不挠的信心，长征成了一首英雄诗，成了惊天动地的功勋"。伯特兰·罗素曾说过："我花费许多时间阅读韩素音的作品，在一个小时之内了解的东西，比我在中国待一年所了解的东西还多。"

据初步统计，1949—1978年美国出版的对长征着墨较多的中共党史著作有25本。其中，只有一本长征方面的专著，即研究中国问题的英国著名学者迪克·威尔逊（Dick Wilson）所著的《一九三五年长征：中国共产主义生存斗争的史诗》（The Long March, 1935: The Epic of Chinese Communism's Survival），该书于1971年由美国企鹅出版社出版，是第一部研究长征的英文专著，作者试图从历史性、传奇性和象征性这三个方面对长征进行"百科式"的研究。本书的纪实色彩较浓，对长征的描述颇为经典。现在，仍有不少学者援引书中的材料和观点。1966年出版的斯图尔特·施拉姆（Steward Schram）的著作《毛泽东传》也很引人注目。施拉姆用13页的篇幅叙述、分析长征的全过程，并附有比较详细的《1934年10月—1935年10月长征路线》图。当然，毛泽东的经历是贯穿本书的主线，作者在评述长征时也侧重于这一点。

对国外学者来说，在20世纪50—70年代已有条件挖掘、利用关于长征的各种文字材料，并且长征这一史诗性的事件已经过了历史的沉淀，历史学家能够较为冷静地对长征进行学术研究，而不再局限于生动的描述上了。这一时期的研究有两个明显的特点：一是把长征同毛泽东党内地位的确立和党内的政治斗争紧密联系起来加以考察。二是遵义会议成为论述的重点，而在三四十年代则对遵义会议着墨不多，甚至完全忽略了。像《红星照耀中国》和《伟大的道路——朱德的生平和时代》中就几乎没有提及遵义会议；在《中国人征服中国》中，写了陆定一在回顾中共党史时简要指出了遵义会议的历史性作用。不过，这一阶段对遵义会议的研究也是侧重于权力斗争方面，对会议本身的细节，如时间、与会者、会议进程、决议等具体信息未予深入挖掘。此外,多数著作对遵义会议的描述大同小异,对若干事件的叙述比较模糊,甚至包含基本类似的史实错误。比如,有的学者不敢确定刘少奇是否参加了长征,认为两种可能性都存在,都能找到可信的依据。事实上,时为政治局候补委员的刘少奇参加了长征,并出席了具有重大历史意义的遵义会议。不少著作中提到:遵义会议使毛泽东取代周恩来成为中央革命军事委员会主席,事实上,自20世纪20年代以来,周恩来就没有担任过这一职务。出现诸如此类的史实错误,主要原因在于国外学者对于长征的关注视角以及他们能接触到的文献档案资料严重缺乏。

三、改革开放后国外关于长征的报道与研究
—— 实地考察与微观学术性探讨

随着"文化大革命"的结束,在中国共产党第十一届三中全会精神指引下,中国开始了改革开放的伟大历程。1979年中美正式建立了外交关系。在这一新形势之下,中美学术文化交流日益增多,国外中国学的研究人员可以接触到大量有价值的原始资料。同时,媒体人和学者还能比较顺利地到中国进行实地考察,这为他们研究中共党史、研究红军长征带来很大便利。在1980—1990年的10年间,全世界研究长征的著作如雨后春笋般出现,据不完全统计,出版了20余部较多涉及红军长征的著作,其间,不乏质量较高的专著和论文。

一些作者在中国实地考察的基础上,试图全面、生动地展现长征的历史画卷。首先要提到的就是美国记者兼作家哈里森·索尔兹伯里的《长征——前所未闻的故事》(The Long March: the Untold Story)以及他的妻子夏洛特·Y·索尔兹伯里的《长征日记:中国史诗》(The Long March Diary: China Epic)。

索尔兹伯里夫妇在重走长征路的途中

斯诺在《红星照耀中国》一书中预言:"总有一天会有一个人写出这一惊心动魄的远征的全部史诗。"时隔半个世纪之后,斯诺预言的那个人开始行动了。斯诺的老友、美国著名记者兼作家索尔兹伯里写出了《长征——前所未闻的故事》,向世界呈现了一部颇具特色的长征佳作。索尔兹伯里是在斯诺的《红星照耀中国》一书中首次知道长征的,后来在第二次世界大战期间,同为战地记者的他们曾做过多次深入交谈,索尔兹伯里听斯诺谈到最多的就是关于红军、关于长征的故事。那时,曾荣获过美国新闻界最高奖——普利策奖的索尔兹伯里就暗下决心,一定要把长征这样的史诗般的事件写出来。但是,鉴于后来中美两国关系的状况,这一愿望直到1984年才得以实现。当时,索尔兹伯里已经74岁高龄,还患有严重的心脏病,身体内植入了心脏起搏器。但是他以红军般的勇敢和坚毅,偕夫人毅然踏上了当年红军长征之路。他拒绝乘坐当地政府提供的轿车,或坐马车,或徒步,或乘越野车,历时两个多月,走完了中央红军的长征之路。在抵达延安后,索尔兹伯里兴奋地说:"只有走过这样的路程,只有吃过这样的苦,才能

伴随索尔兹伯里重走长征路的心脏起搏器

理解红军长征的伟大。"经过实地调查和访问，索尔兹伯里写出了长达30万字的《长征——前所未闻的故事》。

索尔兹伯里在时任中国人民革命军事博物馆馆长
秦兴汉的陪同下采访

《长征——前所未闻的故事》
（*The Long March: the Untold Story*），1987年出版

《长征日记：中国史诗》
（*The Long March Diary: China Epic*），1987年出版

该书一个突出特点就是汇集了不少有关长征的历史背景材料，如遇有争议的问题，作者就把不同的说法列在注释中。把中国历史上的红军长征同新时期建设社会主义的"新长征"有机地结合起来，以及作者坦率地进行评述，

也是本书的两大特色。继《红星照耀中国》之后，它从另一个角度向国外读者提供了许多"前所未闻的故事"，出版后立即引起轰动，后被译成多种文字出版。美国《时代周刊》当年对该书的精彩部分做了转载。伴随索尔兹伯里重走红军长征之路的索尔兹伯里夫人夏洛特女士撰写的《长征日记：中国史诗》，完整地叙述了他们在中国的远征。夏洛特生动地讲述了他们沿长征路线跋涉的经历和所遇之人的故事，从另一个层面提供了较为可信的长征方面的资料。索尔兹伯里去世后，根据他的遗嘱，他的儿子将伴随他重走长征路的心脏起搏器捐献给了中国人民革命军事博物馆。

还有一些著作对长征的研究进一步学术化、具体化、微观化。

首先，在20世纪八九十年代出现了研讨遵义会议的高潮。杨炳章（Benjamin Yang）、陈志让（Jerome Chen）、托马斯·坎彭（Thomas Kampen）等长于中共党史研究的学者是积极参与者，他们的争论颇为激烈。特别是杨炳章和陈志让以《中国季刊》（The China Quarterly）为阵地，展开了"回合式"的论争。争论的主要问题，一是遵义会议的会期和与会代表；二是召开遵义会议的目的和会议决议；三是谁是毛泽东最重要的支持者，从而使军事领导层的变动成为可能。至于遵义会议的重大成果和重要历史地位，美国学者的意见比较一致。他们认为遵义会议是中共发展道路上的一个里程碑，是"毛成功地将军事危机变为政治优势"的关键，但遵义会议只是毛泽东掌握最高权力的重要"一步"。在遵义会议结束后，如果不是共同与张国焘的分裂行为做斗争，中央红军和政治局的稳定，以及毛在党和军队中领导地位的巩固将需要更长的时间。①

其次，开始全面、系统地考察长征的来龙去脉，并试图建立一个研究框架或模式。自1937年《红星照耀中国》首次全面介绍中国红军长征后，陆续问世了一些关于长征的纪实性专著。但遗憾的是，在很长时期内没有一本严谨的、全面研究长征的学术性专著。直到1990年出版了杨炳章的《从革命到政治：长征与毛泽东的崛起》（From Revolution to Politics: Chinese Communists on the Long March）一书，才填补了这一学术空白。该书有几个明显的特点：一是利用了许多前人不知的文档资料，澄清了不少政治和军事上的模糊问题，并纠正了若干错误。二是重在阐述中共内部权力关系

---

① 《中国季刊》，1986年第106期，260页。

的变化和策略方面的转变,并较少使用有声有色的描述性语言。三是试图建立一个研究模式——用"革命理想主义"(Revolutionary Idealism)和"政治现实主义"(Political Realism)解释长征途中共产党"在地域和战略上的关键性转变"。杨炳章指出,"从中共领导层总的发展方向来看,30年代中期是从革命理想主义转向政治现实主义的时期",或者说是"中国共产主义政治化的时期","在整个转变过程中的每一步、每一时刻,是毛泽东走在前头"。四是把"长征"作为一个系统加以研究,因而作者很注意探根溯源,从纵横两条线来考察长征。杨炳章指出:长征开始的时间应提前到1932年10月,即张国焘的第四方面军和贺龙

《从革命到政治:长征与毛泽东的崛起》(*From Revolution to Politics: Chinese Communists on the Long March*),2006年中文版

的第三军团因第四次反"围剿"失利而撤离鄂豫皖和湘鄂西根据地的时间。长征结束的时间应延伸至1937年春,即西路军"西征"失败的时间。当然,长征的高潮毫无疑问是毛泽东领导下的中央红军从江西转移到陕西的全过程。杨炳章甚至认为,长征应从一个更广泛、更抽象的意义上去界定——把长征理解为中国共产党从华南转移至华北的整个过程。①

另外,国外对于长征伟大的历史意义的研究也上升到了一个新的高度,在普遍强调长征的重大政治意义的基础上,更深入地探讨了长征具有的重大的心理影响。认为对于毛泽东来说,长征经验增强了他的意志信念;对于幸存者以及深受长征故事鼓舞的人们来说,长征给他们增添了新的希望和更强的使命感。在长征中,许多人从毛泽东身上看到了未来,获得了信心,产生了对毛泽东的崇拜。另外,长征堪称生死之争中"最大、最后的考验",这种"心理遗产"有助于延安精神的形成,并已融于其间。美国

---

① 杨炳章著,《从革命到政治:长征与毛泽东的崛起》,郭伟译,中国人民大学出版社,2013。

人莫里斯·梅斯纳在《毛泽东的中国及其发展——中华人民共和国史》①一书中评论说，中国红军"长征是在政治上遭受失败、军事面临毁灭的情况下举行的"，"但是，在中共领导的革命事业中，长征却是进入胜利时期的序幕。在这个意义上，长征倒是具有巨大政治意义和心理影响的一个壮举。从政治上看，正是在长征中，毛泽东卓有成效地取得了中共的领导权，这是他在江西时期所无法做到的。共产党终于摆脱了共产国际的压力，毛泽东在未取得斯大林认可的情况下取得了最高的政治地位，这是斯大林时代各国共产党历史上前所未有的大事。这样，长征就把毛泽东推到了中共最高领导人的位置，并使他所率领的革命队伍到达一个相对安全的地区，他们在那里可以实现其抗日誓言，从而激起中国人民的民族感情，以达到爱国和革命的双重目的"。除此以外，长征的心理影响则是无形的。"对于那些经受了严峻考验的幸存者和为幸存者生死搏斗的事迹所激励的人们，长征的经历不管当时多么艰苦，却使他们重新产生了希望，并加深了使命感。人们必须先有希望然后才有行动，不仅需要有理想和使命感，还必须有通过自己的行动而能够实现其理想和使命的希望和信心。在中国共产主义运动的历史上，再没有哪一件事，像长征及长征中的传奇事迹那样能够给予人们这种极为重要的希望和信心，也就是使人们树立一种信心，并以此激励别人。这种信心，不仅表现在相信人们能够按照共产主义理想创造未来，而且表现在对最终实现这种理想必需的价值观念深信不疑。现在大家所热爱的毛泽东主义的那些高尚情操，如奋斗不息、英勇牺牲、严于律己、勤奋不懈、无所畏惧、大公无私等，不仅为毛泽东所提倡，而且在每个参加长征的老战士身上体现出来，得到发扬光大。这些高尚情操是他们的行为准则，并被视为他们所以能够九死一生，他们为之献身的革命所以没有被扑灭的必不可少的条件。这种不图安逸的价值观念，构成日后被称为'延安精神'的核心。"美国军事史学家塞缪尔·格里菲斯将军在他的专著《中国人民解放军》中，研究了中国人民解放军发展壮大的历程。在该书中，他运用东西方战争史对比的方式深入研究了中国工农红军长征这段光荣的历史。他指出，红军长征较之以往的远征，"是一次更加雄伟的壮举"，"中国共产党人以他们反复经受的考验证明，他们能够忍受难以言状的艰难困

---

① 莫里斯·梅斯纳著，《毛泽东的中国及其发展——中华人民共和国史》，张瑛等译，社会科学文献出版社，1992。

苦,能够战胜途中大自然好像决意要阻挠他们前进而向他们提出的一切挑战,能够击败下定决心要消灭他们的敌人而达到自己的目的"①。

改革开放后,除了以上研究长征的学术著作,还有英国人安东尼·劳伦斯的《中国——长征》和杭尔德的《向自由的长征》、法国人迪皮伊的《毛泽东领导的长征》、日本人宾户宽的《中国红军——困难与险峻的二万五千里》和冈本隆三的《中国革命长征史》、苏联人尤里耶夫的《中国人民历史上的英勇篇章》等。这些专著从不同视角对长征的过程进行了探讨。

改革开放之后,除了学术上的探讨,国外的长征研究者和爱好者还以多种形式诠释他们对于红军和长征的深入研究与热爱。继索尔兹伯里等人的长征之行后,1986年美国儿童文学作家简·弗瑞茨(Jean Fritz)也来到中国,采访了长征的幸存者,弗瑞茨根据所收集的口述材料,写了一本饶有兴味的通俗读物,即《中国的长征:六千英里的险遇》(*China's Long March: 6,000 Miles of Danger*),于1988年由纽约G. P. Putnam's Sons出版社出版,该书图文并茂、引人入胜,给美国的小读者们展现了长征过程中中国红军的历险故事。

1986年,来自美国、澳大利亚、英国、法国、意大利、西德、瑞士、新

《中国革命长征史》,1994年出版

《中国的长征:六千英里的险遇》
(*China's Long March: 6,000 Miles of Danger*),1988年出版

① 转引自《多视角下的长征》,姜廷玉等著,国防大学出版社,2006。

西兰等十几个国家的摄影师怀着对长征的敬慕来到中国，沿着红军长征的路线进行拍摄，出版了大型画册《中国——长征》。该画册以七种文字展示了今日长征沿途的崭新风貌。画册撰稿人、英国评论家安东尼对长征给予高度评价，认为"长征是现代史中最重要的事件"，"是锻炼以后中国领导人的熔炉"。①

《中国——长征》（China: the Long March），1986年出版

2002年10月，来自英国的两位青年李爱德、马普安从江西于都出发，沿着当年中央红军长征的路线重走长征路，经过384天的步行，于2003年11月到达陕北。两位青年一边走，一边拍摄了大量照片，撰写了大量文字材料。行程结束，他们精选了照片结集成画册出版，并将沿途的日记和采访记录整理成书稿，出版了《两个人的长征》。他们感叹："长征不是中国的历史，是全球的历史，是全世界人民的历史。"②

2005年3月10日，以色列前总统侍卫长、70多岁的摄影家武大卫（David Ben Uziel）在张爱萍上将的小女儿张小艾的陪同下，从江西瑞金出发，沿着当年红军长征的路线行进，于当年7月25日到达陕西吴起镇。他采访了近百名亲历长征的老红军，并拍摄了3 000多张照片。他感慨道："这

《两个人的长征》，2005年出版

---

① 《中国——长征》是中国出版对外贸易总公司和中国摄影出版社与澳大利亚威尔顿·哈代公司合作出版的大型画册。
② 李爱德、马普安著，《两个人的长征》，姜忠译，长江文艺出版社，2005。

次长征之行,让我知道了什么样的军人才是真正的军人,什么样的军队才是能够打胜仗的军队,才是代表人民利益的军队。"

张小艾(左一)和武大卫(左三)在重走长征路途中与当地少年儿童合影

但是,也应看到,由于对中国共产党的组织体制不了解,一些常识性的错误仍出现在一些著作中。《毛泽东的中国及后毛泽东的中国》在西方世界被誉为反映中国革命的经典性著作之一,可书中仍然出现早已被指出过的史实错误:1935年1月遵义会议,毛泽东成为中共政治局的主席。实际上,在遵义会议上,选举毛泽东为中央政治局常委。

在20世纪70年代末,国外媒体人和学者对中国红军长征的报道和研究已达到一定的深度和广度。不过,与中国学者相比,他们的研究存在三个先天不足:一是由于语言和文化的障碍,对原始资料的占有不如中国学者丰富。二是国外学者以局外人的身份研究红军长征、研究中共党史,虽然有助于独辟蹊径,扩展研究视野,但是也容易过分依赖所谓"旁观者"提供的资料。比如,背叛了中国革命的张国焘、郭华伦等撰写的回忆录被视为"信史",频繁地出现在美国出版的中共党史著作中。三是研究者们无法像当初斯诺等人那样亲自到红色根据地感受当时的氛围并与参加长征的红军将领和战士进行交谈,而是在间接收集整理资料的基础上进行思考,形成自己的观点。这一时期国外关于长征的学术研究呈现出如下特点。

第一，把长征同毛泽东的领导地位的确立与中国共产党的成熟结合起来考察。美国人莫里斯·梅斯纳在《毛泽东的中国及其发展——中华人民共和国史》一书中指出，在长征中，中国共产党在没有得到共产国际同意的情况下，独立自主地解决重大问题，确立了毛泽东的领导地位，这在当时"是一个前所未有的事件"。他认为，长征将毛泽东造就为"一个把思想和行动结合在一起的人，将他推至中国最有希望的政治领袖的地位边缘"。[1] 迪克·威尔逊认为，毛泽东在领导长征时充分显示了政治天才，善于将机遇同英勇斗争结合起来，从而使革命形势迅猛向前发展，走出挫折，使中国共产党重新获得活力。[2]

第二，把长征的胜利同中国革命的胜利联系起来，认为长征不仅仅是一次杰出的军事行动，更是一个具有深远意义的政治运动。长征保证了整个中国共产主义运动的生存。索尔兹伯里指出，"从红军1934年10月16日在华南渡过浅浅的于都河，直至毛泽东1949年10月1日在北京天安门城楼上宣布中华人民共和国成立"，"长征把中国这段历史紧紧地联系在一起"。长征"使毛泽东及其共产党人赢得了中国"。[3] 美国人威廉·莫尔伍德形象地说："长征简直是将革命划分为'公元前'和'公元后'的一条分界线。"埃德蒙兹更是直截了当地说："如果没有长征，中国今天就不是共产党的天下。"

第三，把长征和中国进行现代化建设的"新长征"联系起来，试图解读长征及长征精神对中国未来发展的影响。索尔兹伯里指出，在邓小平领导下，中国踏上改革开放和现代化建设的"新长征"，"这一新的长征与几十年前的长征同样艰巨，它很可能成为当代伟大的社会和政治实验"；并认为长征给中国的面貌留下了不可磨灭的印记，它极大改变了中国的意识，从而使中国走上一条崭新的道路。长征所表现的英雄主义精神激励着一个有11亿人口的民族，使中国朝着一个无人能够预言的未来前进。[4]

---

[1] 莫里斯·梅斯纳著，《毛泽东的中国及其发展——中华人民共和国史》，张瑛等译，社会科学文献出版社，1992。
[2] 迪克·威尔逊著，《毛泽东》，中共中央文献研究室《国外研究毛泽东思想资料选辑》编辑组译，中央文献出版社，2003。
[3] 哈里森·索尔兹伯里著，《长征——前所未闻的故事》，过家鼎等译，解放军出版社，2008。
[4] 哈里森·索尔兹伯里著，《长征——前所未闻的故事》，过家鼎等译，解放军出版社，2008。

80年来，外国人对长征的关注从未中断过，尽管视角、观点不尽相同，但对长征的评价都是趋向一致的。在他们的笔下，长征的影响是深远的，它深刻影响着中国社会，影响着中国历史进程，鼓舞着中国为实现伟大的民族复兴而不懈努力。无论现在还是将来，长征对于中国和世界的影响都是无法估量的，正如索尔兹伯里说的，长征"过去是激动人心的，现在它仍会引起世界各国人民的钦佩和激情"。"它将成为人类坚定无畏的丰碑，永远流传于世"①。伟大的长征精神，不仅是中国人民的宝贵财富，也是世界人民的宝贵财富。在未来，随着中外媒体、史学界、党史学界广泛、深入、持久地开展学术交流，相信对于长征的研究会不断取长补短，消除谬误，挖掘出新的价值。

---

① 哈里森·索尔兹伯里著，《长征——前所未闻的故事》，过家鼎等译，解放军出版社，2008。

第二章

"他们"的疑惑与探寻：
国外关于长征热点问题的评议

国外对于长征的关注从长征伊始就一直未曾中断，对于一系列热点问题，国外的长征研究学者也经历了一个从懵懵懂懂到深入研究的过程。在这种多样化的深入、互动的研究中，对于长征的原因、出发地、会师地、里程、领导决策层变化、统战工作、意义及影响等问题的关注度较高，研究较多。本章对长征研究中出现的热点问题，从前后的势态背景以及国外研究者的观点探讨中进行梳理，试图为读者呈现出国外研究者对长征中一些争议的热点问题的全貌。

一、关于红军长征的原因

20世纪30年代初期和中期，中国共产党领导的苏维埃运动和红军的发展经历了一个由高潮到低潮的过程，军事上的失利直接导致共产党放弃在华南、华中建设多年的根据地，各路红军先后实施战略转移，即长征。直到1936年10月，在冲破国民党军队的层层堵截，跨越万水千山后，红军三大主力会师于中国西北部的黄土高原，完成了具有历史意义的战略转移，实现了浴火重生，揭开了中国革命新的篇章。

在此期间，由于国民党军队对南方各革命根据地的"进剿""会剿"，到20世纪30年代初期，众多根据地逐步汇合成三个大本营，即赣南闽西的中央苏区、鄂豫皖苏区和湘鄂西苏区。1930年12月—1931年10月，各苏区粉碎了国民党军队三次大规模"围剿"，根据地得以发展壮大，红军总兵力增至10万人。然而，在国民党军队于1932年5月发起的第四次"围剿"中，鄂豫皖苏区、湘鄂西苏区红军作战失败，张国焘领导的红四方面军主力和贺龙领导的红三军分别撤离原来的根据地开始长征。中央苏区红军在第五次反"围剿"作战中失败，中央红军于1934年10月中旬开始长征。

接着，1934年11月，红二十五军撤离鄂豫皖苏区开始长征；1935年3月，红四方面军强渡嘉陵江再次长征；1935年10月，红二、六军团在湘鄂川黔根据地突围，开始长征。由此，各路红军纷纷踏上长征之路。

由于分别处在敌军的分割、包围之中，四支红军部队在进行长征时，起始的时间、地点各不相同，行程亦大相径庭。

第一支是中央红军（后改称红一方面军），1934年10月10日随着中共中央、中央革命军事委员会（以下简称中革军委）机关由江西瑞金出发，各部队向集结地集结。10月16日，中央红军主力踏上征程。1935年10月19日到达陕北的吴起镇（今吴起县），行程达25 000里，历时一年，经赣、闽、粤、湘、黔、桂、滇、川、康、甘、陕共11省。

第二支是红二十五军（后编入红一方面军），1934年11月16日由河南罗山何家冲出发，1935年9月15日到达陕西延川永坪镇，同陕甘红军会师，合编为红十五军团，行程近万里，历时10个月，经豫、鄂、甘、陕共4省。

第三支是红四方面军，1935年3月，强渡嘉陵江西进；5月初放弃川陕苏区，向西策应中央红军，开始长征，由彰明、中坝、青川、平武等地出发，向岷江地区西进；1936年10月9日到达甘肃会宁，与红一方面军会师，行程1万余里，历时近一年半，曾三过草地，经川、康、青、甘4省。

第四支是红二、六军团（后同红一方面军第三十二军合编为红二方面军），1935年11月19日由湖南桑植刘家坪等地出发，1936年10月22日到达兴隆镇、会宁以东的将台堡（两地原属甘肃，现为宁夏西吉地区），同红一方面军会师，行程2万余里，历时11个月，经湘、川、黔、滇、康、川、青、甘、陕共9省。

红军为什么要长征呢？对于这一问题，一些国外学者进行了深入研究。就宏观层面而言，他们总体认为，反"围剿"作战失败和极其不利的军事环境是导致红军长征的普遍原因。多数红军队伍长征初期并没有长远规划和明确目标，主要目的就是保存有生力量，在转移中寻求建立新的根据地，再图发展。然而，各支红军的规模和实力不同、内外环境不同、战略指导不同，长征又具有各自不同的背景和原因。

(一) 中央红军长征的原因

1930—1933年，中央红军成功粉碎了国民党军队四次大规模"围剿"。然而在第五次反"围剿"中，国共双方战略战术运用发生了重大转变，国民党军队"围剿"作战取得重大胜利，而中央红军未能采取有效的战略战术打破国民党军队的"围剿"，军事上接连失利，根据地被大大压缩，党中央和红军的生存面临重重危机。为保存有生力量，党中央决定中央红军主力撤离中央苏区，到湘鄂川黔根据地与红二、六军团会合。1934年10月16日，部队开始出发，21日突破国民党军队第一道封锁线。由此可见，中央红军第五次反"围剿"作战失败是长征的直接原因，而更深层的原因则是国共双方在主观和客观两个方面多种因素造成的结果。

1. 国民党军队调整战略战术客观上增加了红军取胜的难度

国外学者普遍认为，在第五次"围剿"作战中，蒋介石制定了一套全新的战略，提出了"七分政治三分军事"的口号，以此作为第五次"围剿"的总战略。为集中全力对付共产党，确保第五次"围剿"作战取得胜利，国民党在"围剿"前主要采取了以下措施：一是与入侵东北的日军签订《塘沽协定》，允许日军实际控制长城以北的中国领土，日军保证不再南进，确保国民党集中精力对付共产党。二是在全国特别是南方各省恢复实行保甲制度，加强对基层的控制，切断共产党与当地农民的联系。三是对苏区实行经济封锁，禁止向苏区私运物资，切断苏区与外界的物资交流。四是在庐山组织了三期训练班，共培训7 500名排以上国民党军官，使他们提高了军事水平，提振了部队士气，动员起国民党各派别共同参与"围剿"作战。

就国民党第五次"围剿"作战的军事行动而言，国外学者认为有两个重要因素对红军反"围剿"作战造成不利影响。首先，国民党军队在兵力上具有巨大优势。蒋介石亲临南昌任野战司令部总司令，司令部下辖东、南、西、北四个纵队，有60个正规师，共计约60万人，加上空军、炮兵、通信兵、运输部队等特殊兵种，兵力超过75万人。此外，四五个省的地方保安军和警卫队也配合正规军作战。总算起来，国民党方面约有100万人投入了这场"围剿"。① 加之蒋介石采取了新战略，充分利用他的最大的有利条件——优势资源、技术装备、充分的军需供应（红军却同外界隔绝）、一支现代化的空军（近400架作战飞机）。因此，国民党军队无论是在数量上还是装备上都占有巨大优势。其次，国民党的"堡垒政策"削弱了红军运动战的优势。第五次"围剿"作战的"堡垒政策"是蒋介石的德国军事顾问冯·赛克特将军设计的。堡垒一般建在对方难以接近的高处，地势开阔便于发挥火力，小的堡垒可容纳十几人，大的可容纳数百人，各堡垒之间以公路相连接。1933—1934年，国民党军队在中央苏区1万平方英里②的范围内共修建了约15 000个堡垒。这些堡垒使红军丧失了佯攻、伏击或在公开交战中出奇制胜的机会，而攻下堡垒就要投入大量兵力，花费很长时间，这对于缺少重型武器的红军来说，是难以逾越的障碍。

国民党军队在苏区周围修建堡垒

现在江西农村地区仍可见当年遗留的堡垒

2. 红军战略战术运用失当是反"围剿"作战失败的主要原因

中央苏区第五次反"围剿"作战是在博古、李德、周恩来"三人团"的直接领导下进行的。此前，党中央由上海迁到瑞金，年轻的博古成为党的负责人，他深受王明"左"倾教条主义的影响，盲目听从共产国际的指挥，

---

① 杨炳章著，《从革命到政治：长征与毛泽东的崛起》，郭伟译，中国人民大学出版社，2013。
② 1平方英里＝2.59平方千米。

剥夺了与其意见不一致的毛泽东的军事指挥权，由"三人团"全权指挥红军的行动。博古不懂军事，就把红军的指挥权交给了共产国际派来的军事顾问李德，李德便成为红军作战指挥的主要决策者。国外学者在谈到中央苏区第五次反"围剿"作战失败的原因时，主要强调了两方面因素：一是对福建事变处置失当；二是红军战略战术运用失当。埃德加·斯诺在他著的《西行漫记》中，引述了毛泽东的一段话，有力地说明了这一点："在这个时期，我们犯了两个错误。其一是在1933年福建事变中没有能同蔡廷锴的部队联合。其二是放弃了我们以前的运动战术，而采用错误的单纯防御战略。用阵地战对付占巨大优势的南京军队，是一个严重的错误，因为红军无论在技术或者在精神上都不适合于阵地战。"①

福建事变时"临时代表大会"成员合影
（前排右第五人起：李济深、蒋光鼐、黄琪翔、陈铭枢、蔡廷锴）

由此可见，就共产党自身而言，导致第五次反"围剿"作战失败的原因主要有两个。第一个是对福建事变处置失当。就在第五次反"围剿"作战开始不久的1933年11月20日，在国民党前交通部部长陈铭枢和第十九路军军长蔡廷锴领导下，整个东路军宣布起义反蒋，成立了中华共和

① 埃德加·斯诺著，《西行漫记》，东方出版社，董乐山译，2005。

国革命政府和人民生产党,他们占领了福建全省,控制了东线的6个师和大批当地警察,共约10万人。回顾福建事变,几乎所有历史学家都认为它为红军在第五次反"围剿"作战中战胜国民党军队提供了一个绝好的机会。然而苏维埃政府和红军代表同福建政府和十九路军代表经过数日谈判,只签订了一份协议草案。其主要内容如下:

① 双方立即停火并划定临时分界线,双方均不可越过该线部署主力部队。在福建或苏区和福建交界处,如有军队阻碍该协议的执行,第十九路军必须将其驱逐或消灭。
② 双方应本着互助合作的原则,恢复进出口贸易。
③ 福建政府和十九路军应即刻释放在押的政治犯。
④ 福建政府和十九路军应允许一切革命活动,如反对日本帝国主义的社会组织活动和革命群众的军事化,应允许群众享有言论、出版、结社、集会和游行的自由。

显而易见,上述条款除了在政治和经济方面有所收获外,对于当时迫在眉睫的军事行动,没有任何积极意义。正如李德所说:"中央政治局和军委就如何正确估计当时的政治形势和应该发布什么样的军事声明进行了长达一个月的讨论,但是他们却没有采取什么积极行动。"[①]

导致中央苏区第五次反"围剿"作战失败的第二个原因,也是最主要的原因,是红军战略战术运用失当。红军在博古、李德的指挥下,一改过去集中兵力打歼灭战的做法,而是以阵地防御与短促突击对付国民党军队的堡垒战术。装备简陋的红军与装备精良的国民党军队展开了两个月的正面交锋,非但没有取得任何决定性胜利,反而不得不逐渐向南缩小防御圈。国民党军队没有长驱直入,而是尾随其后,"在所占领的地区耐心地构筑堡垒,用公路将它们连接起来,最终在北线建成一个严密而广阔的堡垒网。紧接着,他们又缓慢而坚定地向南推进,于1934年3月中旬到达距瑞金150里的广昌"[②]。随着战争的持续,红军伤亡越来越多,每次战斗都要损失两三千人,苏区县城一个一个落入敌人手中。周恩来曾告诉斯诺,在第五次反"围剿"作战中

---
① 杨炳章著,《从革命到政治:长征与毛泽东的崛起》,郭伟译,中国人民大学出版社,2013。
② 杨炳章著,《从革命到政治:长征与毛泽东的崛起》,郭伟译,中国人民大学出版社,2013。

红军一共损失6万人，这在之前是无法想象的。最惨烈的是1934年4月进行的广昌战役，红军有4 000人阵亡、2万人负伤，红军遭受了前所未有的沉重打击。此役后苏区门户洞开，国民党军队距瑞金只有40公里。

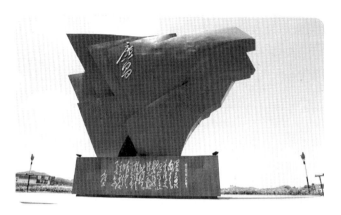

广昌战役纪念碑

1934年5—6月，国民党军队继续缩小包围圈，整个军事形势对红军变得更加不利。党中央于7月份派遣红六军团、红七军团到外围作战，希望以此分散敌人的注意力，以保证红军主力内线活动的转变。然而，红六军团和红七军团的行动并未使形势有大的转机，而北线和东线的敌人已近在咫尺，中共中央不得不考虑撤离苏区而整体转移的问题。大概在8月上中旬，博古、李德、周恩来就红军转移问题进行了商讨，"三人团"达成了协议，随后由中央政治局常委周恩来、博古、张闻天、项英和陈云讨论并通过，后来便将一份纲要送往莫斯科。这可以从1934年8月18日周恩来发表在《红星报》上的《新形势下的新胜利》一文得到证实，此文已经公开号召进行"战略性转移"。周恩来在文章的核心部分写道："我们必须坚决地开辟一条通往敌人后方的道路。在敌后打击敌人……以开创新局面而不是返回老苏区。"①1934年9月29日，洛甫（张闻天）在党报《红色中华》上发表了一篇社论也证明了这一点。文中说道，为了保卫苏维埃，粉碎蒋介石第五次"围剿"，"我们不得不暂时放弃一些苏区和城市……由于敌人堡垒密布，我们必须冲破封锁线，转移苏区，保存军队主力的有生力量"。②由

---

① 杨炳章著，《从革命到政治：长征与毛泽东的崛起》，郭伟译，中国人民大学出版社，2013。
② 哈里森·索尔兹伯里著，《长征——前所未闻的故事》，过家鼎等译，解放军出版社，2008。

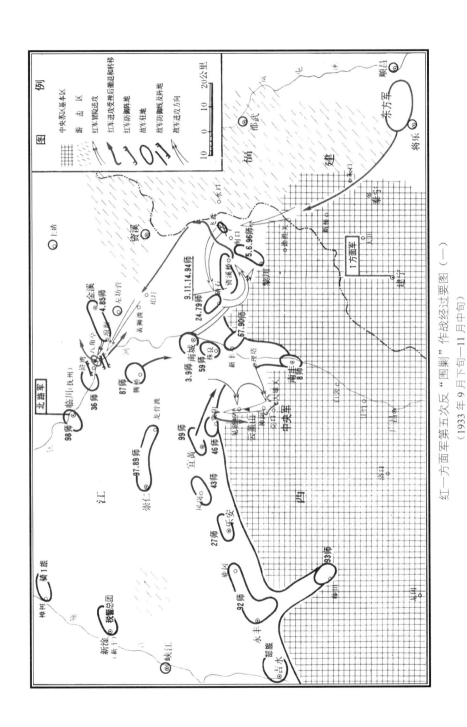

红一方面军第五次反"围剿"作战经过要图（一）
（1933年9月下旬—11月中旬）

资料来源：《中国人民解放军战史》（上卷），军事科学出版社，1987。

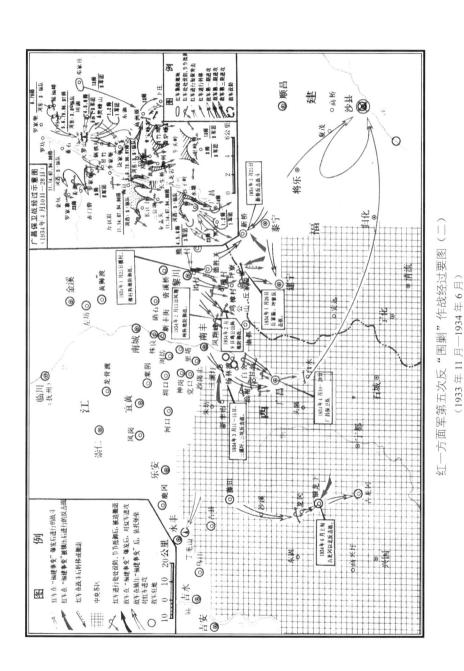

红一方面军第五次反"围剿"作战经过要图(二)
(1933年11月—1934年6月)

资料来源:《中国人民解放军战史》(上卷),军事科学出版社,1987。

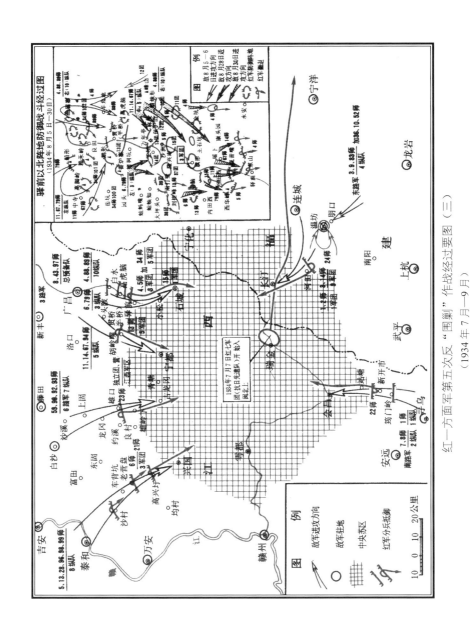

红一方面军第五次反"围剿"作战经过要图(三)
(1934年7月—9月)

资料来源:《中国人民解放军战史》(上卷),军事科学出版社,1987。

于保密需要，直至 9 月初各军团首长才知道一些概略情况，下级军官和战士直到决策实施时才知道。

（二）红四方面军长征的原因

1931 年 11 月 7 日，鄂豫皖苏区召开第二次代表大会。当天红四方面军宣告成立，下辖红四军和红二十五军，共计 3 万余人。1932 年 5 月红四方面军发展到 5 万人，成为实力仅次于中央红军（红一方面军）的第二大主力部队。张国焘任鄂豫皖中央分局书记，全权负责鄂豫皖苏区和红四方面军的领导工作。

1932 年 5 月，蒋介石对红军发动第四次"围剿"，其总体战略是先给鄂豫皖苏区、湘鄂西苏区以致命一击，而后再集中力量转向中央苏区。参加"围剿"鄂豫皖苏区的国民党军队兵力有 22 个师、5 个旅，共计 25 万人。红四方面军采取两线作战的方针，即红二十五军在东线进行防御，红四军在西线发动攻势，企图采取"包围城市，打击援军"的策略。但是由于敌人过于强大，红四方面军屡屡失败，麻城、霍邱、七里坪、黄安、金家寨等重镇相继陷落，国民党军队进入苏区腹地。1932 年 10 月 11 日，鄂豫皖中央分局在黄柴畈举行扩大会议，会议承认第四次反"围剿"作战失败，决定实施战略转移。初步决定红二十五军和鄂豫皖省委留在苏区继续开展游击战争；红四方面军主力和鄂豫皖中央分局离开苏区。1932 年 10 月 12 日，红四方面军主力共计 3 个师 2 万余人撤离鄂豫皖苏区，经过三个月长途奔波和战斗，于 12 月底到达川北，兵力由出发时的 22 000 人减至 15 000 人。12 月 29 日，川陕根据地革命委员会宣布成立。1933 年 2 月初，召开首次川陕根据地中共党代会和第一届苏维埃代表大会，一个新的苏维埃政权建立起来。红四方面军在川陕根据地获得了较快的发展，1933 年 10 月，发展到 5 个军共 15 个师，总兵力达到 8 万人。

1935 年年初，国民党中央军和其他省份的地方军集结于四川，红四方面军的处境极其险恶。鉴于国民党军队"围剿"的压力，张国焘决定红军离开川陕根据地向西进军，在西康和青海建立新苏区。4 月份，红四方面军共 8 万余人（包括苏区干部）完成整体转移，进驻川西地区，红四方面军总指挥部设在茂县和理县地区。

1935年6月，红四方面军与中央红军在懋功会师，之后张国焘与中央发生北上与南下的路线之争，张国焘率红四方面军北上经过草地后转而南下，在遭遇挫折后再次北上。1936年10月，红四方面军与红一方面军在甘肃会宁会师，完成长征。

综上所述，红四方面军的长征经历了三个阶段。第一阶段由鄂豫皖苏区到川陕苏区，主要原因是红四方面军第四次反"围剿"失败。第二阶段由川陕苏区到川西地区，主要是迫于国民党军队"围剿"的压力，为保存有生力量而主动实施战略转移。第三阶段是与中央红军在懋功会师后，由川西北上、南下，再北上、最终到达陕甘苏区，其中南下的主要原因是张国焘的分裂主义误导，后来客观上是与国民党军队作战失利和革命形势的需要。

（三）红二方面军长征的原因

红二方面军下辖红二军团和红六军团。红二军团的前身是贺龙领导的湘鄂西苏区的红三军。红六军团是由萧克、王震等领导的湘赣苏区第十七师和湘鄂赣苏区第十八师整编而成。国内研究者普遍认为，红二方面军的长征是指1935—1936年红二、六军团由湘鄂川黔根据地至陕甘根据地的长征。而一些外国学者将1932年红三军第四次反"围剿"失败后的战略转移和1934年红六军团的西征也纳入长征范畴。[①]

1932年红三军的长征与大概同期的红四方面军的长征具有相同的原因。1932年5月，国民党军队同时对鄂豫皖苏区和湘鄂西苏区发动第四次"围剿"，红三军反"围剿"作战失败，被迫撤离苏区，几经辗转，最后折回湘鄂西苏区。

1934年7月，在中央苏区第五次反"围剿"形势不断恶化之际，红六军团奉红军总部之命西征，主要目的是通过外线作战，吸引"围剿"中央苏区的国民党军队，缓解中央苏区的军事压力，为中央红军主力采取行动创造条件。经三个月的西征，红六军团于1934年10月到达湘鄂川黔根据地与红三军会师，随后红三军改编为红二军团。

---

① 杨炳章著，《从革命到政治：长征与毛泽东的崛起》，郭伟译，中国人民大学出版社，2013。

1935年1—8月，红二、六军团粉碎了湖南、湖北国民党地方军两次大规模"围剿"，总兵力达到21 000人。1935年10月，国民党军队发动第三次"围剿"，陈诚任总指挥，调集国民党中央军40个团、湖南和湖北地方军80个团，以及部分北方的兵力，采取北、西、南三面阻击，东面主要进攻的战术发起"围剿"作战。红二、六军团几次作战失利，形势极为不利，贺龙、任弼时遂指挥红二、六军团向西突围，跳出国民党军队的包围圈。国民党军队以130个团的优势兵力尾随追击，红二、六军团无法返回湘鄂川黔根据地，被迫一路向西进入云南，然后绕开孙渡的云南军队，沿云贵边界南下，于1936年3月到达盘江河谷。此处三面环河，跨两省地界，远离战略城市，不受敌人重视；地方军阀力量弱小、缺乏作战经验；当地人口稠密，粮食充足。鉴于这一地区的有利条件，贺龙、任弼时准备在盘江河谷地区建设新的根据地。之后，张国焘以红军总司令部的名义给红二、六军团发电报，要求其渡过金沙江，北上与红四方面军会合。贺龙、任弼时遂带领红二、六军团渡江北上，于1936年6月与红四方面军在甘孜会师；之后红二、六军团正式合编为红二方面军，贺龙任总指挥，任弼时任政治委员。此时，张国焘南下作战计划已经破产，北上成为大势所趋，红二方面军、红四方面军遂继续北上，于1936年10月到达甘肃南部与红一方面军会师。

综上所述，1932年红三军的长征是由第四次反"围剿"失败导致的，这次长征只是在湘鄂西苏区外围绕了一个圈子。1934年7—10月红六军团的西征是由红军总部安排的，主要目的是通过外线作战缓解中央苏区第五次反"围剿"作战的不利形势，但实际并未起到多大作用。1935—1936年红二、六军团的长征，突围和西进阶段的主要原因是国民党优势兵力的围剿，红军面临极为不利的形势。当时，贺龙、任弼时并没有明确的长征目标，因此他们到达盘江河谷时，想在那里建立新的根据地。接到张国焘要求他们与红四方面军会合的电报后才率部北上。直到与红四方面军会师后，才形成清晰明确的长征目标，即继续北上与红一方面军会师。

（四）红二十五军长征的原因

红二十五军是红四方面军离开鄂豫皖苏区后留下的一支共产党武装力

量，徐海东任军长，吴焕先任政治委员，受鄂豫皖省委统一领导。1934年10月，党中央决定冲出国民党军队封锁区，从江西全面撤退。同时指示红二十五军撤离鄂豫皖苏区，进行西征，并于此前派遣程子华作为党中央代表前往鄂豫皖苏区。1934年11月上旬，红二十五军从皖西进入鄂东地区，在鄂东花山举行了党和军队联席会议。会议传达了党中央的指示，决定红二十五军主力部队撤离现有地区，突破外围，创造新的前景。程子华接替徐海东任红二十五军军长，徐改任副军长。会议做出决议，留下少数队伍继续在当地开展游击活动——三年后这些队伍成为新四军的一支部队。

1934年11月中旬，红二十五军4个团3 000人向西开拔，开始了长征，他们的旗号是"中国工农红军北上抗日第二先遣队"。1934年11月末进入伏牛山地区，由于这一地区不具备建立根据地的良好条件，遂继续向西转移。12月上旬，红二十五军到达陕南汉中和安康地区。在红四方面军的策应下，红二十五军打破了当地国民党军队的"围剿"，在陕南两个县、几百个村建立了苏维埃政权，红二十五军达到4 000人，并建立了总人数约3 000人的10支游击队。

1935年5月，红四方面军跨过嘉陵江，向川西方向移动，红二十五军又面临新的军事压力。后从国民党报纸上获悉红四方面军和中央红军在川西会师，准备共同北上，红二十五军遂准备向西进入甘南地区，迎接主力红军的到来。红二十五军在西进过程中，与马鸿逵的骑兵发生了几次冲突，部队损失较大，政委吴焕先牺牲，程子华接任政治委员，徐海东重新任军长。由于与主力红军会师无望，红二十五军向陕北转移，在那里与刘志丹领导的红二十六军会师，合编为红十五军团。一个月以后，红一方面军到达陕北，红十五军团编入红一方面军。

综上所述，红二十五军的长征并不是由于作战失利或根据地丧失，而是因为党中央发出了指令。其转移一方面是因为中央红军撤离中央苏区后红二十五军将会面临更大的军事压力，另一方面也是为了从战略上配合中央红军的长征。红二十五军离开鄂豫皖苏区后并没有明确的长征目标，先是到达伏牛山地区，又到达陕南建立了苏维埃政权，在获悉党中央和主力红军的信息后又准备前往甘南加入主力红军，最后由于国民党地方武装力量的威胁而进入陕北地区。

过去，关于红军长征的主要观点是：由于王明"左"倾教条主义错误的严重危害，红军第五次反"围剿"失败，红军被迫长征。但是，国外的学者从政治、经济、社会、地理等各个方面，对这一问题做了进一步客观的分析。施拉姆认为，首先，这时的国民党政府内外环境已经较为稳定，已经逐步实现了对中心区域的控制，红军及其根据地继续在国民党政权中心地区附近生存已经比较困难；其次，在第五次反"围剿"期间，国共双方力量在多种因素制约下形成了此消彼长的局面也加大了红军的困难。在这种情况下，进行战略大转移，可以说是中共寻求继续生存发展的必然之举。① 杨炳章认为，在客观上，中国南方和北方的社会、政治、文化各方面存在的巨大差异决定了其必然经历不同的历史变迁。大革命失败后，"华南不论在物质上还是精神上，都无法在这样短的时间里做好再次革命的准备"，而"华北的乡村社会在一个世纪内没有被触动过，保留了一种高度的政治潜能"。② 因而，20 世纪 30 年代，共产主义从总体上已经难以在南方立足，长征是共产主义运动从南方到北方的一个必要的总体转移。这些分析丰富和深化了对长征原因的认识，其共同特点是强调了战略转移的客观必然性，应该说，他们的分析在某种程度上坚持了唯物主义的实事求是的态度。

二、关于长征起始终止的时间、地点与里程

（一）红军长征起始终止时间、地点和里程的总体情况

长期以来，关于中国工农红军长征起始终止的大致时间、地点和里程，国内外研究者认识是比较统一的，起止时间为：从 1934 年 10 月中央红军撤离中央苏区开始，至 1936 年 10 月红军三大主力在甘肃南部会师为止。

---

① 施拉姆著，《毛泽东》，中共中央文献研究室译，红旗出版社，1995。
② 杨炳章著，《从革命到政治：长征与毛泽东的崛起》，郭伟译，中国人民大学出版社，2013。

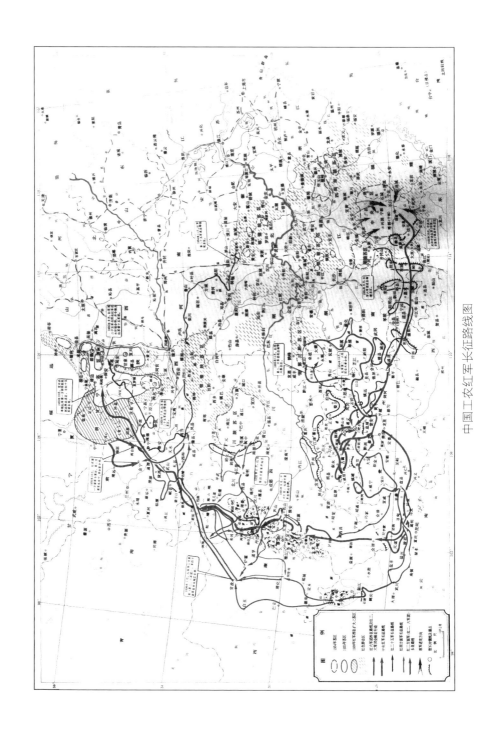

中国工农红军长征路线图

资料来源：《中国人民解放军战史》（上卷），军事科学出版社，1987。

这其中包括红一方面军、红四方面军、红二方面军和红二十五军四支红军队伍的长征。各支红军长征起始终止的时间、地点和里程各不相同，整体上持续了两年时间。其中，红一方面军长征历时一年，行程25 000里。其他各支红军长征开始时间或早于或晚于红一方面军，里程也比红一方面军要短。国外研究者对这一问题的主要分歧是对红军长征中个别时间、地点和里程的认识有所不同，但在大致的时间段、地域和里程上还是统一的。

但是进入21世纪，这种比较一致的认识被打破了。2002—2003年，英国的两位年轻人李爱德、马普安重走长征路后，向媒体发表谈话说：长征并不是25 000里，而只有12 000~13 000里；如果要说25 000里，是需要把当年红军其他方面军所走的路程加在一起。此说引起了轩然大波。世界各地关于长征里程的报道多达百余篇。中央党史研究室研究员李海文专门撰文论证红军长征的路程长度。25 000里指的是红一方面军走得最远的部队的行走里程。而将两个英国青年所走的长征路线与当年红一军团直属队（机关）所走的路线进行对比，就会发现由于行走路线有较大出入、交通条件迥异以及自然环境等不同，英国青年所走的路途比当年红军走的容易，也短，起码少走了三分之一的路程。红一军团的中央机关部队不属于作战部队，他们所走的路途相对少一些。作战部队除行军外还要打仗，为多消灭敌人，就要占据有利地形，就要不断奔袭、迂回，作战部队走的路程往往是机关、后勤部队的几倍。另外，张爱萍之女张小艾与以色列武大卫在中国人民解放军军事科学院和地方党史研究室研究人员的直接指导和帮助下，于2005年3—8月，重走当年红三军团的长征路，其汽车里程表显示为23 000公里，相当于46 000里；另外，他们还步行了近2 000里。即使扣除为找路重复走的里程，也远在25 000里之上。

美籍华人学者杨炳章著的《从革命到政治：长征与毛泽东的崛起》一书，从理论层面对20世纪30年代中国工农红军的长征进行了系统研究，特别是对长征的含义及起始终止的时间、地点提出了新的看法。他认为，长征是一个综合的历史时期，由几支红军的若干次长征共同构成。其开始时间应提前到1932年秋，即第四次反"围剿"失败后张国焘领导的红四方面军和贺龙领导的红三军撤离各自的根据地进行远征的时间，而长征结束时间也应后延。1936年红军三大主力会师后，尚有2.1万人的西路军（占当时红四方面军的三分之二、红军的一半），跨越黄河进行"西征"，历尽千辛万苦之后，于 1937 年年初在甘肃遭到灭顶之灾，最终只有不足 1 000 人返回延安。据此杨炳章认为，长征结束的时间应延伸到 1937 年春。正如他在《从革命到政治：长征与毛泽东的崛起》一书中所说："若抛开具体日期和事件，长征则可以从更加广泛、更加抽象的意义上予以定义。它可以被理解为中国共产党人所经历的从华南到华北的一次整体性大转移。长征不仅是指某个共产党组织在短期内的某个孤立事件，而且是指与共产党的全部主要军事力量有关的、在更大范围内的一系列错综复杂的事件。虽然长征中最精彩的一幕无疑是由毛泽东率领的中央红军从撤离江西到抵达陕北期间所表演的，但是为期更早的其他红军部队从其南方根据地的撤离也应作为必不可少的序幕，而西路军的命运则应被看作这一综合历史事件的尾声。"①

2005 年 3—8 月张小艾与以色列武大卫重走长征路

另一方面，凡是认真研究过 20 世纪 30 年代中国工农红军长征的外国人无一不震惊于红军的壮举，无不对这些英雄怀有敬畏之心。这在他们的一些记录中有所体现。埃德加·斯诺在他所著的《西行漫记》中这样写道："长征的统计数字是触目惊心的。几乎平均每天就有一次遭遇战发生在路上某个地方，总共有 15 个整天用在打大决战上。路上一共 368 天，有 235

---

① 杨炳章著，《从革命到政治：长征与毛泽东的崛起》，郭伟译，中国人民大学出版社，2013。

天用在白天行军上，18天闲在夜间行军上。剩下来的100天——其中有许多天打遭遇战——有56天在四川西北，因此总长5 000英里①的路上只休息了44天，平均每走114英里休息一次。平均每天行军71里，即近24英里，一支大军和它的辎重要在一个地球上最险峻的地带保持这样的平均速度，可以说近乎奇迹。"②

（二）各支红军部队长征起始终止的时间、地点和里程

1. 中央红军的长征

国内外对中央红军长征这一重大历史事件史实的认知基本是一致的，即中央红军长征从1934年10月撤离中央苏区开始，至1935年10月到达陕北的吴起镇结束，历时一年，纵横福建、江西、广东、湖南、广西、贵州、云南、四川、西康、甘肃、陕西11省，长驱25 000里。

从国外出版的各种图书资料看，对于中央红军长征开始的具体日期是有不同看法的。争论的焦点集中在1934年10月16日和21日。据史料记载，1934年10月10日晚，中共中央、中革军委率领第一、第二野战纵队，分别由瑞金的田心、梅坑地区出发，向集结地域开进，中央红军开始实行战略转移。10月16日，中央红军各部队在于都河以北地区集结完毕，红一军团和红三军团主力开赴敌人的封锁线；次日红军大部队从10个渡口南渡于都河，于都河畔数以万计的男女老幼为红军送行。10月21日，中央红军突破第一道封锁线，撤离中央苏区。究竟将哪一天作为中央红军长征开始的时间呢？从国外的各种资料看，多数将1934年10月16日作为中央红军长征开始的时间。其理由是，10月16日，党中央和红军各部队基本在于都河北岸集结完毕，红一军团、红三军团作为先头部队于当日开始向敌人第一道封锁线出发，大部队也于次日渡过于都河后续跟进，这是中央红军有组织的整体转移的开始。而有的（例如杨炳章）则将10月21日作

---

① 原文如此。外国研究者一般称长征为"6000英里行军"。
② 埃德加·斯诺著，《西行漫记》，董乐山译，东方出版社，2005。

为中央红军长征开始的时间。理由是 10 月 21 日这一天中央领导机关和全体红军部队都参加了转移活动，突破了第一道封锁线，真正离开了中央苏区。应当说，上述两种观点的观察视角不同，各有一定道理。

于都河渡口，1934 年 10 月中央红军从这里出发

中央红军长征出发地纪念碑

关于中央红军长征结束的时间，国内外的认识是统一的，即 1935 年 10 月 19 日——中央红军到达陕北的吴起镇。

陕北吴起镇，1935年10月中央红军到达这里

胜利到达陕北的中央红军一部

现存的档案中，有一份《红军第一军团经过地点及里程一览表》，这是中央红军长征最早、最详细的可靠资料。此表以第一军团直属队长征中每天的记录为依据，标明每天从哪里出发，到哪里宿营，行军里程多少，累计下来，从赣南到陕北一年间共走了18 095里。中共中央机关基本与红一军团同路。关于中央红军长征的里程，国外学者普遍以"6 000英里行军"（不包括行程最远的部队）来概括。哈里森·索尔兹伯里在他所著的《长征——前所未闻的故事》一书中写道："一年之前红军历经6 000英里行军，

一路忍饥挨冻、转战四方,穿过世界上最崎岖坎坷的崇山峻岭,走过中国偏远荒凉的僻壤,跨过了二十四条河川,翻越了毛泽东所说的千座雄山方才到达这个地方。"①

埃德加·斯诺认为,中央红军各部队长征,最远的达到 25 000 里。他在《西行漫记》中写道:"红军说到长征,一般都叫'二万五千里长征',从福建的最远的地方开始,一直到遥远的陕西西北部的尽头为止,其间迂回曲折,进进退退,因此有好些部队的长征战士所走过的路程肯定有那么长,甚至比这更长。根据一军团的按逐个阶段编的一张精确的里程表,长征的路线共达 18 080 里②,折合为 6 000 英里,大约为横贯美洲大陆的距离的两倍,这个数字大约是主力部队的最低行军长度。"③

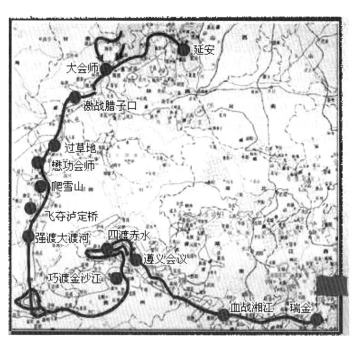

中央红军长征路线图

应当说,上述所提到的 6 000 英里,实际上是主力部队的最少行军里程,这里不包括红军出发前从福建最远处向于都集结的路程、到达陕北后

---

① 哈里森·索尔兹伯里著,《长征——前所未闻的故事》,过家鼎等译,解放军出版社,2008。
② 在该里程表最后的说明中,计算的总里程为 18 088 里,但根据表中每日里程相加,应为 18 095 里。
③ 埃德加·斯诺著,《西行漫记》,董乐山译,东方出版社,2005。

一些部队继续向最北端开进的路程，以及担任掩护、诱敌任务部队的迂回路程等。因此，一些部队的实际行军里程要远远大于6 000英里。另一方面，通过对"长征""万里长征""二万五千里长征"等概念的出处进行考察，也能比较准确地反映中央红军长征的实际里程。

1934年10月中央红军被迫实行战略转移前，中共中央、总政治部等所发的命令、训令中把红军的行动称为"突围""长途行军与战斗"，中央红军开始实行战略转移后，称为"突围""反攻""西进"等。同年11月，中共驻共产国际代表团团长王明在莫斯科向苏联外国工人出版社中国部全体工作人员做报告时，把红七军团北上和红六军团的西征称为"长征"，这是目前所知道的最早出现的"长征"概念。1935年2月23日，红军总政治部在《告黔北工农劳苦群众书》中，第一次把中央红军的战略转移称为"长征"。5月，朱德在《中国工农红军布告》中盛赞"红军万里长征，所向势如破竹"，第一次提出"万里长征"的概念。随着中央红军长征里程的不断增加，1935年8月5日，中共中央政治局在沙窝会议通过的决议中指出："一方面军一万八千里的长征是中国历史上的空前伟大事业。"9月12日，中共中央在俄界会议作出的《关于张国焘同志错误的决定》中指出，红军进行了"二万余里的长征"。10月19日，中共中央率陕甘支队到达陕北吴起镇。当天，毛泽东即指出：红一方面军长征"根据红一军团团部汇总，最多的走了二万五千里"。11月13日，中共中央在《中国共产党中央委员会为日本帝国主义并吞华北及蒋介石出卖华北出卖中国宣言》中明确指出：红一方面军"经过二万五千里的长征，跨过了十一省的中国领土……同陕甘两省原有的红军取得会合"。这是目前找到的关于"二万五千里长征"这一提法的最早文献记录。

2. 红四方面军的长征

红四方面军的长征分为三个阶段：1932年撤离鄂豫皖根据地后的长征，1935年由川北到川西的长征，1936年与中央红军在川西会师后的长征。

（1）第一阶段

1932年10月12日夜，红四方面军主力部队共计3个师2万余人，从鄂东河口地区出发，开始长征，途经湖北、河南、陕西、四川等省，于1932年12月中旬到达川北地区，并夺下通江城，结束长征。此后，红四方面军在这里建立了川陕根据地，一直到1935年3月撤离为止。关于这一阶段的长征里程没有详细记载。从红四方面军长征的路线和时间来看，应在7 000里以上。

（2）第二阶段

1935年3月28日，红四方面军渡过嘉陵江，离开川北向川西转移，先是到达江油、中坝、青川、平武等地，而后继续西进，于5月中旬占领松潘、理番、茂县等地，结束战略转移。这一阶段长征的里程没有单独记载，但据国内有关资料，红四方面军从强渡嘉陵江开始，到与中央红军在川西会师，继而北上—南下—北上，最后到会宁会师，整个行程近万里。据此可以大致推算，红四方面军从强渡嘉陵江到川西，行程应在2 000里左右。

（3）第三阶段

1935年6月12日，红一方面军先头部队到达懋功县城东南的达维镇，在达维镇与前来迎接的红四方面军先头部队会师。8月6日，中央政治局在沙窝召开会议，将红一方面军和红四方面军混合编成左路军和右路军，党中央随右路军行动，张国焘和红军总部随左路军行动。8月20日，左、右两路军开始北上。红军穿越草地后张国焘拒绝执行党中央确定的北上方针，率领红四方面军和编在左路军中的第五军团和第九军团再次南下，南下失败后再次北上，于1936年10月8日在甘肃会宁与红一方面军再次会师。红四方面军这一阶段的长征里程为8 000里左右。

红一、二、四方面军胜利会师地之一——甘肃会宁

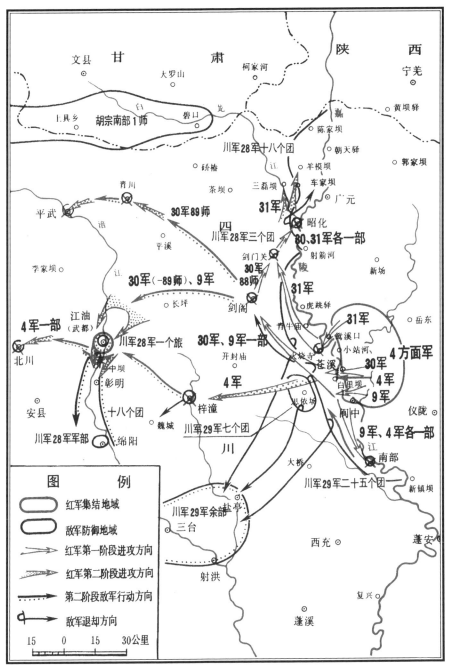

红四方面军嘉陵江战役经过要图
（1935年3月28日—4月21日）

资料来源：《中国人民解放军战史》（上卷），军事科学出版社，1987。

胜利到达陕北的红四方面军一部

3. 红二方面军的长征

红二方面军的长征由三部分组成：1932年红三军的长征，1934年红六军团的西征，1935年红二、六军团撤离湘鄂川黔根据地后的长征。

（1）红三军的长征

1932年夏，蒋介石在武汉组织"鄂豫皖三省剿匪总司令部"，调集了50万大军向鄂豫皖、洪湖革命根据地发起规模空前的"围剿"。同年7月，又向洪湖苏区发动第四次"围剿"，很快占领了襄北全境。1932年10月下旬，红三军从大洪山区向北转移。到达湖北随县（今随州市）北的解河乡王店村时，湘鄂西中央分局召开扩大会议，决定了红三军从豫西南，经陕东南、川东北回湘鄂边的行动路线，全程7 000里，后被称为"小长征"。11月6日，贺龙率红三军从湖北随县出发，翻越桐柏山，经豫南到陕西洛南地区，再向南经川东北，于1933年1月折回湘鄂边界的石鹤，历时三个月。

（2）红六军团的西征

1934年8月7日，任弼时率红六军团从江西省遂川县新江乡横石村出发，突破国民党军在衙前、五斗江的封锁线开始西征。经湖南桂东、溆浦、新化、城上、道东，贵州黎平、瓮安等地，于10月25日在印江与红三军会师，历时近三个月。关于红六军团西征的里程目前没有详细记载，但从其西征路线推算应在5 000里以上。

（3）红二、六军团的长征

1935年11月19日，红二、六军团从湖南桑植出发，途经湖南、贵州、云南、西康、四川、青海、甘肃、陕西八省，于1936年10月22日在甘肃静宁县将台堡（今属宁夏）与红一方面军会师，历时11个月，行程近2万里。

中国工农红军长征将台堡会师纪念碑

红二、六军团长征出发地——湖南桑植刘家坪

红二方面军部分干部在陕北合影

红二十五军一部

4. 红二十五军的长征

1934年11月16日,红二十五军从河南罗山何家冲出发,途经河南、陕西、甘肃等省,于1935年9月15日到达陕西延川永平镇,同陕甘红军会师,历时十个月,行程近万里。会师后,红二十五军、红二十六军、红二十七军合编为红十五军团,后统一编入红一方面军。

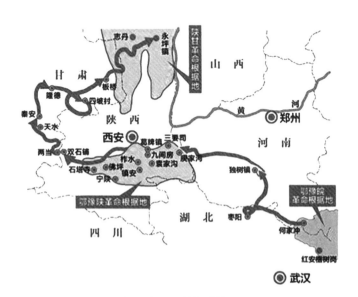

红二十五军长征路线图

三、关于战略转兵

战略转兵,又称通道转兵或黎平战略转兵,是指1934年12月中旬,中央红军长征到达湘黔边界的通道和黎平地区时,中共中央改变原定的北上与红二、六军团会合的计划,改为西进贵州,建立川黔边新苏区的重大战略转变。这一战略转变,避免了中央红军可能覆亡的危险,挽救了红军,挽救了中国革命。

(一)战略转兵的背景

1935年10月中旬,中央红军撤离中央苏区开始长征,连续突破三道封锁线后,在第四道封锁线———湘江遭国民党中央军、湘军和桂军优势兵力堵截和"追剿",损失惨重,兵力由出发时的8.6万余人减至3万余人,部队疲劳,序列不整。部队越过老山界,先头部队于12月11日占领湘西南的通道县城。蒋介石已经查明红军可能北上与红二、六军团会合的企图,于是调动16个师近20万人的兵力沿中央红军可能北上的路线严密布防。敌"追剿"军主力已到达城步、绥宁、靖县、洪江、武冈等地,构筑工事,张网以待。其中敌"追剿"军第一兵团之陶广部主力,向临口、通道方向寻找红军主力"截剿",李云杰、李抱冰师进驻绥宁策应;第二兵团薛岳部先头部队已抵近洪江,周浑元部继续向洪江开进;桂军到达马蹄街、石村、独境山一带;黔军已到锦屏、黎平一线。在中央红军通往红二、六军团的道路被国民党军队重兵集团阻隔的情况下,博古、李德等人不顾红军遭受严重损失,仍然坚持原定的北上与红二、六军团会合的战略方针,中央红军面临全军覆灭的危险。

(二)关于战略转兵的主要考量

战略转兵的主张由毛泽东在通道会议上正式提出,得到张闻天、王稼祥等人的支持，最终在黎平召开的中央政治局会议上得到正式确认。毛泽东提出战略转兵的主要考量有三点：

一是北上与红二、六军团会合面临极大军事风险。就当时的军事形势而言，红军经湘江之战，损失过半，人员疲惫，弹药不足，士气低落。而各路国民党军队已经到位，共有16个师在中央红军前往湘西北的沿线布防，总兵力是中央红军的五六倍，正张网以待。如果中央红军执行原定与红二、六军团会合的计划，就等于自投罗网，有全军覆没的危险。总之，在毛泽东看来，北上与红二、六军团会合的战略方针在当时的情况下是行不通的。

二是西进贵州可以避强击弱，争取主动。中央红军西进贵州，面对的是黔军。在各路敌军中，黔军最弱，武器装备最差，部队组织纪律涣散，战斗力低下。黔军内部派系多，侯之担、犹国才、蒋在珍等部各据一方，矛盾重重，红军可以利用矛盾，各个击破，争取主动。特别是贵州鸦片泛滥，黔军是有名的"双枪兵"——一支步枪加一支烟枪，黔军本身战斗力就不强，而鸦片则让其不堪一击。因此，中央红军西进贵州，符合"避实击虚"的作战原则。

三是兵出黔北可以打乱敌军围歼红军于湘西途中的计划，而且可以使中央红军与红四方面军和红二、六军团形成鼎足之势，有利于之后的战略发展。

（三）战略转兵决策的形成过程

1934年12月12日，中共中央政治局在通道县芙蓉镇临时召开紧急军事会议（李德在《中国纪事1932—1939》中称之为"飞行会议"）。参加会议的有毛泽东、张闻天、王稼祥、周恩来、朱德、博古、李德等，会议由周恩来主持。在会上，李德坚持执行原定的战略方针，主张北出湘西北与红二、六军团会合，同时指出这一计划是共产国际批准的，不能改变。毛泽东则坚决反对李德的意见，详细分析了敌我情况，明确阐述了放弃与红二、六军团会合的理由，提出红军西进贵州、避实就虚、寻机机动、在川黔边建立新的根据地的主张。毛泽东的主张虽然得到了王稼祥、张闻天等多数人的理解和赞同，但由于李德、博古等人的反对，会议未形成正式决议，即没有改变中央原定的战略方针。然而，迫于当时的军事形势，中革军委不得不暂时接受毛泽东这一正确建议。当时担任李德翻译的伍修权回忆说："部队前进到湘西通道地区时，得到情报说，蒋介石已知道我们的意图是与红二、六军团会合，在我们前进的方向布置了五倍于我的强大兵力，形成了一个大口袋等我们去钻。面对这一严重情况，李德竟然坚持与二、六军团会合的原定计划，把已经遭到惨重伤亡的3万红军，朝十几万强敌的虎口里送。如果按照这个意见办，中央红军可能会全军覆没。在这危急关头，毛泽东同志向中央政治局提出，部队应该放弃原定计划，改变战略方向，立即转向西到敌人力量薄弱的贵州去，一定不能再往北走了。毛泽东同志西进贵州的主张，得到多数同志的赞同，中央迫于形势，只得接受了这一正确的建议。"①

12月13日，中革军委命令中央红军"迅速脱离桂敌，西入贵州，寻求机动，以便转入北上"。当日，中央红军依照中革军委的命令，突然改变行军路线，转兵贵州，暂时摆脱了险境。

通道会议（国画）

在这一过程中，周恩来发挥了关键作用。通道会议虽然没有改变原定的战略方针，但周恩来在他的职权范围内调整了中央红军的行军路线，表明他已赞同毛泽东的主张。博古也认为，"从贵州出发可以一直

---

① 中共中央党史研究室第一研究部编著，《红军长征史》，中共党史出版社，2006。

向北，在那里才真正有可能遇到很小的抵抗"。这一变通不仅避免了红军全军覆没的危险，而且证明了毛泽东的主张是正确的。然而，却引起了李德的不满。李德在《中国纪事1932—1939》中是这样记述的："当我看到所发布的命令时，我才知道最后决定的全部内容。我请周恩来给我讲一讲详细情况，他显得有些激动，虽然他经常总是很镇定自若的。他说，中央红军需要休整，很可能在贵州进行，因为那里敌人的兵力比较薄弱。"①

12月15日，中央红军突破黔军防线，攻占黎平和老锦屏。16日，红一军团前出至柳霁地区，准备渡过清水江，沿湘黔边界北上，同红二、六军团会合。17日，军委纵队进驻黎平。在此期间，毛泽东同博古、李德的错误继续进行斗争，并于12月17日取得多数政治局委员的同意和支持。当日，中革军委在部署18日的部队行动时，命令红一军团准备进占剑河，但"不渡清水江，改由清水江南岸西进"；红三军团向黎平西北开进，并侦察到台拱的道路；同时规定各部队每日行程不要超过50里。这些为中共中央在黎平召开政治局会议创造了条件。

这时，蒋介石对红军的作战重点，仍然是防止中央红军北上与红二、六军团会合。中央红军虽然进入贵州，但蒋介石并没减少在红军北侧的布防去增援贵州。如果继续北上与湘西的红二、六军团会合，仍然要陷入蒋介石的罗网，后果不堪设想。在通道会议上，虽然博古勉强同意了毛泽东西进贵州的主张，但他在战略上仍主张到贵州后再折向湘西北，与红二、六军团会合。红军到达黎平后，他又坚定地占在李德一边，坚持北上会合计划。在政治局里，以毛泽东为首的大多数同志要求召开中央政治局会议，决定中央红军的战略方针问题。

12月18日，中共中央政治局会议在黎平二郎坡胡荣顺店铺召开。出席会议的有博古、周恩来、朱德、张闻天、毛泽东、王稼祥、陈云、刘少奇、邓发、凯丰等，李德因病未参加会议。会议由周恩来主持，集中讨论中央红军的战略方向问题。博古代表李德在会上首先发言，仍然坚持中央红军沿红六军团前进的路线进入湘西北，同红二、六军团会合的计划。凯丰等人拥护博古的主张，认为这是共产国际的意见，不能改变。毛泽东根

---

① 奥托·布劳恩著，《中国纪事1932—1939》，李逵六等译，东方出版社，1973。

据蒋介石在湘西重兵布防,并向黔东北集结的严重情况,坚持主张放弃与红二、六军团会合的原定计划,建议中央红军向遵义地区挺进,在川黔边建立新苏区,如有可能,还可以入川,会合红四方面军。王稼祥、张闻天、朱德、刘少奇等先后发言,一致赞同毛泽东的正确主张,并对第五次反"围剿"以来的军事路线错误提出批评意见。会议争论十分激烈,从白天开到深夜。周恩来赞同毛泽东的意见,并对博古、李德顽固坚持错误主张进行了批评说服。后来,周恩来回忆当时的情况说:"从湘桂黔交界处,毛主席、稼祥、洛甫即批评军事路线,一路开会争论,从老山界到黎平,在黎平争论尤其激烈。这时李德主张折入黔东。这也是非常错误的,是要陷入蒋介石的罗网的。毛主席主张到川黔边建立川黔根据地。我决定采取毛主席的意见,循二方面军原路西进渡乌江北上。李德因争论失败大怒。此后我与李德的关系也渐渐疏远。我对军事错误开始有些认识。军事指挥与以前也不同,接受毛主席的意见,对前方只指出大方向,使能机动。因此遵义会议上我与博古的态度有区别。"①

会议通过了《中央政治局关于战略方针的决定》,指出:"鉴于目前所形成之情况,政治局认为过去在湘西创立新的苏维埃根据地的决定在目前已经是不可能的,并且是不适宜的。政治局认为新的根据地区应该是川黔边地区,在最初应以遵义为中心之地区,在不利的条件下应该转移至遵义西北地区。我们必须用全力实现自己的战略决定。政治局认为,为着保证这个战略决定之执行,必须反对对于自己力量估计不足之悲观失望情绪及增长着的游击主义的危险倾向。责成军委依据决定按各阶段制订军事行动计划,而书记处应会同总政治部进行加强的政治工作,以保证本决定及军事作战部署之实现。"

战略转兵之前,整个红军在长征到底去向何方的问题上还是认识不清的。正如1946年,毛泽东在延安接受美国作家罗伯特·佩恩的采访中谈到长征的目的时所说:"如果你问我们是否有什么明确的计划,我可以告诉你:我们没有什么计划。我们只想突破包围,与其他苏区合并,然后想办法到可以与日军打仗的地方去。"但是,通道会议和黎平会议之后,工农红军开始转变了战略方向。可以说,黎平会议是一次关系红军命运、中国

---

① 中共中央党史研究室第一研究部编著,《红军长征史》,中共党史出版社,2006。

革命前途的重要会议。会议完全接受了毛泽东的正确主张，否定了博古、李德等人的错误主张，从根本上改变了中央红军进军的战略方向，完全避免了中央红军全军覆没的危险；会议按照毛泽东的提议明确规定了新的战略进军方向和作战原则；会议根据毛泽东一贯倡导的民主集中制，强调充分发挥党委、书记处、总政治部的整体职能作用，反对个人独断专行，并对洋顾问李德的军事决策权和指挥权进行了明确的限制。这对长征以来屡遭挫折的中央红军是至关重要的，使广大指战员坚定了信念，增强了全党、全军的团结。

黎平会议（油画）

1935年1月1日，中央政治局在猴场附近的宋家湾村召开会议。会议再次否定了博古、李德的错误主张，重申了黎平会议决议，决定红军抢渡乌江、攻占遵义。会议通过了《中央政治局关于渡江后的行动方针的决定》，指出野战军渡过乌江后，首先消灭蒋介石主力部队一部，建立川黔边新苏区根据地。首先在以遵义为中心的黔北地区，然后向川南发展。

猴场会议是继通道会议、黎平会议之后的又一次重要会议，为实现战略转兵制定了具体目标，明确了红军的具体行动方向和步骤。这三次会议，为之后召开遵义会议纠正"左"倾错误路线，确定毛泽东在党和红军中的领导地位做了准备。

猴场会议（油画）

四、关于长征时期中共新领导核心的形成及确立

坚强的领导核心是革命永葆蓬勃生机向前发展的关键，也是党和红军在长征危急时刻化险为夷、由弱到强、取得胜利的根本保证。以博古、李德为主的领导集体坚持"左"倾教条主义错误方针，不仅使红军第五次反"围剿"失败，被迫开始长征，还使红军在长征初期遭受了严重的损失。如不改变这样的领导集体，红军随时有覆灭的危险，于是中共中央在遵义会议上确立了以毛泽东为主的新领导集体。在毛泽东的带领下，中央红军打破了国民党的围追堵截，粉碎了张国焘的分裂主义，实现了红军三大主力胜利会师。

（一）初期遭受严重损失，迫切需要新的领导集体来领导红军

第五次反"围剿"失败后，中央红军被迫开始长征。长征初期，党中央及中央红军仍由博古、李德和周恩来组成的"三人团"领导。政治上由博古做主，军事上由李德负责，周恩来负责督促军事计划的实行。但由于博古、李德对战争的指导从"冒险主义"变成"逃跑主义"，出发前未做充分的准备工作，也未在部队中进行必要的政治动员，不能及时提高红军战士的热情与积极性；出发后，"忘记了红军在长途运动中，将要同所有追堵截击的敌人做许多艰苦的决斗，才能达到自己的目的"①，不积极争取有利时机主动灵活地歼灭敌军，而是消极避战，以红军主力掩护庞大的后方机关。

"最高三人团"：博古、李德、周恩来

毛泽东曾建议，乘敌"追剿"军正在调动尚未靠拢之际，集中兵力，歼敌一路或一部，以摆脱被动。但是，"左"倾领导者拒绝了毛泽东的建议，"只是命令部队硬攻硬打，企图夺路突围，把希望寄托在与二、六军团会合上"。广大红军指战员"在广西全县以南湘江东岸同敌人激战达一星期，竟使用大军作甬道式的两侧掩护，虽然突破了敌人第四道封锁线"②，但湘江战役后，中央红军由长征出发时的 8.6 万余人减少到 3 万余人，中国革

---

① 中共中央党史资料征集委员会编，《遵义会议文献》，人民出版社，1985。
② 刘伯承著，《回顾长征》，见《人民日报》，1975-10-19。

命力量遭受重创，面临严重危机。

红军付出了惨重的代价，面对这种局面，李德、博古又一筹莫展。此时，"广大干部眼看反第五次'围剿'以来，迭次失利，现在又几乎濒于绝境，与反第四次'围剿'以前的情况对比之下，逐渐觉悟到这是排挤了以毛泽东同志为代表的正确路线、贯彻执行了错误的路线所致，部队中明显地滋长了怀疑不满和积极要求改变领导的情绪。这种情绪随着我军的失利日益显著，湘江战役，达到了顶点"。[1] "同时进一步暴露了教条主义宗派集团在政治上和军事指挥上的逃跑主义错误，促使人们从根本上考虑党的路线问题，领导问题。"[2]

当中央红军到达湘西南通道县境后，国民党已判明中央红军北上与红二、六军团会师的意图，在前方张网已待。红军如果继续北出湘西，势必与敌20万重兵展开决战，这对疲惫不堪、减员严重的红军是十分危险的。危急时刻，毛泽东力主放弃北上湘西计划。虽然在通道召开的紧急会议上，毛泽东的主张得到了张闻天、王稼祥、周恩来等多数同志的赞成，但李德等人却不顾当时的严重形势，坚持与红二、六军团会合的计划，因而中革军委未做出正式决定，与红二、六军团会合的计划并未放弃，但行动路线已有所变化，也为不久召开的黎平会议确定正确的战略方针做了思想上的准备。1934年12月18日，中共中央政治局在黎平召开会议，经过激烈讨论，会议接受了毛泽东的建议，决定放弃北上会合计划。这次会议解决了迫在眉睫的、至关重要的部队行动方向问题，避免了中央红军覆灭的危险，保存住了这支久经考验的坚强的人民军队，也为纠正"左"倾军事错误创造了有利条件。

长征初期，由于"左"倾教条主义者依然在中央占据领导地位，一些支持和同情毛泽东及其正确路线的同志遭到错误的批判、撤职和排斥。这种从根本上错误的领导使得革命损失很大，红军由长征初期的8.6万多人，锐减至3万余人。惨痛的损失使广大指战员在反复比较中逐渐认识到了毛泽东的军事战略战术是红军克敌制胜的根本保证。因此，改变党的主要领导、建立新的领导集体，进而改变红军的军事路线就提上了议事日程。

---

[1] 刘伯承著，《回顾长征》，见《人民日报》，1975-10-19。
[2] 聂荣臻著，《聂荣臻回忆录》，解放军出版社，1984。

湘江战役形势示意图

湘江战役形势图

（二）纠正了"左"倾军事错误，形成了以毛泽东为主的新领导集体

第五次反"围剿"和长征初期的惨痛失败，使广大红军指战员充分认识到不改变现有的中央领导，必然会遭到更大的损失。同时，大家审时度势，充分认识到毛泽东在长征期间所提出的主张的正确性，尤其是由于毛泽东的坚持和努力促成通道—黎平转兵，使红军避免了更大的损失，这为中共中央纠正"左"倾军事错误、形成新的领导集体做了很好的铺垫。

为了尽快纠正长征以来的军事错误，指引红军走上正确的道路，中央政治局1935年1月15日在遵义召开扩大会议，认真总结第五次反"围剿"失败和长征初期遭受严重损失的教训。会上，博古、李德不但不承认自己在指挥上的错误使红军遭受严重损失，还强调帝国主义和国民党军事力量的强大、白区革命运动和苏区周围游击战争配合薄弱等客观原因。但周恩来、朱德、刘少奇等多数与会同志都不同意博古、李德的说法，认为军事指挥上的错误是造成红军遭受损失的重要原因。周恩来在会议上就军事指挥错误进行了诚恳的自我批评，并主动承担了责任。同时他还坚定地支持毛泽东对在第五次反"围剿"中实行单纯防御路线错误的批评，全力推举毛泽东同志为我党我军的领袖。他指出，只有改变错误的领导，红军才有希望，革命才能成功。他的发言和倡议得到了与会绝大多数同志的积极支持。[①] 张闻天所做的《反对中央领导单纯防御军事路线的报告》，在政治上、军事上拨乱反正，利用自身在中央总负责的独特地位给予了毛泽东最坚定的支持。党中央和红军多数高层领导都对毛泽东所阐述的战略战术及今后所采取的军事方针给予了充分的肯定和支持。

会议通过决议取消了博古、李德和周恩来组成的"三人团"，增选毛泽东为政治局常委，确定仍由朱德、周恩来为最高军事指挥，周恩来为党内委托的对于军事指挥下最后决心的负责者。[②] 此后，为了进一步加强军事指挥，成立了由毛泽东、周恩来、王稼祥组成的三人军事小组，全权负责军事指挥，形成了以毛泽东为主的新的领导集体。

---

① 哈里森·索尔兹伯里著，《长征——前所未闻的故事》，过家鼎等译，解放军出版社，2008。
② 中国人民解放军历史资料丛书编审委员会编，《红军长征·文献》，解放军出版社，1995。

三人军事小组：毛泽东、周恩来、王稼祥

改组博古、李德领导的红军指挥机构，确立以毛泽东为主的领导机构，是历史发展的必然，是党中央和广大红军指战员迫切希望扭转红军不利局面、走上胜利道路的正确抉择。遵义会议以后，毛泽东在党中央的领导核心作用愈加明显。邓小平指出："遵义会议以后，毛泽东同志对全党起了领导作用。那个时候行军，毛泽东同志、周恩来同志、张闻天同志和我是在一起的。每天住下来，要等各个部队的电报，一直等到深夜，再根据这些电报来确定行军的行动。在重要问题上，大多数是毛泽东同志出主意，其他同志同意的。尽管名义上他没有当总书记或军委主席，实际上他对军队的指挥以及重大问题的决策，都为别的领导人所承认。朱德同志、周恩来同志、张闻天同志、王稼祥同志，他们这些同志的意见是对的，都一致支持，坚决执行。"①

（三）三大主力胜利会师，进一步确立了党的新领导集体的核心地位

中共中央建立的以毛泽东为主的党的新领导集体虽然摆脱了"左"倾教条主义带来的被动局面，度过了红军长征途中相当艰难的一个时期，但还没有完全摆脱国民党军队的围追堵截，摆在红军面前的任务还十分艰巨。

从1935年1月下旬开始，中央红军在党的新领导集体率领下，充分发挥运动战特长，四渡赤水，北渡金沙江，彻底摆脱了数十万国民党军队

---

① 邓力群著，《介绍和问答——学习关于建国以来党的若干历史问题的决议》，北京出版社，1981.

的围追堵截，取得了战略转移中具有决定意义的胜利。这一胜利集中体现了党的新领导集体高超的军事指挥艺术，也充分验证了以毛泽东为代表的党的新领导集体是中国革命走向胜利的根本保障。

党的新领导集体不仅指挥中央红军摆脱了国民党军队的"追剿"，还经受住了张国焘分裂主义的考验。中央红军和红四方面军于1935年6月13日在四川懋功胜利会师后，张国焘依仗人多势众，想独掌红军大权，建立以他为主的领导集体。在战略方针问题上，张国焘反对党中央和毛泽东北上的战略方针，提出了"集中力量"西进青海、新疆或南下川康的退却逃跑主张。他还策动一部分人向中央提出改组中革军委和红军司令部，要求由他担任中革军委主席，给予"独断决行"的大权。以毛泽东为主的党的新领导集体，对张国焘的分裂主义行为进行了坚决的斗争，断然拒绝了他的无理要求。但为了红军的团结统一，同时又尽量满足张国焘的个人权力欲望，尽快争取红四方面军北上抗日，增补了张国焘为中革军委副主席，后又任命他为红军总政委。

为了消除分歧、统一认识，克服张国焘的阻挠，实现北上的方针，1935年6月26日，党中央在懋功以北两河口召开政治局会议，通过了《关于一、四方面军会师后战略方针的决定》，批判了张国焘向川康退却的错误主张，确定了"集中主力向北进攻，在运动战中大量消灭敌人""创造川陕甘苏区根据地"[①]的战略方针。但是张国焘仍然独断专行，依仗自己在红四方面军的权力，继续对抗中央，借口统一指挥和组织问题，按兵不动，拒绝北上，错过了占领松潘的大好时机。

党的新领导集体对张国焘分裂党、分裂红军的行为进行了坚决的斗争。在沙窝会议上，对他的这种怀疑中央方针、不敢大胆前进的思想进行了批判。同时继续做他的工作，希望他能克服分歧，响应党中央号召，率军北上。张国焘对于党中央的主张仍然充耳不闻，而且更加疯狂地进行反党分裂活动，不仅在红四方面军内部大肆宣传其错误方针，还视北上方针为逃跑主义，甚至在毛儿盖妄图凭借武力，危害党中央和毛泽东，篡夺党和红军的最高领导权。此后，他还公开打出分裂旗帜，成立"第二中央"。

在这场关系到党和红军生死存亡的斗争中，以毛泽东为主的党的新领

---

① 《中共中央关于一、四方面军会合后政治形势和任务的决议》，1935年8月5日。

导集体显示出高超的领导艺术,不仅对张国焘的分裂行为进行了坚决的抵制,捍卫了党中央的军事路线,还从维护党和红军的团结统一的目的出发,从中国革命的整体利益出发,一直耐心地想尽一切办法争取张国焘,促其认清全国大势,率红四方面军北上完成长征,共赴新的伟大斗争。最终在共产国际的干预和广大红军指战员的呼吁下,张国焘放弃了成立的"第二中央",率军北上。张国焘虽然答应北上,但为了防止他中途有变,党中央在红二、六军团与红四方面军会合后,随即成立了红二方面军,加强同张国焘斗争的军事力量。同时还成立了西北局,让张国焘担任西北局书记,受到组织的制约。最终,在党中央

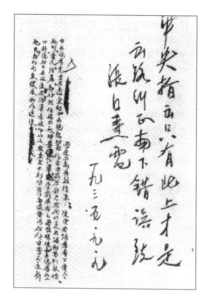

1935年9月9日,中央致张国焘北上电文

耐心说服教育和广大红军指战员的响应下,红二、四方面军与红一方面军于1936年10月胜利会师。12月,中革军委和红军总部进行改组,毛泽东任中革军委主席,周恩来、张国焘任副主席。这也标志着在组织形式上毛泽东领导核心地位的进一步确立。

红一、二、四方面军部分团以上干部在甘肃宫和镇合影

以毛泽东为主的新领导集体，在遵义会议后得到了全党和全军的拥护和支持。在党的新领导集体的英明领导下，党中央和红军不仅摆脱了国民党的围追堵截，实现了红军三大主力胜利会师，使中国革命转危为安，而且经受住了各种考验，逐步确立了毛泽东的领导核心地位，开启了中国革命的新篇章。

（四）国外对在长征时期党的新领导核心形成及确立的评议

长征初期，由于没有一个能够力挽狂澜的领导集体，红军遭受了严重损失，R·特里尔在《毛泽东传》中说道："红军就像波涛汹涌的大海中失舵的小船。十万人的队伍毫无目的地走着，一定有很多人意识到自己是走向死亡。""蒋介石准确地判断出红军会向西北方向逃窜。在蒋强大而有力的军事机器面前，共产党损失了五万人。"① 瑞贝卡·卡尔在《毛泽东传》中指出："由于队伍庞大，共产党部队无法快速灵活地行军，他们只能在没有任何防御的情况下缓慢前进。短短数月，原部队中有一半人不幸牺牲。"② 迪克·威尔逊在《毛泽东传》中写道："红军损失了大部分力量，才冲破了国民党的包围圈。"③

广大指战员迫切希望建立新的领导核心，来摆脱当前的危局。哈里森·索尔兹伯里在《长征——前所未闻的故事》中指出："三十四师被消灭时发出的最后几阵震颤的枪声和红军辎重大队沿途百里丢盔弃甲的惨状，就已经宣告了李德、博古统治的结束。""久经战斗的红军指挥员经过湘江一战的惨败后，个个义愤填膺。这种愤慨将化为要求改变现状的强烈情绪"。④ R·特里尔也指出："国民党消灭了将近半数的红军。面对如此巨大的代价，毛决定向博古和奥托·布劳恩的领导地位发起新的挑战。""红军的许多指战员面对巨大损失，要想改变现有状况，就是成立党的新领导机构。"⑤

---

① R·特里尔著，《毛泽东传》，刘路新、高庆国等译，河北人民出版社，2010。
② 瑞贝卡·卡尔著，《毛泽东传》，龚格格译，湖南人民出版社，2013。
③ 迪克·威尔逊著，《毛泽东传》，中共中央文献研究室编译组译，国际文化出版公司，2011。
④ 哈里森·索尔兹伯里著，《长征——前所未闻的故事》，过家鼎等译，解放军出版社，2008。
⑤ R·特里尔著，《毛泽东传》，刘路新、高庆国等译，河北人民出版社，2010。

在危难时刻，毛泽东挺身而出，极力促成通道—黎平转兵，避免了红军覆灭的危险。迪克·威尔逊写道："毛建议放弃与贺龙会师的计划，改向敌人薄弱的贵州方向前进，沿一条很长的弧形路线穿过贵州，渡过长江，红军就可以摆脱国民党军队围追堵截。""当时军事指挥员们已开始怀疑布劳恩的指挥才干，毛的意见被采纳了。"①索尔兹伯里评价道："红军在通道会议作出的改变行动路线的决定是至关重要的关键性的决定。中国人开始团结在毛泽东的周围，形成反对共产国际派来的德国顾问的阵线。"②R·特里尔指出："严酷的现实是，红军不能按照原定的计划与湖南北部贺龙的苏区会合，因为蒋已部署了六倍于红军的兵力等待他们。在这种形势下，毛决定改变计划，同时向二十八个布尔什维克发起了猛烈的攻击。""红军应该掉头向西南进入贵州，这是敌人兵力较弱的省份，然后与四川北部的共产党取得联系。毛的这一观点占了上风，奥托·布劳恩向北挺进的计划告吹。"③

遵义会议纠正了"左"倾错误路线，建立了以毛泽东为主的新领导集体，R·特里尔在《毛泽东传》一书中指出："毛在党内的影响正在迅速上升。他不可能在一夜之间赢得领导权，但是在湘江战役以后的几周时间里，他的威信在稳定地提高。""在遵义，毛还成了中国共产党的领袖。会上，他扭转了由二十八个布尔什维克当权所带来的局面，并赋予长征以新的意义。""他成为中国共产党的头号人物，并从此进入政治局。""毛在遵义会议上提出来一系列策略，这些策略可以说是他的杰出的军事思想的总结。""更重要的是，中国共产党第一次不再由一个令人敬畏的苏联人来领导。"④迪克·威尔逊在《周恩来》一书中评价道："会上，毛成功地掌握了中国共产党的领导权。开始只是临时的，但毛确信自己的位置以后是会得到认可的。作为党的头号人物，他再也无须向任何人让步了。"⑤瑞贝卡·卡尔在《毛泽东传》中指出："毛泽东刚刚在党内政治上赢得了一点胜利，他和他的追随者要完全站稳脚跟还需要慢慢平衡。"哈里森·索尔兹伯里也指出："没有迹象表明李德意识到他指挥中国革命军队的日子从此宣告结

---

① 迪克·威尔逊著，《毛泽东传》，中共中央文献研究室编译组译，国际文化出版公司，2011。
② 哈里森·索尔兹伯里著，《长征——前所未闻的故事》，过家鼎等译，解放军出版社，2008。
③ R·特里尔著，《毛泽东传》，刘路新、高庆国等译，河北人民出版社，2010。
④ R·特里尔著，《毛泽东传》，刘路新、高庆国等译，河北人民出版社，2010。
⑤ 迪克·威尔逊著，《周恩来》，中共中央文献研究室编译组译，国际文化出版公司，2008。

束……毛泽东也未必意识到他当时已赢得了中国革命的领导权,而且后来便一直掌权,直至他生命的最后时刻。"[1]

在党的新领导集体的坚强领导下,中央红军最终摆脱了国民党军队的围追堵截,顺利实现北上,并促使三大主力红军成功会师,开启了新的革命篇章。R·特里尔对毛泽东的军事才能给予很高的评价:"只是因为有了毛英明的声东击西战术,红军才冲破了蒋的封锁。""毛的足智多谋弥补了人力和武器上的不足。"[2]索尔兹伯里也对毛泽东的指挥给予了很高的评价:"毛泽东的计谋获得了很大的成功。蒋介石及其将领们被搞得晕头转向。他搞不清红军的去向。在他们眼里,红军成了令人讨厌的海丝草,这儿有,那儿也有,到处都有。""这种神出鬼没的行动,恐怕是空前绝后的了。""毛泽东的指挥确是天才。"[3]

最终,中共中央确立了以毛泽东为代表的党的新领导集体,R·特里尔评价说:"毛在领导长征时充分显示了他的政治天才。在他看来,共产党的首要任务是领导中国人民抵抗日本的侵略。这一事业使'毛主义'的所有成分结合成一个相互关联的整体,正是因为这个整体,提出西北才是目的地,提出来江西惨败后共产党继续存下去的理由。""毛占据中国共产党的最高职位不是单纯凭借他的组织才能,不是莫斯科的恩赐。他的崛起是因为他有持之以恒的目标和坚韧不拔的意志,因为他把一些简单的心理和社会真理付诸行动。"[4]

五、关于反对张国焘分裂主义的斗争

中央红军和红四方面军于1935年6月在四川懋功会师后,形成了强大的进攻和防御力量,给中国革命带来了新的局面和新的希望。但红四方

---

[1] 哈里森·索尔兹伯里著,《长征——前所未闻的故事》,过家鼎等译,解放军出版社,2008。
[2] R·特里尔著,《毛泽东传》,刘路新、高庆国等译,河北人民出版社,2010。
[3] 哈里森·索尔兹伯里著,《长征——前所未闻的故事》,过家鼎等译,解放军出版社,2008。
[4] R·特里尔著,《毛泽东传》,刘路新、高庆国等译,河北人民出版社,2010。

面军主要领导人张国焘自恃兵强马壮，不服从中央的统一领导，错误地认为遵义会议后，党的策略路线仍然没有得到根本改变，狂妄地表示党中央不能担负起领导全国红军的重任，想独揽大权，逐渐走上了分裂党分裂红军的道路。党中央和中央红军以团结统一的大局为重，果断采取措施，对张国焘的分裂活动进行了坚决的斗争，经过耐心说服教育，最终迫使他北上与红一方面军胜利会师。史沫特莱在《伟大的道路——朱德的生平和时代》中评价道："张国焘可以断送更多人的生命，但绝不能扭转历史的进程。我们的党和军队一定要把革命进行到胜利，这一胜利对于一切被压迫的殖民地人民，对于全世界人民，都将会发生影响。"①

（一）分为左右两路军，中共中央北上开拓新的革命局面

长征时期的张国焘

红一、四方面军会师后，兵力约10万人，军事实力大大增强，但对下一步的行动方向问题，张国焘却与党中央意见不一致。党中央主张"今后我一、四方面军总的方针应是占领陕甘川三省，建立三省苏维埃政权。"② 张国焘主张红军经阿坝草地北上，向青海、甘肃、新疆发展，如遇困难则向南发展。从此开始，张国焘便与党中央在战略方针上逐步发生了重大分歧。

为统一战略思想，党中央于1935年6月12日在两河口召开了政治局会议，在全面分析全国形势和敌我双方情况的基础上，确定了"集中主力北上，在运动战中消灭敌人，首先取得甘肃南部，以创造川陕甘苏区根据地"

---

① 艾格妮丝·史沫特莱著，《伟大的道路——朱德的生平和时代》，梅念译，生活·读书·新知三联书店，1979。
② 《中央革命军事委员会为建立川陕甘三省苏维埃政权给四方面军电》，1935年6月16日。

的战略方针。"为了实现这一战略方针,在战役上必须首先集中主力消灭与打击胡宗南军,夺取松潘与控制松潘以北地区,使主力能够胜利地向甘南前进。"① 同时,中革军委还制订了《松潘战役计划》,决定红一、四方面军分左、中、右三路向松潘及其西北地区前进。但张国焘对当时形势做了完全悲观的估计。他自恃人多,公然向党争权,策动一部分人向中央提出改组中革军委和红军总司令部,要求由他担任军委主席,给以"独断决行"的大权。党中央同张国焘的分裂行为进行了坚决的斗争,断然拒绝了他的无理要求。但为了团结,争取红四方面军北上抗日,增补了张国焘为中革军委副主席,后又任命他为红军总政委。

张国焘虽然在两河口会议上言不由衷地表示同意北上,但回到红四方面军总部驻地后,借口统一指挥和组织问题按兵不动,并且进行了反对党中央、破坏红军团结的派别活动。朱德虽努力做其工作,但张国焘仍以松潘之敌强大为借口,在随后的一个多月时间里,将红四方面军滞留在卓克基,致使胡宗南主力有时间在松潘集结,而红军则错过了占领松潘、向北发展的大好时机。

四川松潘城(古称松州)

为加强团结,进一步明确北上战略方针,确保党中央和各部红军统一行动,8月4日,中共中央在沙窝召开政治局会议,重申两河口会议创造

---

① 中央档案馆编,《中共中央文献选集(1934—1935)》,中共中央党校出版社,1992。

川陕甘苏区的决定，明确指出"创造川陕甘苏区根据地，是放在一、四方面军前面的历史任务"①，强调必须加强党的绝对领导，提高党中央在红军中的威信。会议同时针对张国焘反党分裂活动，号召红军广大指战员坚决同夸大敌人力量、怀疑中央方针、不敢大胆前进的思想做坚决的斗争。

为了迅速执行北上的战略任务，中革军委重新制订了《夏洮战役计划》，把红一、四方面军混合编组，分左、右两路北进。左路军为战役主攻方向，由红一方面军的第五、三十二军②和红四方面军的第九、三十一、三十三军组成。右路军配合左路军行动，由红一方面军的第一、三军和红四方面军的第四、三十军组成。左、右两路军分别从毛儿盖、卓克基北上。后来中央根据敌情变化，认为夏洮战役的重心应由西转向东，让左路军配合右路军行动。随即将新的行动计划通知了张国焘，并要求将左路军的五军、三十二军调到右路，以加强班佑方向的兵力。8月19日，张国焘致电徐向前、陈昌浩，表示准备派出一部分兵力向班佑前进，但强调右路军应最大限度集结主力，必须攻取阿坝，后续部队应随左路军前进。与此同时，左路军仍按原计划由大藏寺、卓克基向阿坝开进。这种做法显然与中央意图相左。

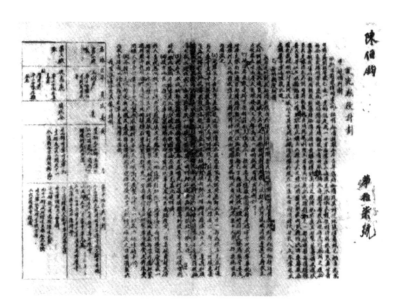

1935年8月3日《夏洮战役计划》电文

① 《中共中央关于一、四方面军会合后政治形势和任务的决议》，1935年8月5日。
② 会师后，中央红军改称红一方面军，所辖第一、三、五、九军团分别改为第一、三、五、三十二军。

8月20日,党中央在毛儿盖召开政治局会议,做出了《关于目前战略方针之补充决定》,并将会议精神电告朱德、张国焘,希望张国焘改变原来由阿坝出夏洮的主意,迅速向右路军靠拢。同时,随右路军行动的徐向前、陈昌浩也致电张国焘,期望左路军马上向右路军靠拢。9月初,毛泽东再次致电张国焘,让他迅速向右路军靠拢。但此时,张国焘的分裂企图全面暴露,认为左右两路相距数百里,正是他向党中央闹独立不可多得的机会,于是拒不服从党中央的一再电令。9月2日,左路军抵达葛曲河附近。张国焘以河水上涨不能北渡为由,公开反对并指责中央的北上方针。3日,他又提出南下回击松潘的主张,完全推翻了党中央数次会议提出的北上方针。此后,他不仅向左路军下达了南下命令,还密令徐向前、陈昌浩率右路军南下。毛泽东感到情况万分紧急,立即召开会议,决定党中央和红一军、红三军立即进军甘南,脱离险境。

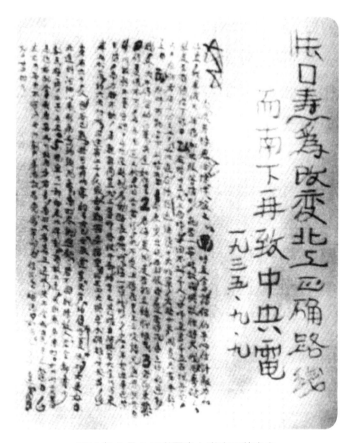

1935年9月9日张国焘主张南下的电文

中央為貫澈戰略方針再致張国燾令其即行北上電

（一九三五年九月十一日）

国燾同志：

一、中央為貫澈已定戰略方針，再一次指令張國燾總政委立刻率左路軍向班佑巴西開進不得違誤。

二、中央已決定右路軍統歸軍委副主席周恩來同志指揮，並已令一三軍在羅達拉界集中。

三、左路立即答覆左路軍北上具體部署。

中央 十一日

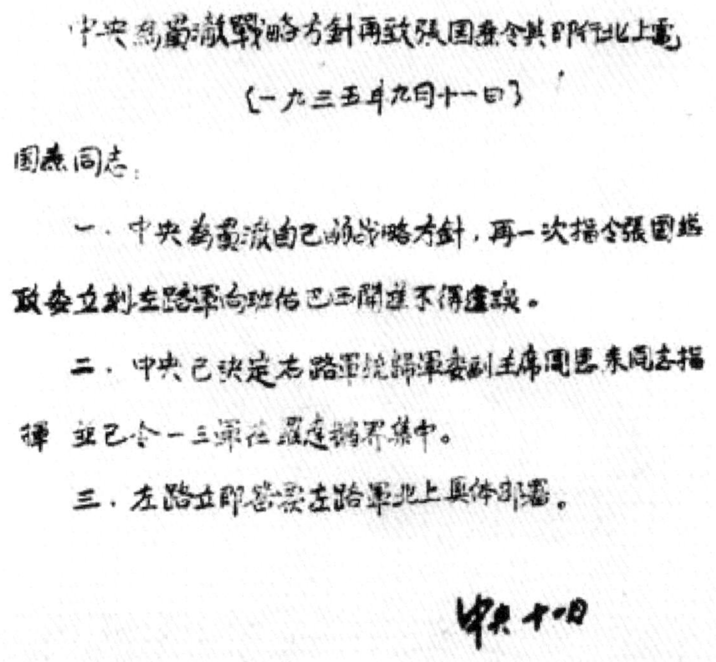

1935年9月11日中共中央致张国焘北上的电文

鉴于张国焘已与党中央决裂，中央政治局于12日在俄界举行会议，将红一军、红三军和军委纵队合编组成中国工农红军陕甘支队，彭德怀任司令员，毛泽东任政治委员。会议还做出了《关于张国焘同志的错误的决定》，指出："目前分裂红军的罪恶行为，公开违背党中央的指令，将红四方面军带到在战略上不利于红军发展的川康边境，只是张国焘同志的机会主义的最后完成。"[1] 尽管事态已经发展到如此严重的程度，但中央仍期望张国焘能悬崖勒马、幡然醒悟。陕甘支队到达哈达铺后，党中央在此停留数日，希望张国焘回心转意，服从中央电令，以实现中央的战略方针。党中央从中国革命大局出发，真是做到了仁至义尽。然而，张国焘不仅毫无悔意，反而诬蔑中央坚持北上方针是"机会主义"和"右倾逃跑"，继续顽固坚持南下主张，在分裂党和红军的道路上越走越远。

① 中国人民解放军政治学院党史教研室编，《中共党史参考资料（第七册）》，人民出版社，1979。

俄界会议旧址

红一、四方面军会师后,张国焘自恃兵强马壮,对中央的态度变得强硬起来,后来又发展到向党中央要权,妄图实现他的个人野心,在红军兵分两路后,变得更加肆无忌惮,对党中央的电令置若罔闻。党中央从大局出发,为维护红军的团结统一,在尽量满足张国焘个人要求的同时,同张国焘的分裂主义进行了坚决的斗争。最后在争取和说服张国焘已无可能的情况下,率红一军、红三军先行北上。

(二)遭遇战略失败,张国焘被迫取消"第二中央"

张国焘错误估计形势,退却南下,反诬中共中央实行的是右倾分子的逃跑路线。他无视党中央的耐心说服教育,竟然召开了分裂中央的阿坝会议,为其另立"中央"做舆论准备。在会上,张国焘大肆攻击党中央,诬蔑自遵义会议以来党中央仍是瘫痪的。朱德同志维护了党中央的北上路线,告诫张国焘反对党中央是错误的,但在张国焘的操纵下,会议非法通过了所谓的《阿坝会议决议》,攻击和诬蔑党中央坚持北上抗日的正确路线是"右倾机会主义的逃跑路线",而把自己南下退却美化成进攻路线。

张国焘打着"进攻路线"的旗号,于1935年9月下旬,将红四方面军和红一方面军的第五、三十二军全部集结于党坝、松岗、马塘地区。

10月5日，张国焘公然打出反党旗帜，在卓木碉宣布成立"第二中央"，并非法做出了所谓组织决议，公开打出了分裂党、分裂红军的旗帜。至此，张国焘的分裂活动已经到了登峰造极的地步。但他成立的"中央"却不得人心，朱德、刘伯承、徐向前等对张国焘的反党行为进行了坚决的抵制和斗争，广大的红军指战员也越来越清楚地认识到张国焘的错误。

红军经过草地北上后，敌军胡宗南部、薛岳部和川军一部北调布防，企图堵截红军。敌人在南面懋功地区的兵力空虚。张国焘的"回马枪"搞得尚未弄清红军情况的敌人一时慌了手脚。10月，红四方面军利用敌人空虚，一度攻占了宝兴、天全、芦山。蒋介石判明红军情况后，调整军事部署大举反攻。1936年2月初，红四方面军相继放弃天全、芦山、宝兴，于4月撤至西康的甘孜、道孚、炉霍地区。这时，红四方面军从南下时的8万余人减至4万余人。张国焘率部南下，尽管由于广大指战员流血牺牲、英勇奋战取得一些战术上的胜利，但因为南下方针的错误，最终不可避免地导致战略上的失败，造成了不应有的重大损失。

和张国焘南下失败形成鲜明对照的是，党中央率领陕甘支队北上取得了伟大的胜利：于1935年9月23日，突破天险腊子口进入甘南，接着向北疾进，渡过渭河，通过西兰大道，翻越了六盘山，击溃敌人骑兵的追击，进至吴起镇，结束了历时一年、行程25 000里的伟大长征；此后，又取得了直罗镇战役的胜利，粉碎了敌人对陕甘苏区的第三次"围剿"，把党中央领导全国革命的大本营奠基在西北。12月，中共中央在瓦窑堡召开会议，制定了抗日民族统一战线的总政策和新的军事战略方针。中国共产党和红军同东北军、西北军的统战工作取得很大进展，其他地区的统战工作亦迅速展开。为打通抗日路线和求得发展，红一方面军[①]在党中央和毛泽东的领导与指挥下，进行了东征和西征战役，巩固和扩大了陕甘宁苏区根据地，在西北开创了崭新的革命局面。这些胜利的消息传到南下受挫的红军部队以后，广大指战员受到了很大鼓舞，不少干部由此更加怀疑张国焘的南下方针。

---

① 1935年11月初，陕甘支队与红十五军团在陕北甘泉会师，恢复红军第一方面军番号，红十五军团编入红一方面军。

直罗镇战役胜利庆祝大会

1936年全国形势迅猛发展，迫切要求主力红军迅速集合于西北抗日根据地。中共中央对南下继续长征的红四方面军十分关心，一直努力争取和挽救张国焘，继续同其分裂主义做斗争。1月22日，中央政治局做出了《关于张国焘同志成立"第二中央"的决定》，指出："张国焘同志这种成立第二党的倾向，无异于自绝于党，自绝于中国革命。党中央除去电令张国焘同志立刻取消他的一切'中央'，放弃一切反党倾向外，特决定在中央委员会内公布一九三五年九月十二日中央政治局俄界决定。"

党中央从维护党和红军团结统一的目的出发，从中国革命的整体利益出发，一直在耐心地想尽一切办法争取张国焘，促其认清全国大势，率四方面军北上完成长征，共赴新的伟大斗争。从共产国际回来的林育英（化名张浩）也先后致电张国焘，指出"共产国际完全同意中国共产党的政治路线"。张国焘南下的失败，促使广大指战员越来越对他的南下方针产生怀疑和不满。红四方面军广大指战员要求维护党的团结、北上抗日的呼

林育英（1897—1942）

声也越来越高涨。更重要的是共产国际代表团对张国焘的一再催促，使得一向相信共产国际的张国焘不得不悬崖勒马。一向支持张国焘的陈昌浩也认清了形势，加入了朱德、刘伯承、徐向前的行列，反对张国焘出尔反尔推翻西北局决议。最终张国焘在一片反对声中，被迫取消"第二中央"，

将军委主席一职归还朱德,并同意北上。

(三)成立西北局,红军三大主力实现胜利会师

由于张国焘的错误,南下的红军遭到了严重的失败,由原来的8万多人锐减到4万多人,宣告了张国焘南下方针的破产。在这种情况下,党中央对张国焘进行了积极引导,加上留在左路军中的朱德、刘伯承等同志的积极斗争,使张国焘又有了同意北上的意向。但是,党中央也清楚地知道张国焘经常出尔反尔,还需要做艰苦的斗争和不懈的努力。

1936年7月1日,红二、六军团与四方面军在甘孜胜利会师。红二、六军团改编为红二方面军,同时将红三十二军划归红二方面军建制。在召开的甘孜会议上,确定了红二、四方面军共同北上同中央会合的战略方针。会议还批评了张国焘自立"中央"和南下的错误。红二、四方面军的胜利会师,对于加强党对红军的统一领导,坚持同张国焘分裂主义做斗争起到了重要作用。会后,红二、四方面军分左、中、右三个纵队开始北上。

红二、六军团与红四方面军会师地点——甘孜

为了争取张国焘迅速北上,加强对张国焘的斗争力量和红二、四方面军的领导,党中央于7月27日又批准成立了中共中央西北局,书记为张国焘,副书记为任弼时,委员有朱德、关向应、贺龙、徐向前、王震、陈昌浩等。

虽然张国焘担任着书记职务,但有了组织的制约,他也不敢公开违反党的民主集中制原则,像南下初期那样为所欲为。红二方面军未组建和西北局未成立之前,留在左路军中的朱德和刘伯承虽然同张国焘右倾分裂错误展开了不懈的斗争,但毕竟处于孤掌难鸣的境地,甚至还时常受到张国焘的威胁和恐吓。西北局成立后,朱德、任弼时、贺龙、关向应、王震都是其中的成员,他们在以后与张国焘的斗争中,就能运用组织的力量与之抗争。

1936年9月21日,红二、四方面军进入甘南,占领洮州、通渭等地后,张国焘违反甘孜会议做出的北上同红一方面军会合的决定,要部队停下来,建立根据地。但此时,张国焘已经势单力薄,西北局于1936年9月在甘肃岷州、漳州、洮州三次召开会议,对张国焘做了大量的争取教育工作,最终成功地促使张国焘北上,避免了红军内部有可能发生的分裂。10月,红一、二、四方面军于会宁胜利会师,结束了红四方面军一年零七个月的艰苦长征。

红一、二、四方面军会师地点——会宁县城

红二方面军的组建和西北局的成立,对于团结红四方面军,粉碎张国焘分裂主义,维护中央对全体红军的统一领导,实施北上方针,都起到了积极作用。正是由于以毛泽东为首的党中央以超人的胆识和谋略,坚持原则性和灵活性相结合,采取了一系列稳妥的斗争策略,才奇迹般地摆脱了这场危机,并最终实现了三大主力红军在甘肃会宁的会师,胜利结束了长征，使中国革命转危为安。

党中央与张国焘的斗争，在一定意义上是一场维护党对红军绝对领导原则的政治斗争。①在这场斗争中，党中央对张国焘另立"中央"，分裂党和红军，将个人凌驾于党的组织之上，争个人兵权的行为进行了严肃的批评和斗争，并指出张国焘犯错误的根源之一，是他"不相信共产党领导是使红军成为不能战胜的铁的红军的主要条件，因此他不注意去加强红军中党的与政治的工作，不去确立红军中的政治委员制度，以保障党在红军中的绝对领导"②。经过坚决斗争和耐心说服，终于迫使张国焘取消了另立的"中央"，从而维护了党的统一。在这场斗争中，面对张国焘的胁迫和一些不明真相者的围攻，朱德、刘伯承、贺龙、任弼时、关向应等红军广大指战员，坚持团结，反对分裂，坚决跟党走，拥护党中央的北上方针，维护了党中央的领导和权威，表现了高度的政治觉悟和组织纪律性。

毛泽东与张国焘在延安

在总结这场斗争的经验教训时，毛泽东强调："鉴于张国焘严重地破坏纪律的行为，必须重申党的纪律：（一）个人服从组织；（二）少数服从多数；（三）下级服从上级；（四）全党服从中央。谁破坏了这些纪律，谁就破坏了党的统一。""我们的原则是党指挥枪，而绝不容许枪指挥党。"③

---

① 《中国人民解放军军史》编写组编，《中国人民解放军军史（第一卷）》，军事科学出版社，2010。
② 中国人民解放军历史资料丛书编审委员会编，《红军长征·文献》，解放军出版社，1995。
③ 毛泽东著，《毛泽东选集》第2卷，人民出版社，1991。

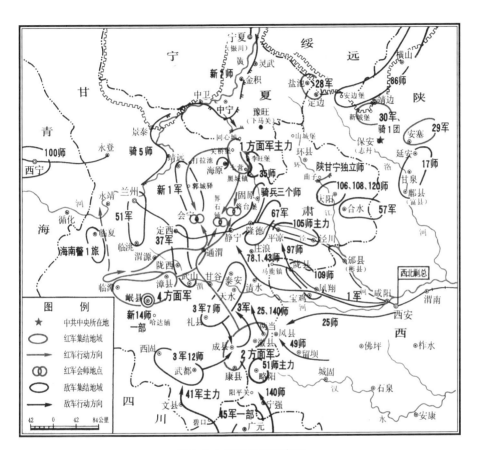

三大主力红军会师示意图
（1936年10月）

资料来源：《中国人民解放军战史》（上卷），军事科学出版社，1987。

（四）国外对长征时期中共中央同张国焘分裂主义做斗争的评议

红一、四方面军会师后，张国焘依仗人多，想独揽大权。史沫特莱在《伟大的道路——朱德的生平和时代》中指出，在红一、四方面军会师后，"张国焘的傲慢态度从一开头就很明显"，"张国焘很看不起全体中央红军，因为我们穿得破破烂烂，军容不整，而且人数也比他的队伍少"，"张国焘把红军第四方面军变成了他自己的工具。他仿效国民党的老一套办法，建立起一个有势力的军官集团，作为私人亲信"。[1] 哈里森·索尔兹伯里在谈到红一、四方面军会师时，指出："张有七万至八万战斗部队，可能还有几万名非战斗人员，他与毛的力量大约是五比一。"[2] 李德也指出，"他显得很自负，看来已充分意识到了他在军事上的优势和在行政上的权力"，"可以肯定其兵力至少有红军的两倍之多"。[3]

在北上和南下战略方针上，党中央同张国焘的分裂主义做了坚决的斗争。"会师之后，作为领导机关的政治局准备在两河口召集会议，以便制定继续北上的路线。张国焘不顾这些事实，就在对部队的讲话中宣布了他自己的纲领，声明川康交界地区地域广阔，乃是建立苏维埃根据地，'建设新世界'的理想地点。""政治局会议坦率地谈到了第四方面军领导方面的错误，可是张国焘不是一个虚怀若谷、愿意接受批评和承认错误的人。他甚至于傲慢地夸耀他的五万人的装备如何精良，而我们的部队损失如何重大，装备如何低劣。他是在暗示：只有他这个人才能领导红军。""他以蒋介石在我们长征路上投入了十万兵力为理由，继续反对北上。他说，上上之策是沿着原路回到雅安附近的天全，占领藏人城镇，在西康省建立政权。他的意见被否决，会议重新确定了北上政策。"[4] 但是会议结果并没有让红军顺利前行，"无论是毛泽东还是张国焘，对两河口会议的结果都不甚满意。毛竭力通过他在政治

---

[1] 艾格妮丝·史沫特莱著，《伟大的道路——朱德的生平和时代》，梅念译，生活·读书·新知三联书店，1979。
[2] 《哈里森·索尔兹伯里谈长征》，见《长征大事典（下）》，姜思毅主编，贵州人民出版社，1996。
[3] 《奥托·布劳恩谈长征》，见《长征大事典（下）》，姜思毅主编，贵州人民出版社，1996。
[4] 艾格妮丝·史沫特莱著，《伟大的道路——朱德的生平和时代》，梅念译，生活·读书·新知三联书店，1979。

局和第一方面军的支持者动摇张在会师队伍中的地位，张这方面也竭力夺取党的领导权。冲突在酝酿着，最后由于外部环境的影响，终于公开爆发并导致了党和军队的分裂"①。为维护团结和统一，避免同室操戈，党中央不得不率领红一方面军部分部队先行北上。哈里森·索尔兹伯里也指出："张国焘的电报触发了长征中最严重的危机。这场危机使红军再次面临灾难，它的政治影响延续了多年。"②

朱德对张国焘进行了耐心的说服教育。"朱德提醒张国焘，蒋介石虽然派来十万人攻打我们，可是我们也有大约十万兵力。第四方面军经过长期休整，兵强马壮，朱将军建议由它去占领松潘地区，夺取战略要点，借以打开北进的道路。张国焘说敌军防御工事过于强大，一口拒绝。"③朱德对张国焘的分裂主义进行了坚决的斗争。"张国焘要求朱德接受两项命令：第一项是由朱德谴责毛泽东，断绝和他的一切关系。朱将军答称：'你可以把我劈成两半，但你割不断我和毛泽东的关系。'张国焘的第二项命令是由朱德谴责党的北上展开抗日反蒋解放战争的决议。朱将军答道：'决议我是举过手的。我不能反对它。'"④朱德以实际行动维护了党中央的领导和权威。

张国焘南下损失惨重，加之南下红军各级指挥员要求北上的呼声高涨，他被迫北上。"贺龙便郑重劝说张国焘，应该让朱德复职，率领全部红军北上。那时，毛泽东的队伍已经到达西北，发展了一个强有力的革命根据地，直接阻拦住日本可能的进路。同时，全国的政治局势也比较对革命有利，而西康的粮食情况又太差，在这种情况下，张国焘才答应下来。朱将军至此才重掌兵权，率领红军北上和毛泽东会合。张国焘则始终还掌握着红军第四方面军，这支队伍还没有受到适当的教育。""张国焘所采取的是右倾机会主义方针，为我们军队招致了严重损失。但是，我们党的正确领导，部队的政治意识和忠诚，终于纠正了他的政策，加强了我们的军队和党。"⑤

---

① 《奥托·布劳恩谈长征》，见《长征大事典（下）》，姜思毅主编，贵州人民出版社，1996。
② 《哈里森·索尔兹伯里谈长征》，见《长征大事典（下）》，姜思毅主编，贵州人民出版社，1996。
③ 艾格妮丝·史沫特莱著，《伟大的道路——朱德的生平和时代》，梅念译，生活·读书·新知三联书店，1979。
④ 艾格妮丝·史沫特莱著，《伟大的道路——朱德的生平和时代》，梅念译，生活·读书·新知三联书店，1979。
⑤ 艾格妮丝·史沫特莱著，《伟大的道路——朱德的生平和时代》，梅念译，生活·读书·新知三联书店，1979。

1960年10月，中国人民的老朋友、美国著名记者埃德加·斯诺在新中国成立后第一次访问中国。他在采访中问毛泽东："你一生中最黑暗的时刻是什么时候？"毛泽东答："那是在1935年的长征途中，在草地与张国焘之间的斗争。当时党内面临着分裂，甚至有可能发生前途未卜的内战。"

六、关于长征时期的统战工作

在长征的过程中，党和红军自始至终开展了广泛有力的统战工作，使得红军在军事上孤立了敌人，减轻了自己的压力，减少了不必要的伤亡，政治上得到了各族人民的大力支持，争取和团结了一切可以团结的力量，以至最终顺利突破敌人的封锁，到达陕甘苏区。长征期间卓有成效的统战工作是红军取得最后胜利的重要保证。

（一）利用敌人内部矛盾争取地方军阀，突破敌人封锁线

自第五次反"围剿"失败红军被迫开始战略转移后，蒋介石调集了几十万军队对红军进行围追堵截，妄图消灭中国共产党和红军。但是调集的这些部队有国民党中央军，也有不少地方军阀的部队，各自都有自己的如意算盘。有的地方军阀不满蒋介石"攘外必先安内"的政策；有的则对蒋介石"追剿"红军心存疑虑，怕与红军两败俱伤，不能保住自己的实力；有的地方军阀还与国民党政府有一定的矛盾。国民党和地方军阀之间的内部矛盾，为红军开展统战工作、建立统一战线、突破敌人封锁线提供了有利条件。

广东军阀陈济棠与蒋介石的矛盾由来已久。蒋要集权，陈则希望维持广东半独立的局面，双方一直明争暗斗。在1934年10月中央红军撤离赣南闽西根据地之前，陈济棠虽然也曾多次派粤军参加对中央苏区的"围剿"，但多次遭到损失。陈济棠担心继续与红军拼个你死我活，势必两败俱伤，不但

在"围剿"红军中损失惨重,甚至失去自己在广东的势力范围,遂秘密与红军展开谈判。当时任军委副主席的周恩来同志得知这一消息后认为,这是冲破敌人的"围剿"、建立统一战线的好机会,应立即与陈济棠进行秘密谈判。1934年9月,中共中央派出何长工、潘汉年秘密到达粤军司令部,与陈济棠进行秘密谈判,并达成了就地停战、互通情报、解除封锁、互相通商、必要时可以互相借道等五项协议。这也为后来红军顺利突破敌人的第一道封锁线创造了有利条件。

陈济棠(1890—1954)

争取和利用与陈济棠谈判的成功,对于我党最终决定选择沿湘赣粤边界首先向粤北地区突围的转移路线,起了至关重要的作用。1934年10月,中央红军开始撤离赣南闽西根据地,选择了蒋介石认为对红军不利的粤北山区作为突围方向。因红军此前与粤军达成了"互相借道"的协议,再加上红军在军事上的主动让步,使陈济棠只得信守协议。主力红军在安远、信丰之间未经激战便通过了第一道封锁线。从10月20日到11月中旬,红军能够顺利、迅速地通过陈的管区,与和陈济棠达成的五项协议密不可分,使当时携带大量辎重的8万之众的长征队伍,得以在长征初期仅用一个来月的时间,就顺利突破了蒋介石在湘赣粤交界地区部署的三道封锁线。这期间,党的统战工作起了决定性的作用,使红军赢得了时间,保存了实力,对长征胜利具有重要意义。

西南各省的地方实力派军阀与蒋介石同样有深刻的矛盾。蒋介石在对红军的围追堵截中,既妄图消灭红军,又想趁机削弱地方军阀的实力,这也为红军开展统战工作提供了可能。同时,红军在长征途中,特别是遵义会议以后,根据敌我力量的实际情况采取了更加灵活机动的战略战术,除在四渡赤水期间于有利条件下进行了坚决战斗外,一般不主动发起攻击,而是向西南各地军阀示以"避战"姿态,并沿途一再宣示红军是借道北上抗日,而非久留。这也为缓和与地方军阀的敌对状态、争取对方不积极进行堵截创造了一定的条件。1935年4月,中央红军到达川滇边境时,朱德写信给布防在该地区的川军第二十军军长杨森的侄儿杨汉忠，表示愿与"切取联系"①。双方取得联系后，杨森密令其部队让道，仅以一支部队佯作尾追，使中央红军主力部队顺利通过他的防区。1936年7月14日，朱德写信诚恳告知阻拦红军北上的第二十九军军长孙震，"抗日红军，大举北上，实行团结全国抗日反蒋反卖国贼力量，收复东北失地，惟不愿与先生等兵戎相见于四川"，希望与之"联盟救国"。②8月7日，朱德又致信川军总司令、四川省主席刘湘说："凡我黄帝子孙不愿做亡国奴者，莫不亟谋团结以抗日反蒋，争取民族独立，川军将领当莫例外。"针对蒋介石趁"追剿"红军之机，阴谋消灭四川地方实力派的企图，朱德恳切地指出，"四川抗日军人，必须坚为联合"，并与红军结成统一战线才有出路，否则只会落得兔死狗烹的下场。③中共中央和红军通过大量的统战工作，使川军将领理解了红军北上抗日的诚意，停止了对红军的进攻。红二、四方面军出川北上基本未遇大的阻拦，保存了有生力量。1936年2月，红二、六军团抵贵州毕节后，动员刚加入红军的贵州开明士绅周素园写信给滇军纵队司令官孙渡，宣传党的抗日民族统一战线政策。由于孙部按兵不动，遂使红二、六军团得以在毕节停留20多天休整补充后继续长征北上。

红军突破的第三道封锁线之一——宜章渡口

---

① 胡大牛著，《长征时期朱德在四川的活动》，见《中国现代史》，1986年第11期。
② 胡大牛著，《长征时期朱德在四川的活动》，见《中国现代史》，1986年第11期。
③ 胡大牛著，《长征时期朱德在四川的活动》，见《中国现代史》，1986年第11期。

中国工农红军第六军团政治部在毕节的旧址

党和红军在长征途中,充分利用了国民党军阀之间矛盾重重、派系斗争复杂的因素,在团结一致、对外抗日的口号下,成功地开展了一系列统战工作,大大减少了红军前进中的阻力,保存了一定的有生力量,为红军顺利突破敌人封锁,摆脱国民党围追堵截,提供了重要保证。

(二)大力宣传民族政策订立同盟,通过少数民族聚居区

在长征途中,中央红军先后转战11个省,经过了苗族、瑶族、侗族、壮族、土家族、布依族、纳西族、回族、彝族、藏族、羌族等许多少数民族杂居和聚居的地区。在这些少数民族中,有原始社会末期的头人、奴隶制社会的奴隶主、封建贵族、土司以及活佛、阿訇和祭司等,他们既与中下层的劳苦大众存在阶级矛盾,又在本民族群众中具有很强的号召力和影响力,同时还具有反对帝国主义侵略和国民党反动派统治的爱国立场。但历史上由于民族关系紧张,加上国民党政府长期实行民族压迫和歧视政策,与汉族形成了较深的民族隔阂,红军初到少数民族地区,面临着十分复杂的形势。为此,在长征途中,党和红军大力宣传民族平等政策,制定相应的民族政策和宗教政策,尊重少数民族的习惯和宗教信仰;同时红军高级将领与少数民族上层人物建立各种形式的亲密关系,结成了一定的军事同

盟，不仅得到了当地少数民族的大力支持，顺利通过了少数民族聚居区，还建立了广泛的民族统一战线。

长征一开始，中国共产党和红军就特别重视与少数民族的关系，积极宣传"中国境内各民族一律平等""反对轻视少数民族的大汉族主义的愚蠢的偏见"等，提出"加强各民族团结""红军和各族人民是一家""尊重各民族宗教信仰和风俗习惯"等政策性口号。1934年11月，红军陆续进入西南少数民族聚居区，红军政治部发布了长征中最早的民族政策文件——《关于瑶苗民族中工作的原则指示》，指出："少数民族的上层阶级在反对民族压迫方面带有革命作用，应当同他们建立亲密关系，同他们订立政治的与军事的同盟，通过他们去接近广大人民群众。"[1] 同时，红军政治部还发出了《关于争取少数民族工作的指示》，提出要特别重视少数民族问题，争取与少数民族建立统一战线。为保护宗教信仰自由，红军在1935年6月准备松潘战役计划时，专门发布《中央议决筹粮政策》，要求"不得侵犯被压迫群众的利益，对喇嘛寺严禁私人筹粮"。同年7月，中共中央政治局会议通过《告康藏西番民众书——进行西藏民族革命运动的斗争纲领》，指出人民有宗教信仰的自由，民族政策是坚持"民族自决"[2]。此外，在长征途中，红军还多次发布有关民族和宗教政策。红军指战员大力宣传，并且说到做到，以严明的纪律执行党的民族政策，尊重少数民族的风俗习惯、语言文化和宗教信仰，努力做到秋毫无犯。

党和红军的许多领导人把宣传贯彻党的民族政策和统战政策紧密结合起来，使红军与许多少数民族建立起政治或军事同盟，为红军顺利通过这些地区提供了重要保障。1935年4月，红军到达贵州镇宁县，争取和团结了布依族首领陆瑞光，与之签订协议、订立联盟，共同反对国民党军阀。1935年5月，红军进入四川大凉山彝族地区。由于四川军阀对彝族的压迫，彝族人对汉人的仇恨甚深。红军向彝族人民大力宣传民族政策，申明各民族一律平等的主张，反对汉人军阀压迫彝族。毛泽东接见彝族头人并赠送礼物，刘伯承则按照彝族风俗歃血结盟，与沽鸡[3]家支头人小叶丹（1894—

---

[1] 广西壮族自治区党史研究室编，《中国共产党与少数民族人民的解放斗争》，中共党史出版社，1999。
[2] 中央文献研究室编，《周恩来年谱》，中央文献出版社，2007。
[3] 又译为"果基""沽基"。

1942）建立了友好关系，红军得以安全迅速地通过彝族地区。

云南中甸归化寺是当地一个较大的喇嘛寺，寺中的喇嘛曾与红军严重对立。1936年5月，红二、六军团进入中甸，贺龙等人耐心地向归化寺的谈判代表夏纳古娃讲解党的政策，还亲自给归化寺八大老僧写信，使归化

1936年2月在长征途中王震同志（前排左一）与苗族群众合影

左为刘伯承与小叶丹结盟雕塑，右为小叶丹的妻子献出的红军旗帜

寺老僧消除了疑虑。贺龙、任弼时、关向应等红军领导人尊重当地民族宗教风俗，参加了该寺举行的跳神仪式，并赠送"兴盛番族"的红绸锦幛。为了进一步保护寺庙，红军专门派部队到喇嘛寺前站岗，未经批准，不准红军人员进驻喇嘛寺。

"兴盛番族"锦幛

宁夏西吉县是回族聚居区，为了红一、二、四方面军的顺利会师，毛泽东和彭德怀分别致信在当地颇有影响的教主马西塔，并派肖锋前去联系，解释党的民族政策，晓以民族大义，使马西塔教主为红军三大主力会师提供了不少便利条件。

红四方面军在少数民族地区时间较长。在长征期间，红军指战员大力宣传民族平等政策，成功争取了少数民族及宗教界人士对红军的大力支持。1935年3月，红四方面军进入四川松潘，这里是羌汉杂居区，土司安登榜在当地有较高威信。经过红军深入进行宣传教育，安登榜毅然放弃了身份和家业，率队参加了红军。同时，通过与四川黑水县藏族头人苏永和的谈判，红军也顺利借道北上。1936年春，红四方面军到达甘孜，朱德亲自拜见当地佛教领袖格达活佛，获得理解和支持。格达活佛帮助红军筹集粮食、救治伤员，并担任中华苏维埃博巴自治政府主席，积极工作，为支援红军长征做出了重要贡献。同时，针对康区最大的德格土司泽旺登登，李先念亲自上门做工作，最终与之签订了《互不侵犯协定》。

党和红军根据统一战线政策开展的一系列民族和宗教统战工作，使历史上长期形成的民族隔阂逐渐消除。红军在长征中，广泛宣传民族平等政策和宗教自由政策，大力开展统战工作，不仅得到了广大少数民族群众的大力支持，赢得了当地人民的尊重，更为红军顺利通过少数民族聚居区，摆脱敌人的围追堵截，提供了重要保障，而且还为以后我党制定和完善民族政策，促进民族统一团结积累了宝贵经验。

（三）以抗日为共同目标开创合作局面，取得长征最后胜利

红一方面军在摆脱国民党围追堵截顺利到达陕北后，又面临着西北地方势力对党和红军的巨大威胁。张学良的东北军和杨虎城的西北军，以及甘、宁、晋、绥等部分地方军阀部队，在南京政府的督策下以十几万人的兵力对到达陕北的红军形成围攻之势。党中央为尽快站稳脚跟，确保后续部队顺利会师，一方面呼吁停止内战一致抗日，另一方面积极开展对地方军阀的统战工作，消除彼此隔阂，创造"西北大联合"的良好局面。

1935年，全国抗日形势发生急剧变化。国民党政府实行对日妥协政策，签订了丧权辱国的《秦土协定》和《何梅协定》，引起了国民党内部人士和地方实力派的强烈不满，他们要求国民党政府改变对日政策，停止内战，一致抗日。中国共产党响应全国抗日号召，于1935年8月发表了《为抗日救国告全体同胞书》，呼吁全国各党派、各军队停止内战，一致抗日，以"尽抗日救国天职"。同年12月，中共中央又在陕北瓦窑堡召开政治局扩大会议，确定结成广泛的抗日民族统一战线，"把国内战争同民族战争结合起来"，"准备直接对日作战力量"，广泛呼吁各地方军停止内战，团结抗日。[1]

---

[1] 中央档案馆编，《中共中央文件选集（第10册）》，中共中央党校出版社，1991。

中国共产党发表的《为抗日救国告全体同胞书》

同时，中共中央非常重视同西北各路军队的统战工作，以此作为建立抗日民族统一战线、实现全民抗日的重大步骤。党中央到达陕北后，便与杨虎城取得联系，提出"西北大联合"的主张，希望杨和中共已有的关系能够继续保持并发展。杨虎城表示赞成共产党的联合抗日主张。1936年2月，中共又派王世英再次与杨虎城谈判，达成合作抗日的协议。从此，红军与十七路军停止内战，为建立红军西北军抗日联合战线奠定了基础，也为红军三大主力会师减轻了压力。

杨虎城（1893—1949）

张学良来到西北"剿匪"后，家仇国恨和战场失利使他逐渐改变了与红军为敌的态度。中共中央审时度势，对张学良展开统战工作。1936年1月25日，红一方面军将领发表《红军为愿意同东北军联合抗日致东北军全体将士书》，提出愿意与包括东北军在内的一切抗日武装组成国防政府与抗日联军共同抗日。为能够直接同东北军高级将领接触，中共派被俘的东北军将领高福源回东北军，沟通中共和东北军的关系。3月间，中共派李克农到洛川与东北军将领王以哲秘密会谈，达成合作抗日的口头协定。4月9日，周恩来和张学良在延安进行秘密会谈。双方诚恳坦率地交换了意见，一致认为"停止内战、共同抗日"，组织国防政府和抗日联军是当前中国的唯一出路，双方还商定了红军与东北军互不侵犯、互派代表等事项，这标志着中国共产党与东北军全面合作关系的确立。

张学良与周恩来在延安密谈（蜡像），左为周恩来，右为张学良

马鸿逵、马鸿宾是西北颇有势力的地方实力派。由于他们是回族，对其统战工作更加复杂特殊。马部曾和红军有过激烈的战斗，但红军西方野战军在西征期间并没有放弃对马部做统战工作的机会。1936年6月，红军在陇东曲子镇一战，消灭了马部一〇五旅，活捉旅长冶成章和副旅长杨子福。在随后的阜城战斗中，消灭了其三十五师主力。同时红军不失时机地展开统战工作，为争取马鸿宾，释放了副旅长杨子福，又将冶成章的伤治好，连同被俘的夫

马鸿逵（1892—1970）

人一并送往宁夏吴忠。左权还写信给马部骑兵团团长马培清，说明党的民族平等政策和抗日民族统一战线的重大意义，要求其停止对红军的进攻，马复信同意。红军与马鸿宾取得停战默契，为红一方面军南下迎接红二、四方面军解除了后顾之忧。

走向新生的马鸿宾（1884—1960）

同时，红军还在东征期间通过对晋绥地方实力派采取军事打击和政治争取相结合的方针，先后与阎锡山、傅作义等达成了停战谅解。至此，我党所倡导的"西北大联合"局面在1936年上半年即已基本形成。

正是由于党和红军开展了广泛有力的统战工作，红军初到陕北便很快站稳了脚跟。同时党的"停止内战、一致抗日"的主张，得到了西北各地方势力的广泛赞同，创造出了西北局部合作的局面，也为红军三大主力胜利会师、取得长征最后胜利创造了良好的条件。

长征期间，党和红军的统战工作发挥了重要作用。通过坚持不懈的统战工作，红军在非常艰难的条件下，以尽量小的代价冲破了敌人的层层封锁，减少了行进中的阻力，获得了广泛的支持和帮助，顺利通过了少数民族聚居区，加强了民族团结，有效保存了有生力量，避免了许多不必要的流血牺牲。特别是红军以实际行动宣传、贯彻了党的抗日民族统一战线政策，争取和团结了一切可以团结的力量，为中国革命的发展和最后胜利奠定了坚实的基础。

（四）国外对长征时期统战工作的评议

中共中央和红军坚持不懈的统战工作使许多外国友人也大加赞赏。哈里森·索尔兹伯里指出，"长征初期的成功不是偶然的，因为周恩来通过谈判已同广东军阀陈济棠达成了一项秘密交易","双方还商定交换情报","长征中的红军穿越广东及毗邻地区有时就像游客散步一样悠闲自在。广东军阀的军队装作什么也没有看见"。①

对于红军平等对待少数民族、争取民族团结方面的做法，史沫特莱在《伟大的道路——朱德的生平和时代》中，给予了充分的肯定，她写道，"为了同彝族人建立友谊，参谋长刘伯承毫不犹豫地与黑彝的酋长歃血为盟"；并引用刘伯承同小叶丹结拜誓词："'我刘伯承同小叶丹，今天在海子边结义为兄弟。如有背弃，天诛地灭！'""'我小叶丹今天和刘司令员结为兄弟，生死与共，如不守誓，同鸡一样死去。'""黑彝首领于是偕同他的战士护送红军穿过他们的地区，到了边界之后，他还派了20名白彝奴隶引导红军北进。"②

索尔兹伯里在《长征——前所未闻的故事》中，认为"红军对少数民族执行了开明政策，非常尊重体谅他们，希望这样能够挽回过去汉人压迫少数民族造成的影响，把他们争取过来"③。

埃德加·斯诺在《西行漫记》中，也认为红军的统战工作非常有效，他写道，"桀骜不驯的彝族从来没有被住在周围的汉人征服过、同化过，他们好几百年以来就一直占据着四川境内沟深树密的荒山野岭"，"蒋介石完全可以满怀信心地指望红军在这里长期滞留，遭到削弱"，"但是红军有办法，他们已经安全地通过了贵州和云南的土著民族地区，赢得了他们的友谊，甚至还吸收了一些部族的人参军"。④

史沫特莱还特别赞赏红军坚持与敌人结成抗战同盟一致对外的政策。尤其称赞朱德给川军的公开信中所说的："你们为什么不起而仿效小国阿比西尼亚，光荣地为独立而战斗呢？祖国英勇的人民为什么不站出来为祖国的生存而战斗呢？……卖国贼蒋介石情愿为帝国主义开路，摧毁或禁止一切抗日团体，借此向日本帝国主义表示忠诚。难道有任何一个活着的中国人愿当亡国奴吗？"信中还"呼吁川军与红军结成民族统一战线"。⑤

---

① 《哈里森·索尔兹伯里谈长征》，见《长征大事典（下）》，姜思毅主编，贵州人民出版社，1996。
② 艾格妮丝·史沫特莱著，《伟大的道路——朱德的生平和时代》，梅念译，生活·读书·新知三联书店，1979。
③ 哈里森·索尔兹伯里著，《长征——前所未闻的故事》，过家鼎等译，解放军出版社，1979。
④ 《埃德加·斯诺谈长征》，见《长征大事典（下）》，姜思毅主编，贵州人民出版社，1996。
⑤ 艾格妮丝·史沫特莱著，《伟大的道路——朱德的生平和时代》，梅念译，生活·读书·新知三联书店，1979。

第三章

那年那人那事：外国人看长征中的重要人物、战斗与会议

> 伟大的长征是在特定时间在中国这片血与火的土地上写就的革命英雄主义史诗。两年中,各路红军辗转十余个省,历经曲折,战胜了重重艰难险阻,保存和锻炼了革命的基干力量,将中国革命的大本营从南方转移到了西北,为开展抗日战争和发展中国革命事业创造了条件。长征中,红军在前有堵截、后有追兵的困境中,突破了几十万敌军的包围封锁,唱响战略转移的凯歌;长征中,红军领导人审时度势,力挽狂澜,结束了"左"倾教条主义错误,造就了以毛泽东、朱德等为代表的党的领袖人物;长征中,党和红军在处境艰难中,群策群力,召开了一系列重要会议,达到了统一思想、统一行动、凝神聚力的作用。在那段中国革命最为惊心动魄的历史中,那些血雨腥风的战斗、那些举足轻重的人物、那些生死攸关的会议也引起国外学者和长征研究者的重视。

一、峥嵘岁月竞风流
——长征中的主要人物

举世震惊的中国工农红军长征是由一批拥有崇高信仰、坚定信念,英勇善战、不畏牺牲的革命者共同书写的英雄史诗。在这支充满传奇色彩的红军队伍中,有革命领袖,有将帅英烈。国外研究者对其中的一些领导人和指挥员非常关注,通过多种途径试图揭示他们在长征中的地位和作用。本节重点对红军中具有代表性的三位主要政治领袖(毛泽东、周恩来、张闻天)、三位主要军事将领(朱德、彭德怀、贺龙)和参加中央红军长征的唯一的西方人李德进行评述。为了使评述更加符合本人当时的特点,我们主要从早期访问延安的西方记者、国外主要政治人物及对红军长征人物有系统深入研究的部分著名外国学者的视角出发,力求从多角度、多侧面对他们进行评述,以期使读者更为全面地了解外国人眼中红军长征中的重要人物的形象。

(一)毛泽东

红军时期的毛泽东

毛泽东(1893年12月26日—1976年9月9日),字润之(原作咏芝),笔名子任,湖南湘潭人。长征期间先后担任中华苏维埃共和国临时政府主席、中共中央政治局委员、中共中央政治局常委、前敌总指挥、三人军事小组成员、红军陕甘支队政委等职。

1. 长征中的毛泽东——万里长征斩浪前行的"总舵手"

毛泽东以高超的政治智慧和斗争策略、雄伟的胆略和宏大气魄、卓越的军事思想和作战指挥才能,带领中共中央和红军一路劈波斩浪,奋勇前行,为中国工农红军取得长征的最后胜利做出了具有决定意义的伟大贡献,成为红军万里长征中斩浪前行的"总舵手"。

(1)遵义会议力挽狂澜,战胜党内"左"倾教条主义路线

在长征初期,由于奉行"左"倾教条主义的领导人错误的军事指挥,

红军遭受了重大损失。面对第五次反"围剿"的失利和长征以来的巨大损失,在党和红军面临生死存亡的危急时刻,毛泽东挺身而出,利用和王稼祥(时任中革军委副主席)、张闻天(时任中央政治局常委)一起行军的机会,经常倾心交谈,促使他们从"左"倾领导圈子中分化出来。

随后,毛泽东又取得了周恩来、朱德等同志的支持。在通道会议上,毛泽东西进贵州的主张被采纳,中央红军开始改变长征初期的战略计划,由被动挨打转为主动进攻。

遵义会议旧址,毛泽东、张闻天、王稼祥(雕塑)

在遵义会议上,张闻天做了"反报告",第二天,毛泽东结合张闻天所做的"反报告",做了一个半小时的发言,分析了第五次反"围剿"失败的原因,指出了问题的症结所在,在与会者中引起了巨大的反响,得到大多数人的赞成。会后,毛泽东被增选为中央政治局常委。会议结束了王明"左"倾冒险主义和教条主义在中共中央的统治,实际确立了以毛泽东为代表的新的中央领导,成为长征途中最伟大的历史转折。

(2)四渡赤水、巧渡金沙江,跳出蒋介石精心设置的重重包围圈

遵义会议之后,毛泽东为了使红军摆脱危险、被动的局面,根据客观情况的发展变化,做出了一系列力争主动、摆脱被动的努力。四渡赤水就是这种军事思想在实践中的杰作。四渡赤水之战从遵义会议后开始,到1935年5月上旬红军全部渡过金沙江结束,前后110天。四渡赤水和巧渡金沙江是毛泽东军事指挥艺术的千古绝唱,也是毛泽东军事生涯的"得意之笔"。

在指挥四渡赤水的战斗中，毛泽东将"出其不意，攻其不备"的策略运用得出神入化，展示了毛泽东纵横捭阖、挥洒自如的军事才能。张闻天曾赞叹："从新的'三人团'成立后，长征的军事行动就完全在毛主席指挥下进行。四渡赤水，佯攻昆明，巧渡金沙江，迂回穿插，打得十分主动，牵着将介石的鼻子走，红军跳出了包围圈。实践证明毛主席的指挥是正确的，而且完全称得上是英明的。"四渡赤水和巧渡金沙江的成功，不仅保存了红军的有生力量，赢得了战场主动，还为毛泽东获得了广泛的群众基础，使毛泽东在党和红军中的地位获得了进一步的确认，是红军在长征途中取得的决定性的胜利。

（3）高瞻远瞩北上抗日，指明红军前进方向并取得长征的伟大胜利

1935年6月，中央红军和四方面军在四川懋功会师后，毛泽东和党中央及时地制定了红军统一的战略方针——继续北上，建立川陕甘革命根据地，在帝国主义势力和国民党统治薄弱，特别是靠近抗日斗争前线的地区建立前进阵地，以便领导和推进全国的抗日民主运动。

当时，个人野心急剧膨胀的张国焘拒不执行中央北上抗日的战略方针，主张避开敌人主力向敌人力量薄弱的川康边境退却。在是北上抗日还是南下退却问题上，毛泽东同张国焘分裂党、分裂红军的错误进行了有理、有利、有节的坚决斗争。中共中央在甘南迭部县俄界的政治局扩大会议上，通过了《关于张国焘同志的错误的决定》，明确指出：张国焘反对中央北上的战略方针，坚持向川康边境退却的方针是错误的。同时号召红四方面军的同志团结在中央周围，同张国焘的错误倾向做坚决的斗争。

俄界会议后，中共中央和毛泽东率领中国工农红军陕甘支队夺取腊子口、翻越岷山，并占领通渭县榜罗镇。中共中央在榜罗镇政治局常委会议上正式确定把中共中央和红军的落脚点放在陕北，"在陕北保卫和扩大苏区"。随后，中共中央和陕甘支队越过六盘山，抵达陕甘根据地的吴起镇。此后，毛泽东亲自谋划了迎击国民党军队"追剿"中共中央和陕甘支队的直罗镇战役，取得重大胜利，为中共中央把全国革命的大本营放在西北举行了奠基礼，并最终取得了长征的伟大胜利。

1935年10月毛泽东创作的《七律·长征》（1962年手书）

2. 外国人眼中的毛泽东——改写中国历史的一代伟人

在外国人眼中，毛泽东作为改写中国历史的人物一直是谜一样的存在。在真正有机会亲自接触到毛泽东的西方作家中，斯诺是第一个，也是最成功的一个。毛泽东也称赞斯诺的《西行漫记》是外国人报道中国革命最成功的著作之一。斯诺在《西行漫记》中对毛泽东的叙述很长一段时间内主导着国外对毛泽东的最直接的印象。除此之外，很多国际友人、专家、学者、外国领导人，也分别从不同的角度，具体而细微地描绘了毛泽东的不同侧面。

斯诺：毛泽东身上有一种天赋的力量，是"窑洞里的预言家"。

埃德加·斯诺1936年进入陕甘苏区后不久，很快就在保安（今志丹县）见到了毛泽东——同南京"打了十年仗的共产党领袖，最近采用的正式头衔，是中华人民苏维埃共和国主席"[1]。在斯诺的第一印象中，毛泽东"是个面容瘦削、看上去很像林肯的人物，个子高出一般的中国人，背有些驼，一头浓密的黑发留得很长，双眼炯炯有神，鼻梁很高，颧骨突出。我在一刹那间所得的印象，这是一个非常精明的知识分子的面孔……"[2]

斯诺第二次看到毛泽东是在陕北的一天傍晚。当时，斯诺看到"一个没戴帽子的高个子的人，在街上走着，他一边和两个年轻农民谈话，一边认真地做手势"。斯诺起先没认出他是谁，后经别人指点才知道是毛泽东。使斯诺备感惊讶的是"南京虽然悬赏25万元（银元）要毛泽东的首级，可是他却毫不介意地和旁边的行人一起在走"[3]。

---

[1] 埃德加·斯诺著，《西行漫记》，董乐山译，东方出版社，2005。
[2] 埃德加·斯诺著，《西行漫记》，董乐山译，东方出版社，2005。
[3] 埃德加·斯诺著，《西行漫记》，董乐山译，东方出版社，2005。

1936年7月到10月，斯诺在陕甘苏区进行了为期四个月的考察、访问。

1936年，毛泽东与斯诺在延安

随着对毛泽东的逐渐了解，斯诺感到："毛泽东是一个令人极感兴趣而复杂的人。他有着中国农民的质朴纯真的性格，颇有幽默感，喜欢憨笑，甚至在说到自己的时候和苏维埃的缺点的时候他也笑得厉害——但是这种孩子气的笑，丝毫也不会动摇他内心对他目标的信念。他说话平易，生活简朴，有些人可能以为他有点粗俗。然而他把天真质朴的奇怪品质同锐利的机智和老练的世故结合了起来。"①

在保安，斯诺看到毛泽东的伙食同士兵一样是粗粮馒头蘸辣椒，菜里偶然有几片肉，也是为了招待斯诺一起进餐。中共领导同士兵穿一样的粗布军装，衣领上缀着同士兵一样的红布领章，没有任何官阶标志。斯诺认为，红军这种官兵平等、同甘共苦的生活所激发的精神力量，大概是蒋介石的强大军队无法消灭毛泽东率领的弱小红军的一个重要缘由。

斯诺和毛泽东谈了许多个夜晚，谈到各种广泛的问题。毛泽东谈了他幼年和青年时代的情形，以及他怎样成为一个共产主义者，红军是如何成长壮大起来的等情况。毛泽东还向斯诺介绍了红军长征到西北的情况，并且写了一首关于长征的旧体诗给斯诺。

在谈到中国如何反对日本侵略时，毛泽东对当时中国的政治、军事、经济、地理、人口、文化、敌我双方的情况及国际形势等各个方面做了精辟的分析。他用大量事实，旁征博引，论述了打败日本侵略者的各种因素和必备条件，特别强调了建立国内和国际的抗日统一战线，并预言抗日战争将是"持久战"。当时，在斯诺眼里，毛泽东的种种预言，"既有马克思主义的辩证法——他的一切观点的依据，也有主观臆想的成分"。

---

① 埃德加·斯诺著，《西行漫记》，董乐山译，东方出版社，2005。

从毛泽东富于戏剧性的经历中，斯诺觉得在毛泽东身上有一种天赋的力量，一种强大的自然活力。斯诺认为："毛泽东生平的历史是中国整整一代人的一个丰富的横断面，是了解中国国内动向原委的一个指南。这不仅是毛泽东个人的历史，也是一种适合中国国情的共产主义为什么能赢得成千上万中国青年男女的拥护和支持的记录，是一个关心人类集体命运的盛衰的客观史料记载。"

在以后的十几年里，斯诺目睹了毛泽东等中国共产党人领导中国人民打败了日本侵略者，推翻了国民党的反动统治。新中国成立之后，斯诺在《复始之旅》一书里写道："如果说我初次见到他时觉得他古怪，他那绝对的自信却给我留下了深刻的印象。他具有马克·吐温称之为'握有四张王牌的基督徒的那种镇静和自信'。他的王牌是亚洲的马克思主义、他对中国历史的渊博知识、他对中国人民的无限信任和他将泥腿子培养为将军的实际经验。他那循序渐进的论证使我相信了它是'可能的现实'。"斯诺称赞毛泽东为"窑洞里的预言家"。①

1936年，毛泽东与斯诺在延安

史沫特莱：毛泽东是中国共产党最杰出的领袖人物，他的思想理论深深扎根于中国历史和军事经验之中。

艾格妮丝·史沫特莱是美国著名记者，于1937年访问延安时采访了

---

① 埃德加·斯诺著，《斯诺文集：复始之旅》，董乐山等译，新华出版社，1984。

多位中共领导人,并与毛泽东有过较多的交往。史沫特莱在其所著的《中国的战歌》中对毛泽东做了较为详细的记述与评价。她在书中这样记述道:"在同一个永生难忘的晚上,我还有幸见到了毛泽东,因为他晚上工作,白天睡觉,我在半夜里去拜访他。掀开一个窑洞的棉门帘,进入一个黑洞,洞中阴沉黑暗,中央一张粗笨的木桌上面点着一支巨烛,巨烛光在一堆一堆的书报和低矮的窑洞顶上晃动着。一个人影,一只手按桌而立,脸朝门口,面目不清,我见到一堆黑衣服上面盖着一件宽大有补丁的大衣。他站的地方高出其他部位,使他的身材显得更加高大。独一无二的烛光打破了洞中的幽暗,景物显得阴森静美,如同岁月凋蚀的古代壁画景象。……他的前额宽阔而高,他是一个审美大师,且不说其他方面的造诣,他那风流倜傥的气质加上洞中阴暗的景象使我不知所措,以至当时说了什么,一句也听不清。……他没有朱德的谦逊风度,即使他风流潇洒,但他总是流露出个性刚强、睥睨一切、当机立断的性格。"① 在这段记述中,史沫特莱描绘了与毛泽东初次见面的印象。她在与毛泽东初次见面时,就深深感受到了毛泽东伟人般的高大威严,以至于"不知所措",并将毛泽东与朱德的谦逊进行了对比,直言毛泽东"总是流露出个性刚强、睥睨一切"的桀骜之气。可见初次见面,史沫特莱对毛泽东的印象并不佳,心中存有一定的敬畏与不友善的感觉。

在初次见面之后,有一段时间,毛泽东经常会在工作之余拜访史沫特莱,并经常和史沫特莱在一起谈论外国文学。后来,史沫特莱还教毛泽东学习英语和跳交际舞。随着史沫特莱与毛泽东交往与了解的深入,她对毛泽东的看法逐渐发生了改变。史沫特莱在其《中国的战歌》中评价道:"共产党的其他领袖人物,每一个人都可以同古今中外社会历史上的人物相提并论,但无人能够比得上毛泽东。人们这样说是因为他是一个地道的中国人,没有到外国旅游过,也没有到国外留学过。……毛泽东以理论家闻名于世,而他的一套思想理论深深扎根于中国历史和军事经验之中。……他在抗大和陕北公学上课,在群众大会上做报告,和他的谈话一样都以中国社会的日常生活和丰富历史为根据。……他引用《红楼梦》《水浒传》一类古典文学作品中的故事,他懂旧诗,而且就诗品而言也是一个诗人。他

---

① 艾格妮丝·史沫特莱著,《中国的战歌》,丘融译,新华出版社,1985。

1937年，毛泽东、朱德与史沫特莱在延安

的诗具有古代诗家的风格，但诗中流露出他个人探索社会改革的一股清流气味。……他的许多著作和小册子使他进入伟大革命作家的行列。他的《论持久战》《新民主主义论》等光辉著作已经成为中国革命思想中的里程碑……极端反共的政治家有时也要剽窃他的军事著作，据为自己的东西发表问世。"[1]从这段评价中，我们可以看出，在史沫特莱眼中，毛泽东是中国共产党最杰出的领袖人物，并以理论家闻名于世，而且他的理论扎根于中国历史和军事经验之中，影响广泛而深远。

白修德：毛泽东是一个为人爱戴的象征，他的人格支配着整个延安。

美国作家白修德（本名西奥多·哈罗德·怀特）在1944年抗日战争期间访问延安后，和另一位美国驻华记者贾安娜合作撰写了影响巨大的名著《中国的惊雷》。这部著作中，这样描述毛泽东："毛是一个身材奇伟的湖南人，一张圆脸，没有一条皱纹，奇特的爽朗；比起蒋介石那副道貌岸然的样子，他的脸活泼得多而且堆着更多的笑容。毛总是用一种对话式的语气——问问题，说双关的谐语，做种种的手势，来抓住他的听众。"

在谈到延安的政治时，书中写道："在共产党里，他们没有正式的阶

---

[1] 艾格妮丝·史沫特莱著，《中国的战歌》，丘融译，新华出版社，1985。

级区分，可是毛泽东却是受着最高的爱戴和尊敬。他对于党的无可置辩的支配力，比起蒋介石对他的左右的支配力来，是更为密切，也更难以形容。这一部分是由于一种真实的爱戴，一部分是由于他的无可匹敌的知识上的杰出。他领导中国共产党已经将近20年的工夫，1935年和长征的英雄们一起从华南长途跋涉而来，并且曾经和党一起度过饥饿的日子。和蒋一样，毛多少像一个传教士似的，党把他看作一个圣者。由于他的领导，党从一个贫乏的地下状态变成了在这次战争与国际事务中一支强大的力量。他的领导是理论化的，但是理论一经他的解释和运用

美国记者白修德

就成了有用的东西，而且在实际工作里得到了成就。"

英文版《中国的惊雷》
(*Thunder Out of China*)，1946年出版

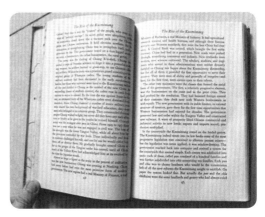

《中国的惊雷》英文版内页

"在延安有一种说法，认为毛只是同志中的一个长者，平等身份中的第一个人；他的话在会议中之所以有分量，只是因为他的话往往是最聪明的。然而，实际上，毛却是一个为人爱戴的象征，他的意志在共产党里的支配力量或许比蒋在国民党里还要大些。在公开的集会里，人们不难看见政治局的其他分子——他们本身也居于很高的地位——反复地引用着毛的演讲词，就好像在吮吸着知识的源泉。"

"毛泽东的人格支配着整个延安。"[1]

尼克松：毛泽东的意志力产生了超凡的魅力，他以这种品质鼓舞他的同志们去完成像长征这样史诗般的任务。

美国前总统理查德·尼克松在1972年访华会见毛泽东后，在《领袖们》一书中这样写道："毛泽东通过战略上的洞察力、战术上的灵活性，使他在历史上取得胜利。他修正了马克思主义，使农民成为取代产业工人的革命阶级。他修正了列宁主义，用组成军队的士兵取代结成阴谋集团的造反者，来夺取革命的胜利。"在谈到毛泽东的人格魅力时说："毛泽东的意志力产生了他超凡的魅力。我在会见他时，有一种感觉，他的意志力不知怎的是一种体质的特征。他的最生动的诗篇是在长征的战斗中间和战斗之后写的。当他写到斗争——特别是激烈的斗争——时的振奋情景，他似乎提到了意志的锻炼，就像别人所说的肌肉锻炼的那种情况。他以这种品质鼓舞他的同志们去完成像长征这样史诗般的任务，因而使他和他们成了似乎不可替代的人。"

1972年，毛泽东会见美国总统尼克松

最后，尼克松在评价毛泽东的历史地位和贡献时，称赞道："中国共产主义运动如果没有毛，就会缺少神秘性。这种神秘性不仅吸引了那些征服

---

[1] 白修德、贾安娜著，《中国的惊雷》，瑞纳译，新华出版社，1988。

了中国的狂热的支持者们,而且鼓舞了全世界的千百万人。"①

1972年,毛泽东会见美国总统尼克松

(二)周恩来

红军时期的周恩来

周恩来(1898年3月5日—1976年1月8日),字翔宇,曾用名伍豪等,原籍浙江绍兴,生于江苏淮安。长征期间,主要担任中央政治局常委、中央书记处书记、中央革命军事委员会副主席、中国工农红军总政委、三人军事小组成员、红一方面军司令员兼政治委员等职。

---

① 理查德·尼克松著,《领袖们》,施燕华等译,海南出版社,2012。

1. 长征中的周恩来——工农红军万里长征的"中流砥柱"

周恩来在长征前及长征途中，始终处于中央的领导核心，担任着重要的领导职务，对于长征的整体战略计划与实施均起着决定性的作用。在长征的前期准备过程中和面对长征途中的各种艰难险阻，周恩来能够做到审时度势、信念坚定、力挽狂澜，充分发挥了"中流砥柱"的作用，为红军长征的最终胜利立下了不可磨灭的功勋。

（1）长征初始谋划"转移"，确保红军有序突围

长征前，为统筹转移事宜，中央成立了"三人团"作为党和红军的最高领导机构。虽然在"实际工作中，政治上由博古做主，军事上由李德做主，周恩来只是督促军事准备计划的实行，并不能与闻所有的事情"，但是周恩来尽自己的职权和能力，在当时特殊的历史条件下，"设法弥补博古、李德瞎指挥造成的漏洞，尽量减少以至消除可能的损失"，为红军长征做了许多精心筹划与细致准备工作。另外，周恩来还派何长工、潘汉年，携带朱德的亲笔信前往陈济棠处进行谈判，最终使陈济棠让出通道，这为红军能够快速突破敌人的前三道封锁线发挥了重要作用。

1933年12月，周恩来在第五次反"围剿"初期与红军部分领导人合影

此外，周恩来还竭尽所能发挥作用，保护了一大批党和军队的高级干部。例如，在确定随军转移的高级领导人名单时，博古、李德出于私心，

开始不想带毛泽东走,"还是周恩来和朱德等同志一再坚持,说毛泽东既是中华苏维埃主席,又是中央红军的主要创建者,应该随军出发。在这种情况下,他才被允许一起长征"。这对长征的胜利乃至中国革命的发展产生了深远的影响。

(2)遵义会议批判"左"倾,拥护党内正确主张

湘江战役,红军遭受惨重损失,周恩来逐渐认识到红军失利是错误的军事指挥造成的,并在力所能及的范围内,开始着手纠正错误,尽量减少损失,逐步与"左"倾路线脱离。周恩来相继主持召开了具有重要作用的通道会议、黎平会议和猴场会议,坚决支持毛泽东改道贵州的主张,并运用毛泽东正确的战略战术指挥部队作战,使红军脱离了全军覆没的险境。

1935年1月,中共中央召开遵义会议。会上,周恩来在其副报告中明确指出,红军失利的主要原因"是军事领导上战略战术的错误",并主动承担了责任,同时严肃地批评了李德和博古的错误,并且在毛泽东发言后,明确表示支持毛泽东的正确意见。周恩来在发言中强调,事实证明毛泽东的指挥是正确的,坚定地提出只有改变错误的领导,红军才有希望,革命才能成功。他"坚决支持毛泽东同志对'左'倾军事错误的批判,全力推举毛泽东同志为我党我军的领袖"。周恩来的发言得到了大多数与会者的赞同。会议选举毛泽东为中央政治局常委,决定取消"三人团",由朱德、周恩来负责军事指挥,周恩来是党内委托的在军事指挥上下最后决心的负责者,"以毛泽东同志为恩来同志军事指挥上的帮助者"。

对于遵义会议的圆满成功,周恩来起了举足轻重的作用。毛泽东在向红一师领导传达会议精神时也说:"这个会议开得很好,解决了军委的领导问题。这次会议所以开得很好,恩来同志起了重要作用。"

(3)顾全大局抵制分裂,毅然北上奠基陕北

1935年6月,红一、四方面军在四川懋功会师。会师以后,红四方面军领导人张国焘个人野心膨胀,妄图攫取党和军队的最高领导权。为了团结红四方面军迅速北上,周恩来顾全大局,主动向毛泽东提出,把自己担任的红军总政委职务让给张国焘,张国焘这才同意调动红四方面军主力北上。

1935年8月，中共中央在毛儿盖的沙窝召开政治局会议。会上就红军是南下还是北上的问题争论十分激烈，周恩来在发言中强调，"现在，最高的原则是作战原则，只有这样才能得到一致，所以我们要将问题尽量提到最高原则上来解决"，因此坚决主张迅速北上。会后红一、四方面军混编成左路军和右路军，准备北上。张国焘表面上同意中央北上方针，实际上并没放弃退却避战的主张，在红军的战略方针问题上仍然存在斗争。

1935年9月8日，随右路军行动的政治局委员开会，由周恩来领衔联名致电张国焘，要求其率部北上。但张国焘已决意南下，并密令陈昌浩带领右路军南下，"彻底开展党内斗争"。在这危急情况下，党中央召开紧急会议，果断决定立即率一方面军主力单独北上。在周恩来的指挥下，红一方面军主力迅速转移，脱离险境，继续北上，终于在1935年10月19日到达陕北的吴起镇。

2. 外国人眼中的周恩来——世界上最伟大的"第二号人物"

周恩来在国际上享有极高的声誉，有众多的海外专家学者将他作为毕生的研究课题，研究的内容主要集中在周恩来生平、周恩来外交、周恩来思想品德、周恩来与毛泽东的关系等方面。国外关于周恩来的采访纪实、研究文献和评述资料都很丰富，比较有代表性的有：美国记者斯诺的《西行漫记》和《中共杂记》、威尔斯的《续西行漫记》、彼森的《1938年的延安：与中共领导人的几次谈话》、美籍华人作家许芥昱的《周恩来传》、日本作家梨木祐平的《周恩来》、英国学者迪克·威尔逊的《周恩来传》、日本学者鸟居民的《周恩来与毛泽东——周恩来试论》、美国前总统尼克松的《领袖们》等。1976年周恩来逝世后，众多外国政要、媒体纷纷发出唁电和发表评论文章高度评价周恩来的一生。

斯诺：周恩来兼具谦逊的个人魅力和自信的领袖风范，是毛泽东路线的忠实追随者和坚决执行者。

1936年，埃德加·斯诺进入"红色世界"后，遇到的第一位共产党领袖就是对他来说一直充满神秘感的周恩来——"一位身穿旧布军装、戴着一顶褪色的红军军帽、长着浓密的胡子、瘦削却英俊的红军军官"，"个子清瘦，中等身材，骨骼小而结实，尽管胡子又长又黑，外表上仍不脱孩子气,又大又深的眼睛富于热情……"① 见面的第二天,周恩来就根据斯诺的访问要求快速地列出了92天的访问计划,并希望斯诺能够"真实地把见闻报道出去",还承诺"我们会尽力帮助你了解情况"。对于斯诺提出的大部分问题,周恩来也都进行了"坦率"的回答,令斯诺印象深刻。

1938年,斯诺和周恩来、邓颖超夫妇在武汉合影

斯诺在他的笔记中对周恩来做了如下的描述:"他确乎有一种吸引力,似乎是羞怯、个人的魅力和领袖的自信的奇怪结合的产物。"② 他在《西行漫记》中还有这样一段话:"背弃古代中国的基本哲学,中庸和面子哲学;无可比拟的吃苦耐劳的能力;无私地忠于一种思想和从不承认失败的不屈不挠精神——这一切似乎都包含在这个红军的故事和参加创建红军的一个人的故事中。我暗自想,周恩来一定是个狂热分子,因此我想寻找这必有的神色,但是如果说有这种神色的话,我却没有发觉出来。……周恩来给我的印象是,他头脑冷静,善于分析推理,讲究实际经验。他态度温和地说出来的话,同国民党宣传九年来诬蔑共产党人是什么'无知土匪''强盗'和其他骂人的话,形成了奇特的对照。"③ 这些描述实际上都是在从另一个角度赞扬周恩来兼具谦逊的个人魅力和自信的领袖风范,是二者完美的结合。

斯诺作为中国共产党的老朋友,一生中多次访问中国,见证了中国革命的发展历程,同毛泽东、周恩来也进行过多次会晤。斯诺在1970年访

---

① 埃德加·斯诺著,《西行漫记》,董乐山译,东方出版社,2005。
② 转引自孟红的《周恩来和斯诺:六次让世界瞩目的会晤》,见《文史春秋》,2008年第5期。
③ 埃德加·斯诺著,《西行漫记》,董乐山译,东方出版社,2005。

华后，根据他多年的观察和切身感受，在他所著的《漫长的革命》一书中这样评价毛泽东和周恩来的关系："要说明他们两人的关系，'共生共栖'这个词语可能是最好的了。毛和周在作风和个性上很不相同，在三十七年信任和相依的基础上，他们像两个人前后坐的脚踏车一样相辅相成……"①

斯诺对毛泽东、周恩来进行比较，并做出总的分析："毛是一个出身于农民的知识分子的英才，对于他对人民凭直觉与经验得到的知识，周是惯常敬从的。毛是一位进取者，是原动力，是创始者，善于采取令人惊讶的局面、紧张局面和缓和局面交替出现的战略。他不相信漫长

《漫长的革命》（*The Long Revolution*）中文版

1938年，毛泽东和周恩来在延安

---

① 埃德加·斯诺著，《漫长的革命》，贺和风译，东方出版社，2005。

的稳定时期,而且从来不满足于变化的速度,可是他是重实际的,对于逐步实现一个目标有着极大的耐心。周喜欢巨细无遗地执行计划,而且问题越复杂越好。周迅速地抓住事情的本质,必要时丢弃不实际的东西,而且他绝不心存侥幸——如果没有王牌在握的话。周工作得极好。他是一个营造师,不是一个诗人。""遵义会议以后,周从未动摇对毛的忠诚。""他谦和的态度遮盖着不屈的意志,他自我隐没的献身精神使他成为毛泽东不可或缺、无可比拟的助手。""正是周的光明磊落的气量"使他成为"一个重要的排难解纷和顾全大局的角色"。①

1949年10月1日开国大典,毛泽东和周恩来在天安门城楼上

斯诺这些生动的描述,十分贴切地说明了毛泽东与周恩来二人的关系。翻开中国革命历史,自从"在遵义会议上确立了毛泽东的领导地位后,周恩来便成为毛泽东路线的忠实追随者和坚决执行者"。

许芥昱:周恩来是一个身兼过去和未来的革命者,他的生平本身就是一首精湛隽永的史诗。

许芥昱,亦作许芥煜,美籍华人作家。他1955年着手《周恩来传》

---

① 埃德加·斯诺等著,《周恩来访问记》,宋连译,万源图书公司,1976。

的写作，1968年正式出版。在《周恩来传》中，许芥昱写道："周恩来是一个身兼过去和未来的革命者，是政治军事的战略家，是最有能力挽救中国共产党的人。研究他可以弄清楚那些已经发生的事情和所以发生的理由，也可以了解中国行将发生的事情，从他的经验中可以学到足以帮助他们将目前中国的动向及对世界的影响都放在适当的透视中来观察。"[①]

许芥昱称赞周恩来："伟大人物的生平本身就是一首精湛隽永的史诗，千百年来耐人咀嚼，有心人自会在其中不断发现新的心得。从周恩来的生活和经历中可以学到做人的道理。"在分析周恩来的理论思想时，他这样评价："周恩来在党内的地位总是被另外一位更出头露面的人盖过，所以他的思想太被人当作没有独创性的，他浮沉的力量太被低估了。"他指出：周恩来"为党的事业奋斗终生、忠心耿耿，从不为个人利益计较什么"，他"一生有许多机会成为中国共产党的头号领袖，可他急流勇退，从不处心积虑地去谋求那唾手可得的最高权力"[②]。这就是后来被专家学者们称为关于周恩来的著名的"许芥昱问题"。

卡罗尔：周恩来是外交艺术无与伦比的大师，是世界最伟大的"第二号人物"。

周恩来逝世后，世界各主要媒体纷纷发表文章。卡罗尔于1月12日在法国《新观察家》发表了题为《世界最伟大的"第二号人物"》的评论文章，追忆了他对周恩来外交活动的印象，并高度赞扬了周恩来对中国乃至对世界的杰出贡献。文中这样评论：虽然周恩来毕生为毛的"意识形态鞠躬尽瘁"，但这并不妨碍他在中国共产主义50年来的历史上有他自己的特点。

在回顾与周恩来的二次长谈时，卡罗尔说：他善于在这些会见中使谈话轻松愉快，谈话时而被笑声打断，时而插进一些小故事。他从来不使用模棱两可的外交辞令。"中国共产党要这样。""党将这样做。"他表达的方式使人对他做决定的权力之大没有任何怀疑。然而，周恩来在谈到更加理论性的问题时，或在加重他的讲话分量时，总是提到中国共产党主席的名字，他常常用这种严肃的说法——"毛泽东主席亲自指示我们"或"毛泽东主席教导我们"。这些表述说明周恩来既具有伟人的决断，同时又谦逊

[①] 许芥昱著，《周恩来传》，明报出版有限公司，1977。
[②] 许芥昱著，《周恩来传》，明报出版有限公司，1977。

地服从毛泽东的指示与教导。"周恩来总是以一位能够立即解决棘手问题并且从不否认他的讲话的最高领导人的信心进行谈话。"

在谈到中国取得的外交成就及世界地位时，卡罗尔这样评价："整个这一事业，正是周恩来根据毛主席的指示并施展他个人的魅力领导的。这种个人魅力使所有的人把他推崇为本世纪最伟大的人物之一，推崇为外交艺术的无与伦比的大师。他铁一般坚定地相信世界革命，相信中国在本世纪末会成为一个强大的、现代化的社会主义国家。为此，他满怀信心并非常谦虚地跟随他的主席和朋友毛泽东。取代他将不是很容易的。今天，因为他的逝世，我们都在分担共产党乃至中国的悲伤。"[1] 卡罗尔在评论文章中全面评述了周恩来对于中国外交事业所做出的杰出贡献，称赞周恩来是外交艺术无与伦比的大师，是当之无愧的世界最伟大的"第二号人物"。

尼克松：周恩来是一个共产主义的革命家和具有儒家风度的人物，历史浅薄的美国不可能产生这样的伟人。

1972年尼克松访华，周恩来负责整体的接待安排，并同尼克松做了多次会晤与交流，给尼克松留下了极深的印象。尼克松在他的《领袖们》一书中对周恩来做了一个较为全面的评价："周是一个共产主义的革命家和具有儒家风度的人物，是有献身精神的理想家和深谋远虑的现实主义者，是政治斗争的能手与杰出的调解人。"周恩来具有崇高而坚定的共产主义信仰，这"使他能忍受政治上的挫折与生活的艰苦，儒家风度的个人品德使他能在外交折冲中出类拔萃，并成为千百万中国人的'敬爱的领袖'。现实主义者的机敏，使他能够准确估计国内政治和国际外交之后的各种力

尼克松所著《领袖们》（*Leaders*）中文版

---

[1] 转引自梁金安著《外国政要视野中的周恩来》，中央文献出版社，2013。

量。政治斗争能手的秘密行动,能够保证他的政策不因为他的去世而中断,并且持续到毛以后的时代。调解人的策略和礼貌使他在这些激烈分子企图使国家分崩离析的时候保持统一。""周的儒家品德也使他得到了中国人民持久的爱戴……他的深得人心在中国政治中是一种无与伦比的力量……"①

1972年2月21日,周恩来在机场欢迎尼克松访华

对于周恩来与毛泽东的关系,尼克松这样形容:"毛当初是个反抗地主和军阀压迫的农民,周则是一个同不平等和外国侵略做斗争的知识分子。他们代表中国社会里的两大因素,是在共产主义革命中团结起来的。"他还在书中写道:"中国革命没有毛,就决不会燃起火来。而没有周,它就会烧光,只剩下灰烬。"这就是著名的尼克松的"火起与灰烬论"。相近的论断还有:韩素音的"海洋与海岸论",迪克·威尔逊的"毛泽东、周恩来默契论"。韩素音说:毛泽东、周恩来的合作关系"就是汹涌咆哮的海洋和坚

---

① 理查德·尼克松著,《领袖们》,施燕华等译,海南出版社,2012。

如磐石的海岸之间的结合","海岸对海洋的忠诚超越一切"[①];迪克·威尔逊说:毛泽东、周恩来合作"默契","这种引人注目的关系决定了人民中国的整个轮廓和进程"[②]。这就是境外著名的关于毛泽东、周恩来关系的三大经典之论。

周恩来逝世后,尼克松甚至感慨地说:"历史浅薄的美国不可能产生这样的伟人。"

(三)张闻天

红军时期的张闻天

张闻天(1900年8月30日—1976年7月1日),原名应皋(也作荫皋),曾化名洛甫,字闻天,江苏省南汇县(今属上海市)人。长征期间主要担任中央政治局常委、中央书记处书记、中共中央委员会总书记等职。

1. 张闻天与长征——长征转折关头的一代"明君"

张闻天作为中共中央的主要领导人之一,在长征初期坚持同"左"倾错误路线做斗争,提出了红军战略转移的"总根据"。特别是在遵义会议

---

① 韩素音著,《周恩来与他的世纪》,王弄笙等译,中央文献出版社,1992。
② 迪克·威尔逊著,《周恩来传》,封长虹译,解放军出版社,1990。

之后，确保了毛泽东对全党全军的正确领导，抵制了张国焘的分裂行径，为长征的胜利做出了关键的历史性贡献。

（1）提出战略转移的"总根据"

中共中央和中央红军撤出中央苏区，实行战略转移，这是一个关系到党和红军、关系到中国革命前途的重大问题。1934年9月下旬，党中央要张闻天撰写一篇社论，从理论上对红军战略大转移做出解释，以统一思想。9月29日，张闻天结合从毛泽东那儿学到的战略理论在《红色中华》第239期上发表了题为《一切为了保卫苏维埃》的文章，阐明了红军战略转移的理论依据。红军总政治部在这篇文章发表后发布《政治指令》，要求全军"根据张闻天同志《一切为了保卫苏维埃》的论文，在部队中进行充分的宣传解释工作，兴奋全体战士准备进入反攻的战斗精神与对胜利的信心"。在1942年编订的《红军长征记》一书中，收录了董必武写的回顾长征的文章《出发前》，这篇文章中称张闻天的《一切为了保卫苏维埃》是"一篇关于红军战略的社论"，实际上是中央红军长征的宣言书和动员令。聂荣臻回忆说，这篇论文是红军长征"进行公开动员、公开准备总的根据"。

张闻天在文章中回答了红军进行战略大转移的必要性，巧妙地对"进攻路线"做了有利于红军进行战略转移的新的解释，并且对一味"采取进攻的斗争方式"这种"抽象的公式"和"教条式的药方"进行了适当的批评。这个"总根据"的传达解释，大大地鼓舞了红军士气，对红军迅速撤出中央苏区，以及激励红军指战员在长征初期的英勇战斗精神起了重要作用。

长征途中的张闻天

（2）逐步走进"中央队三人团"

长征前夕，毛泽东从于都回到瑞金，和张闻天一起住在一座古庙里，朝夕相处使他们成了可以交心的同志和朋友。长征开始后，张闻天与毛泽东一起行军、宿营，他们之间接触的机会多了，推心置腹交换意见的机会也多了。张闻天坦诚地向毛泽东讲述了他对博古、李德的看法，谈了自己与他们之间的分歧和矛盾。毛泽东在谈话中，耐心细致地分析了中国革命和战争的特点和规律，第五次反"围剿"以来的形势和任务，以及红军应该采取的战略战术基本原则，明确指出"左"倾冒险主义在军事上的错误。

在毛泽东的启发和教育下，张闻天逐步觉悟，张闻天后来回忆说："长征开始后，我同毛泽东、王稼祥同志住在一起，毛泽东同志开始对我们解释反五次'围剿'中央过去在军事领导上的错误，我很快地接受了他的意见，并且在政治局内开始了反对李德、博古的斗争，一直到遵义会议。"这样，就逐步形成了以毛泽东为首的反对李德、博古领导的毛、张、王"中央队三人团"。它成为当时同"左"倾阵营相抗衡的坚强战斗集体，向李德和博古的错误路线发起了挑战，为遵义会议的伟大胜利打下了组织基础。

（3）提出遵义会议的"反报告"

1935年1月15日至17日，具有重大历史意义的中共中央政治局扩大会议在遵义召开。会议在听了博古的报告和周恩来的副报告以后，张闻天首先站起来做了"反对中央领导单纯防御军事路线的报告"（通称"反报告"），旗帜鲜明而又系统地批评了第五次反"围剿"和长征途中的错误军事领导。这个报告提纲实际上是"中央队三人团"（毛、张、王）集体智慧的结晶。

之后，毛泽东做了重要发言，分析了错误军事路线的症结所在。王稼祥除旗帜鲜明地支持张闻天的"反报告"和毛泽东的发言外，直接提出由毛泽东来指挥红军。周恩来、朱德和各军团领导一致批评"左"倾军事路线的错误，对张闻天的"反报告"和毛、王的意见表示"完全同意"，并力举由毛泽东指挥红军。至此，遵义会议的基调得以确定，会议结束时选举毛泽东同志为中央政治局常委。

张闻天后来说："这个会议的功绩，当然属于毛泽东同志，我个人不过是一个配角而已。"尽管张闻天谦虚谨慎，有功不居，但遵义会议从酝酿到顺利召开，最终改组中央领导，实际上确立毛泽东在党和红军中的领导地位，是与张闻天的民主作风，特别是他对毛泽东的尊重、信任和支持密不可分的。张闻天以政治局委员、常委和书记处书记的身份做的"反报告"成为遵义会议历史转折的关键之举。

（4）成为长征路上的"开明之君"

遵义会议后，中央召开政治局常委会议，决定"常委中再进行适当分工"，由张闻天接替博古主持中共中央工作，负总责。张闻天接替博古的职务，对于稳定大局，加强全党全军的团结统一，减少内耗，共同对敌，起到了十分重要的作用。同时，张闻天接替博古的职务，也从组织上保证了毛泽东在全党全军的核心领导地位，保证了以毛泽东为代表的党的正确路线、方针和政策的贯彻落实。

张闻天和毛泽东在一起

张闻天接替博古的职务后，为了适应战场瞬息万变的情况，高效把握战机，张闻天接受毛泽东的建议，成立了由毛泽东、周恩来、王稼祥组成的三人军事小组。在当时的形势下，军事问题是决定党和红军生死存亡的首要问题。三人军事小组的成立，进一步强化了毛泽东在全党全军的核心领导地位。从此，长征的军事行动就完全在毛泽东的指挥下进行。另外，张闻天自接替博古总负责后，为争取说服犯过错误的同志，做了大量团结疏导工作。在遇到困难时，他总是乐观地对同志们说："我们的党经过艰苦曲折的过程，终于找到了正确的领导人，有了毛泽东同志的领导，我们就能够战胜长征路上的危难。"在面对张国焘的分裂主义行径时，张闻天与其进行了坚决的斗争。张闻天的出色工作，保证了毛泽东军事指挥的顺利实施，为毛泽东成为全党的领袖发挥了不可替代的作用，被毛泽东称为"开明君主"。

2. 外国人眼中的张闻天——学识渊博、淡泊名利的"红色教授"

张闻天为人处世低调，不争权、不逐利，潜心马列主义理论研究，国外对于张闻天的研究与报道相对较少。早期外国人士访问延安期间，与张闻天有直接接触的主要有：埃德加·斯诺、尼姆·威尔斯等人，采访内容大多限于对中国革命历史阶段、马克思主义理论等内容的探讨。张闻天在外国人眼中是一位学识渊博、淡泊名利的"红色教授"。

威尔斯：张闻天才气横溢，是中国共产党最杰出的马克思主义理论家之一。

尼姆·威尔斯在延安采访期间，专门就中国革命的历史阶段问题于1937年7月14日采访了张闻天（洛甫）。

威尔斯这样描述张闻天："洛甫的外貌有一种与众不同的知识分子气质，硕大的头颅显得才气横溢。洛甫戴着一副度数很深的近视眼镜，与深思熟虑的脸形很不相称。他身材瘦长，给人一种劳累过度的印象。目前共产党的高级领导人中，只有他曾经去美国留学，出生在上海。洛甫能操流利的英语，一度醉心于文学，当过小说家。"[①] 威尔斯从张闻天的直观外貌上就能够强烈感受到他与众不同的知识分子气质，其才气横溢的学者风范给威尔斯留下深刻印象，这也是张闻天区别于当时其他共产党高级领导人的显著特征之一。

威尔斯采访张闻天时，张闻天时任中国共产党中央委员会总书记。威尔斯说："洛甫、毛泽东和博古被公认为共产党最杰出的马克思主义理论家。"[②] 在《续西行漫记》中，威尔斯根据张闻天的口述记录了他的生平及学习经历。从张闻天的生平经历我们不难看出，张闻天怀着救国图强的坚定信念，在文学、哲学、社会科学等领域不断研究探索，最终选择了共产主义理论，并投身革命工作，实现了从新文化运动的战士向中国共产党党员的转变。

---

① 尼姆·威尔斯著，《续西行漫记》，陶宜等译，生活·读书·新知三联书店，1991。
② 尼姆·威尔斯著，《续西行漫记》，陶宜等译，生活·读书·新知三联书店，1991。

在谈到张闻天的理论成就时，威尔斯记述说，他写过许多关于建设苏维埃的理论和政策及战术等方面的文章以及有关抗日问题的文章。张闻天曾"写过一本中国革命史，共产党的各学校和学院以此为课本，他专门研究过这个问题，因此他对中国革命各历史阶段的分析极有价值，充分阐述了共产党在长期激烈的斗争中遵循的指导方针"①。通过威尔斯的记述，我们可以发现张闻天在马克思主义理论研究上颇有建树，其理论著作对于指导中国革命具有重要意义和作用。

威尔斯是根据毛泽东的推荐专门就中国革命的性质和历史阶段问题采访张闻天的。根据威尔斯的采访要求，张闻天介绍了中国革命的历史阶段划分，他把中国的苏维埃革命划分为四个阶段，并阐述了各阶段的革命特点及阶段划分的理论依据。通过威尔斯对张闻天的种种记述，我们能够深刻感受到张闻天作为一名研究型学者的风范，他对中国革命性质和历史阶段等问题的敏锐观察和精辟论断令人叹服，无愧于"红色教授"的称谓。

索尔兹伯里：张闻天淡泊名利，与刘英谱写长征革命爱情故事。

索尔兹伯里于1983年踏访红军长征路，于1985年出版了轰动世界的名著《长征——前所未闻的故事》。张闻天作为长征路上的一代"明君"，自然成为索尔兹伯里关注的对象。索尔兹伯里在书中翔实地记述了张闻天在遵义会议前后所做的历史贡献。

索尔兹伯里在书中第七章中记述了遵义会议前毛泽东争取张闻天、王稼祥支持的经过："这些谈话就在毛泽东和曾在旧金山当过编辑的洛甫，以及伤口未愈的政治局候补委员、关键的'布尔什维克'王稼祥之间进行……毛泽东、洛甫和王稼祥不久便取得一致意见，他们都认为应尽早要求召开会议，以解决军事领导权的问题……毛泽东、洛甫和王稼祥三人被称为'核心小组'……这三人正渐渐地夺取着长征的领导权。"② 张闻天在遵义会议上坚定地支持毛泽东，为毛泽东重新进入中共中央领导核心发挥了重要作用。遵义会议后，张闻天被推举为中共中央总书记，对全党工作总负责。但张闻天自知能力有限，并不贪恋权力，而是主动让贤，将手中权力逐步

---

① 尼姆•威尔斯著，《续西行漫记》，陶宜等译，生活•读书•新知三联书店，1991。
② 哈里森•索尔兹伯里著，《长征——前所未闻的故事》，过家鼎等译，解放军出版社，2008。

转交给毛泽东，自己甘愿做一些马克思主义和中国革命历史的理论研究工作，展现了一名共产党人淡泊名利的宽广胸襟。

张闻天、刘英夫妇在延安合影

索尔兹伯里在《长征——前所未闻的故事》中还较为详细地描述了张闻天和刘英的革命爱情故事。索尔兹伯里这样写道："刘英代替邓小平担任中央秘书长，兼做'中央直属小队'的书记……这种工作她以前从未做过，作为小队成员的洛甫给了她很多帮助……刘英在莫斯科时就认识洛甫，当时她是中山大学的学生，而洛甫是该校的教员。……此刻两人开始接近起来……""红军来到陕北，并非处处都是危机，有时也有人间趣事。毛泽东越来越爱开洛甫和小刘英的玩笑了。自从刘英与'中央队'一起工作以来，她与洛甫几乎形影不离……刘英和洛甫一起到达瓦窑堡后，就决定结婚。'从渡金沙江以来，我们关系越来越密切，'刘英回忆说，'但到了陕北之

张闻天、刘英夫妇最后一张合影（1976年）

后，我们才生活在一起。'……洛甫和刘英的爱情（洛甫三十五岁，刘英二十七岁）是长征中仅有的几起恋爱之一，双方感情始终如一。"① 从这段描述中我们可以看出，张闻天和刘英是由于共同的理想信念，在工作中相识、相知、相恋，最终走到一起的，他们是"红色革命爱情"的典范。这也从某种程度上展现了张闻天作为共产党人中的高级知识分子的革命主义爱情观。

（四）朱 德

红军时期的朱德

朱德（1886年12月1日—1976年7月6日），字玉阶，原名朱代珍，曾用名朱建德。长征期间，主要担任中央政治局委员、中央执行委员、中央革命军事委员会主席、中国工农红军总司令等职。

1. 长征中的朱德——"度量大于海，意志坚如钢"的工农红军总司令

参加长征的红军领导人中，朱德走过的路多，遇到的困难和危险也大，但他却坚定沉着，力挽狂澜，支持党内的正确主张，与张国焘搞分裂的错

---

① 哈里森·索尔兹伯里著，《长征——前所未闻的故事》，过家鼎等译，解放军出版社，2008。

误进行了毫不妥协的斗争，维护了党和红军的团结，为最终实现红军三大主力胜利会师做出了贡献。

（1）"借道"陈济棠，使红军顺利突破敌三道封锁线

1934年9月，时任中革军委主席朱德和副主席周恩来在认真分析了陈济棠的摇摆心态后，决定利用蒋陈矛盾创造对红军有利的形势。10月初，周恩来派何长工、潘汉年携带朱德的亲笔信前往陈济棠处进行谈判。经过三天三夜的艰苦谈判，最后达成了五项协议，其中第五条为双方"必要时可以互相借道"。所以，当中央红军从于都开始战略转移时，陈济棠在湘粤边境让出了一条40里宽的通道，使红军顺利迅速地通过广东边境进入湖南。

陈济棠　　　　　　　　　何长工

后来，何长工回忆说："事实证明，我们能够如此顺利、迅速地通过陈管区，是与我们对陈济棠的统战工作分不开，所达成的五项协议起了作用的，使蒋介石的一、二、三道封锁线落了空。"

（2）支持党内正确主张，帮助毛泽东恢复军事指挥权

1934年12月15日，红军占领了黎平。在黎平，中央政治局就转变战略方针的问题展开了讨论。会上，朱德赞同毛泽东提出的放弃与红二、六军团会合的意见。另外，朱德还提议恢复刘伯承的红军总参谋长职务，得到中革军委批准。红军占领遵义后，召开了中央政治局扩大会议。在会议报告中，

中央负责人博古把失败原因完全推卸到客观方面，拒不承认他和军事顾问李德在军事指挥上的错误。对此，朱德非常气愤。朱德继周恩来、毛泽东发言后，以尖锐的语气批评了博古、李德的错误，旗帜鲜明地支持了毛泽东的正确主张。他说："这样的错误如果继续下去，红军就不能再跟着临时中央走了。"朱德作为红军总司令说出的这番话，分量是很重的。

遵义会议后，实际上形成了以毛泽东为代表的新的中央的正确领导，恢复了毛泽东在军事上的指挥权。对此，朱德心情振奋，非常激动，在《遵义会议》一诗中写道："群龙得首自腾翔，路线精通走一行。左右偏差能纠正，天空无限任飞扬。"

（3）处处彰显长者风范，带领红军指战员们克服艰难险阻

美国作家索尔兹伯里写道：长征"是一曲人类求生存的凯歌"，"是考验中国红军男女战士的意志、勇气和力量的人类伟大史诗"。长征时，朱德已年近五旬，是红军高层领导中年龄最大的。漫漫征途中，三爬雪山，两过草地，朱德在困境中特别能忍耐、特别有办法，以艰苦卓绝的表率作用带领红军战胜了难以想象的重重困难。

在《关于红军新阶段问题》的讲话中，朱德说"长征二万五千里，我个人却多走了一万里"。长征途中面对艰苦异常的困难，朱德总是保持着一种革命乐观主义精神。过草地时，带的干粮吃完了，朱德就发动大家在草地上挖野菜充饥，还称这些野菜是"革命菜"。朱德后来回忆道："长征中间，每天差不多总是走一半路，骑一半马。除了过草地时患了重感冒坐过半天担架，整个长征中没有坐过担架。"这种不惧艰难、以苦为乐的革命乐观主义精神，感染了大家的情绪。红军战士们纷纷以朱德总司令为榜样，咬紧牙关，相互搀扶，克服了长征路上的重重困难，磨炼出钢铁般的革命意志。

（4）同分裂错误做斗争，促使三大主力红军胜利会师

1935年8月，红一、四方面军混合编组，分左、右两路共同北上，毛泽东、周恩来随右路军行动，朱德和张国焘负责左路军的指挥。红军混合编组后，右路军按计划北上，张国焘却擅自命令左路军和右路军中的红四方面军部队从四川阿坝等地南下，并另立"临时中央"，自任"主席"，公开分裂党和红军。

在阿坝会议上，张国焘率人围攻朱德，要朱德写文章、发声明反对党中央北上抗日的方针。面对围攻，朱德义正词严地说："中央和红四方面军会合是伟大的胜利，使敌人害怕。党是一个整体，不能分裂。"张国焘继而又要求朱德出面反对毛泽东。朱德幽默地说："朱毛、朱毛，人家外国人都以为朱毛是一个人。哪有朱反对毛的？"他最后严正坚决地表示："你可以把我劈成两半，但你割不断我和毛泽东的关系。"由于朱德总司令在党和红军中享有崇高威望，他的态度对张国焘分裂行为起到了有力的制约作用。

1936年7月初，红二、六军团抵达甘孜，同红四方面军和红一方面军的第五、第三十二军会师。会师后，朱德把张国焘反对中央、搞分裂的阴谋原原本本地告诉红二、六军团主要负责人任弼时、贺龙等，与他们一起研究对策，同心合力地同张国焘的错误行为做斗争，推动红军共同北上。在各种压力之下，张国焘只好同意北上。这样，终于促成了红一、二、四这三个方面军于1936年10月在甘肃会宁的胜利大会师。

1936年，长征胜利到达陕北后，朱德和毛泽东、周恩来、博古的合影

三大主力红军胜利会师后，朱德在陕北的保安向毛泽东叙说了同张国焘斗争的经过。毛泽东听后激动地称赞朱德"斗得有理、有节，临大节而不辱"，"度量大如海，意志坚如钢"。

1937年，朱德和关向应、王震在陕北四十里铺

2. 外国人眼中的朱德——深受人民群众爱戴的"红军之父"

作为工农红军总司令，外界关于朱德有着太多的传说。他是国统区报纸上的"赤匪头子"，更是红军的"灵魂人物"。国外关于朱德最全面翔实的著作无疑当属美国作家艾格妮丝·史沫特莱根据其1937年在延安对朱德的访问实录所撰写的《伟大的道路——朱德的生平和时代》一书。美国记者斯诺的《西行漫记》和威尔斯的《续西行漫记》等著作中也对朱德进行了大篇幅的描述。此外，英国物理学家班威廉·克兰尔、美国外交官约翰·谢伟思、美国作家白修德等也在延安会见或采访过朱德，并做了比较翔实的评述。

史沫特莱：朱德外表朴实亲切，内心却极具大丈夫气魄。

艾格妮丝·史沫特莱在1937年1月刚到延安后，急切地想知道在国统区的报纸上被冠以"赤匪头子""共匪""杀人犯""强盗""放火犯"等各种名称的朱德到底是一个什么样的人，为什么有几百万、几千万正直而勤劳的农民和工人，以及满怀理想的学生和知识分子，乐于为他所推行的事业而斗争或牺牲。围绕着朱德的名字而编织的各种传说使史沫特莱对朱德等红军将领的形象是非难辨。带着这些疑问,史沫特莱到达延安的当天晚上便会见了朱德。在史沫特莱最初的想象中,她将见到的朱德将军一定是个"坚强英勇、脾气暴躁的人物,其滔滔不绝的论断几乎可以使森林燃烧的钢铁般的革命者"。但是,当她见到这位声名远播的将军时,只见他"身材结实,个子不高,身穿灰布补丁制服……有五十多岁了,相貌和蔼可亲,额角布满皱纹"①,"看起来完全是一副普通面貌。要不是因为他身穿制服的话,很容易把他当作中国哪个村子里的农民老大爷"。然而,通过谈话交流后,朱德给她留下了深刻的印象,她被深深地吸引住了。"我在这一瞬间,有了这样一种感觉:不论以他的哪一部分来看——从声音、动作,以至他的每一个脚步,都充满了大丈夫气魄。"②马海德向她这样介绍朱德:"战士们爱戴他……他爱战士如自己的儿女。战士爱他如父母。"③之后,史沫特莱在《中国的战歌》中写道:"他看起来确像红军之父。"④这就是将朱德称为"红军之父"的最早记载。

史沫特莱和《中国的战歌》(*Battle Hymn of China*)

---

① 艾格妮丝·史沫特莱著,《中国的战歌》,丘融译,新华出版社,1985。
② 艾格妮丝·史沫特莱著,《伟大的道路——朱德的生平和时代》,梅念译,生活·读书·新知三联书店,1979。
③ 艾格妮丝·史沫特莱著,《中国的战歌》,丘融译,新华出版社,1985。
④ 艾格妮丝·史沫特莱著,《中国的战歌》,丘融译,新华出版社,1985。

史沫特莱在和朱德谈话中发现，很少人或根本没有人了解他的一生，更没有人有时间坐下来把他或其他人的生平写成书籍。因此，史沫特莱希望朱德把他的一生经历讲述给她，从而使她能够写一本关于他的传记。朱德说，自己的生平只是中国农民和士兵生平的一小部分，让她到各处走走，见见其他人再做决定。史沫特莱在延安访问了许多经历传奇的人物后，最终还是决定写朱德的传记。她说："我听从了他的劝告，果然遇到了许多比朱将军还有戏剧性的人物——他们的生平足可作为大型文学作品的素材。但是，中国的农民并不是戏剧性的，我还是坚持原方案。"朱德的农民形象，以及他为中国革命的奋斗历程给史沫特莱提供了一个观察中国农民革命斗争的样板。史沫特莱在遗嘱中说："我的唯一信念和唯一誓愿，就是那些贫困的、被压迫的人民的解放。而中国革命的成就，已经是这一解放事业的中流砥柱。"[1] 正是怀着这样的信念，史沫特莱决定撰写朱德的传记，希望通过朱德的生平反映中国农民反抗侵略与压迫的斗争历程。

1937年，史沫特莱与朱德在延安

《伟大的道路——朱德的生平和时代》一书，以朱德的个人经历为主线，循着中国民主革命的历史进程，以中国人民近代以来所进行的伟大斗争为背景展开叙述，最后将朱德探索中国的革命道路落脚到中国共产党领导的土地革命、抗日战争的斗争之中。朱德痛苦而曲折的人生探索及救国救民道路，反映了中国人民革命的艰辛历程。朱德那种勇于追求真理的精神和他所走过的人生道路，特别是在大革命中的历史作用以及他与毛泽东在创

---

[1] 艾格妮丝·史沫特莱著，《中国的战歌》，丘融译，新华出版社，1985。

建红军、领导红军长征、抗击日本侵略中的成就,将给后人以深刻的启迪。对于《伟大的道路——朱德的生平和时代》一书产生的影响,新西兰作家贝特兰评论道:"不管评论家们怎么认为,她终归使朱德、贺龙、毛泽东,这些她所钟爱的红军指挥员们,成为杜塞道夫、底特律等城市工人心目中的实实在在、有血有肉的现实生活中的人。"①

《伟大的道路——朱德的生平和时代》
(*The Great Road*: *The Life and Times of Chu Teh*) 中、英文版封面

威尔斯:朱德是深受群众爱戴的领袖和红军稳定的象征。

尼姆·威尔斯1937年5月到达延安后,很快就见到了朱德。和史沫特莱一样,朱德给她的第一印象与她想象中完全不一样。她说:"(朱德)不是个挥舞红缨大刀,率众杀敌的凶猛战士。实际上,他很慈祥和善,说话安静,尤其是他为人谦虚,甚至到了宁愿默默无闻的地步。……一瞥之中,朱德身材适中,健壮结实,最引人注目的,是他那双清澈的目光似乎总是那么慈祥。在我的印象中,他是全中国少有的心地善良的人物,从心眼儿里是个真正的人道主义者……""他的嘴巴老是带着忧愁与严肃的表情,可是,他一笑起来,满脸笑容,令人心醉。"威尔斯最后评价说:"朱德与其说是个有权威的指挥官,还不如说是个受群众爱戴的领袖。他的天

---

① 詹姆斯·门罗·贝特兰著,《中国的第一幕——西安事变秘闻》,牛玉林译,陕西人民出版社,1989。

性和习惯都是民主的，一点也不矫揉造作。""朱德有一种宝贵而少见的性格，几乎人人都为之心折。这种性格似乎来源于谦虚，而谦虚也许又由于他品德高尚、为人正直。"①

威尔斯认为朱德"没有任何政治野心"，他"是个军人，却并不以战争为职业，而是把它当作结束苦难的一种手段"②，这说出了朱德作为一名革命军人所追求的"以战止战""向往和平"的崇高理想的真谛。对于朱德在红军中的地位作用，威尔斯这样评价："红军是一支非常年轻的军队，在古老的中国背景下，它是一支前所未有的新型军队。对于这支军队来说，朱德既是稳定的象征，又是新旧传统和历史的桥梁……"③这个评价从某种意义上来说，是指朱德既是红军的精神领袖，又是红军继往开来、迈向胜利的纽带，这与史沫特莱称朱德为"红军之父"所见略同。

尼姆·威尔斯与朱德

斯诺：朱德具有鼓舞部下英勇牺牲、忠贞不贰的罕见人品。

---

① 尼姆·威尔斯著，陶宜等译，《续西行漫记》，生活·读书·新知三联书店，1991。
② 尼姆·威尔斯著，陶宜等译，《续西行漫记》，生活·读书·新知三联书店，1991。
③ 尼姆·威尔斯著，陶宜等译，《续西行漫记》，生活·读书·新知三联书店，1991。

埃德加·斯诺在《西行漫记》中对朱德有大篇幅的描写,除了记叙朱德的生平外,最多的就是对朱德身上所具有的罕见人品的描述。

由于斯诺到延安采访时,朱德正在前方指挥战斗,所以他从其他人那里了解到延安军民对朱德的印象:"朱德貌不惊人——一个沉默谦虚、说话轻声、有点饱经沧桑的人,眼睛很大('眼光非常和蔼'这是大家常用的话),身材不高,但很结实,胳膊和双腿都像铁打的一样。他已年过半百,也许已有五十三四岁,究竟多大,谁也不知道——但是李长林笑着告诉我,就他所记得而言,他每次总说五十六了。……朱德爱护他的部下是天下闻名的……他的生活和穿着都跟普通士兵一样……他们说,他喜欢在营地里转,同弟兄们坐在一起,讲故事,同他们一起打球。……军队里任何一个战士都可以直接向总司令告状——而且也常常这样做。在长征途中,他把马让给走累了的同志骑,自己却大部分时间步行,似乎不知疲倦。……朱德对弟兄们说话非常朴实,他

《红星照耀中国》英文版中对朱德的描述

1944年,朱德在延安王家坪和孩子们在一起

们都能听懂。有时要是他不十分忙，就帮助农民们种庄稼。"①在斯诺的笔下，朱德和蔼可亲、平易近人、谦虚朴实的形象跃然纸上。

除此之外，斯诺还将红军长征的最终胜利与朱德作为领导人物的个人魅力与罕见人品紧密联系起来。他在书中这样评述："从纯粹军事战略和技术上处理一支大军撤退来说，中国没有见到过任何可以与朱德统率长征的杰出领导相比的情况……他部下的军队在西藏（应为川西北）的冰天雪地之中，经受了整整一个严冬的围困和艰难……而仍能保持万众一心，这必须归因于领导人物的个人魅力，还有那鼓舞部下具有为一个事业英勇牺牲的忠贞不贰精神的罕见人品！"②

（五）彭德怀

红军时期的彭德怀

彭德怀（1898年10月24日—1974年11月29日），名清宗，后改德怀，字得华，号石穿，湖南湘潭人。长征期间主要担任红三军团军团长、陕甘支队司令员，到达陕北后担任红一方面军司令员、西北革命军事委员会副主席等职。

---

① 埃德加·斯诺著，《西行漫记》，董乐山译，东方出版社，2005。
② 埃德加·斯诺著，《西行漫记》，董乐山译，东方出版社，2005。

1. 长征中的彭德怀——"谁敢横刀立马，唯我彭大将军"

长征初期，彭德怀指挥红三军团作为中央红军右翼，浴血奋战，掩护了中央纵队突破敌人四道封锁线，确保了中央纵队的安全。在长征途中，彭德怀率领红三军团保卫遵义会议顺利召开，并连续取得攻克娄山关、重夺遵义城等一系列重大胜利。面对当张国焘的分裂行径，彭德怀政治敏锐、立场坚定，主动承担起保卫中央领导机关安全的重任，并临危受命率军北上，击退了国民党军队的追兵，取得了吴起镇大捷，为红军长征胜利做出了杰出贡献。

（1）突破湘江封锁，完成掩护中央红军西渡湘江的艰巨任务

在第五次反"围剿"中，彭德怀较早认识到"左"倾教条主义路线的错误，并对教条式的军事指挥提出了尖锐的批评，但他仅为军团指挥员，无力扭转全局。1934年10月，中央红军由于没有能够打破敌人的第五次"围剿"，为了保存力量，建立新的根据地，被迫实行战略转移，开始了长征。10月17日，彭德怀指挥红三军团作为中央红军右翼，掩护中央纵队乘弥漫大雾渡过于都河，踏上了漫漫长征路。

11月28日，红三军团第四师第十团首先渡过湘江进至界首，随即在界首以南光华铺、枫山铺地区构筑工事，坚守阵地，保障渡河点，掩护军委纵队和红五军团、红九军团渡江。这时，桂军第七军独立团和第十五军第四十五师向红十团阵地发动猛烈进攻，战斗十分激烈。在占绝对优势的国民党军面前，红十团指战员舍生忘死，前仆后继，与敌军展开了浴血奋战。与此同时，红三军团第五、六师在新圩地区同桂军第四十四、二十四师等部展开激战，掩护中共中央、中革军委机关渡江。至12月1日，红三军团经过三个昼夜的顽强战斗，终于以伤亡4 000多人的重大代价，掩护红军主力渡过湘江，突破了国民党军队的第四道封锁线。

在湘江战役中，彭德怀以高度的政治热情和英勇的献身精神指挥红三军团，发扬敢打硬仗、恶仗的优良传统，以巨大的牺牲为代价掩护中央和其他红军部队渡过湘江，出色地完成了中革军委赋予的光荣而艰巨的任务，为红军突破国民党军队的第四道封锁线，保存革命力量，做出了突出贡献。

（2）保卫遵义会议，取得攻克娄山关、重夺遵义城的重大胜利

1935年1月15日至17日，中共中央在遵义召开了具有伟大历史意义的政治局扩大会议。期间，国民党军向驻守在刀靶水地区的红三军团第五师袭击，直接威胁到遵义会议的顺利进行。在此紧急关头，彭德怀迅速赶回前线，指挥部队打退了国民党军队的多次进攻，保证了遵义会议的顺利进行。

长征中的彭德怀（左二）

遵义会议后，彭德怀在以毛泽东为代表的新的中共中央、中革军委正确领导和指挥下，参加了著名的四渡赤水之战，特别是在二渡赤水之后的遵义战役中，受命同杨尚昆指挥中央红军主力，一举夺取天险娄山关，再度攻占遵义城，消灭和击溃国民党军两个师又八个团，取得了中央红军长征以来的第一次重大胜利，极大地鼓舞了全军指战员的士气，狠狠地打击了国民党军特别是蒋介石嫡系部队的嚣张气焰。蒋介石也不得不承认，这是他"追剿"红军以来的"奇耻大辱"。

（3）抵制分裂主义，保持高度警惕，发挥护卫中央的关键作用

红军长征到达毛儿盖地区后，中共中央、中革军委被迫放弃原定的松潘战役计划，决定将红军分左右两路经草地北上。1935年8月底，右路军到达班佑、阿西、巴西地区，但张国焘率领左路军到达阿坝地区后借口噶曲河涨水，拒绝执行北上战略方针，并提出"右路军即乘胜回击松潘，左

路备粮后亦向松潘进"的错误主张。

在这事关大是大非的紧要关头,彭德怀发挥了关键作用。他以无产阶级革命家特有的敏锐性,对张国焘的险恶用心始终保持着高度警惕。当红三军进驻阿西、巴西地区后,彭德怀每天到前敌总指挥部和毛泽东等中央领导人的驻地,密切观察事态的发展,并秘密派红十一团隐蔽在毛泽东驻地附近,以防万一。同时,迅速派专人送新编的密码本到红一军,沟通电讯联系,以防止发生突然事变。

特别是当他发现陈昌浩改变腔调,说阿坝比通、南、巴(川东北)还好时,即敏锐地判断出张国焘可能仗着他的兵多,采取阴谋手段,随即到毛泽东处告知此事。果然不出彭德怀所料,毛泽东、周恩来等中央领导人根据种种迹象判断,张国焘个人野心膨胀,在分裂的道路上越走越远,于是果断决定在9月10日凌晨率领右路军的红一、三军和军委纵队迅速脱离险境,先行北上。

当陈昌浩发觉中央率领红一、三军和军委纵队先行北上后,立即派人送信给彭德怀,要他"即率队转回阿西",并挑拨红三军和中央的关系,遭到彭德怀严词拒绝。同时,陈昌浩派红军学校教育长李特带领一队骑兵去追赶中央,进行武力"劝说"。毛泽东不畏李特的武力要挟,严肃地正告李特:"彭德怀同志率领三军团就走在后面,彭德怀同志是主张北上、坚决反对南下的,他对张国焘同志要南下,火气大得很哩!你们考虑考虑吧!"正是由于彭德怀在红军中享有能征善战的威名,使李特等人心生顾忌,从而避免了事态的进一步恶化。

(4)临危受命北上,为胜利完成长征奠基陕北做出突出贡献

在红三军和红一军的护卫下,中央机关和军委纵队从巴西、阿西地区出发,迅速北上,脱离了险境,于1935年9月11日到达俄界。12日,中共中央为解决张国焘分裂党、分裂红军所造成的危局,即在俄界召开政治局扩大会议。彭德怀出席了会议,并根据形势和任务的变化,做了组织问题的报告,提出改变部队编制体制的建议。会议采纳了彭德怀的建议,决定将红一军、红三军和军委纵队改编为中国工农红军陕甘支队,彭德怀为司令员,毛泽东为政治委员。

临危受命的彭德怀于13日率领陕甘支队由俄界出发,沿白龙江源头

栈道继续北上，夺取天险腊子口后乘胜占领哈达铺。23日，陕甘支队从哈达铺出发，于10月7日翻越六盘山，19日到达陕甘苏区的吴起镇，胜利结束了红一方面军的长征。

彭德怀（左二）和长征到达陕北后的红军部分将领合影
（左起：左权、彭德怀、聂荣臻、陈赓、孙毅、聂鹤亭）

红军刚到达吴起镇，国民党军的骑兵部队四个团便尾随而来。为了不让追击的国民党部队跟进陕甘苏区，彭德怀根据毛泽东的指示，指挥陕甘支队一举将敌人全部击溃，并迫使国民党军大部队停止了追击，取得吴起镇大捷。战斗胜利后，毛泽东诗兴大发，赞扬彭德怀的卓越军事指挥才能和大无畏的战斗精神："山高路远坑深，大军纵横驰奔。谁敢横刀立马，唯我彭大将军。"彭德怀把最后一句改为"唯我英勇红军"后，将原诗奉还毛泽东。这首诗今天已被人们广为传诵，它表达了毛泽东对彭德怀军事才能及在长征中做出的杰出贡献的充分肯定。

2. 外国人眼中的彭德怀——兼具领导者多种美德的"红军头号湖南猛将"

彭德怀是红军中具有传奇色彩的著名将领，是红军中头号湖南猛将，在长征中立下赫赫战功，长征胜利到达陕北后，成为红军中举足轻重的高级将领。美国记者斯诺的《西行漫记》和威尔斯的《续西行漫记》等著作中，均对彭德怀的生平和印象进行了详细的描述与评价。美国作家白修德在延安采访时,与彭德怀进行过多次交流,对彭德怀作为军事指挥员的杰出素养留下了深刻的印象。

斯诺: 彭德怀具有中国人中不可多得的品质,是一个得力的战术家。

埃德加·斯诺于1936年8—9月,用两个月的时间在红军前线采访。当时,红一方面军正派先遣部队接应红二、四方面军从西康和四川北上。斯诺在红一方面军司令部见到了时任红一方面军司令员的彭德怀。之后,斯诺在《西行漫记》中用了大量篇幅记述了彭德怀的生平及对他的印象和评价。

斯诺在《西行漫记》中讲述彭德怀长征经历时,这样写道:"南方红军长征时,彭德怀是打先锋的军团(红三军团)司令员。他突破了几万敌军的层层防线,在进军途中一路攻克战略要冲,为主力部队保证交通,最后胜利进入陕西,在西北苏区根据地找到了栖身之地。他的部下告诉我说,6 000英里的长征,大部分他是步行过来的,常常把他的马让给走累了的或受了伤的同志骑。"① 短短的一段话,生动地描述了彭德怀在长征中发挥的重要作用,以及作为军事指挥员能征善战、身先士卒、爱兵如子的形象。

在谈到对彭德怀的印象时,斯诺评价:"彭德怀过去既有这样一种斗争历史,我原以为他是个疲惫的、板着脸的狂热领袖,身体也许已经垮了。结果我却发现彭德怀是个愉快爱笑的人,身体极为健康,只是肚子不好,这是在长征途上有一个星期硬着头皮吃没有煮过的麦粒和野草,又吃带有毒性的食物和几天颗粒未进的结果。他身经百战,只受过一次伤,而且只是表面的。""我必须承认彭德怀给我的印象很深。他的言谈举止里有一种

《红星照耀中国》英文版中对彭德怀的描述

---

① 埃德加·斯诺著,《西行漫记》,董乐山译,东方出版社,2005。

1936年,彭德怀在宁夏同心豫旺堡西方野战军总指挥部前

开门见山、直截了当、不转弯抹角的作风很使我喜欢,这是中国人中不可多得的品质。他动作和说话都很敏捷,喜欢说说笑笑,很有才智,善于驰骋,又能吃苦耐劳,是个很活泼的人。""彭德怀迟睡早起……每天晚上平均只睡四五个小时。他从来都是不急不忙的,但总是很忙碌。""我注意到,彭德怀很喜欢孩子,他的身后常常有一群孩子跟着。……我常常见到彭德怀和两三个'红小鬼'坐在一起,认真地向他们讲政治和他们个人的问题。他很尊重他们。""有一次我同彭德怀一起去看一军团抗日剧团的演出……在演出中途,我突然奇怪地发现彭德怀却已脱了棉衣。这时我才看到他已把棉衣披在坐在他身旁的一个小号手身上。"① 这些描述,也同样很好地展现了彭德怀作为一名军事将领雷厉风行、正直乐观、关爱部属的优秀品质。

1970年斯诺最后一次访华后,在《漫长的革命》一书第三章中描述了他对彭德怀的总体评价:"彭德怀是怎样的一个人呢?……彭德怀是一个农民出身的、粗鲁而直爽的军人,只读过两年书。他生于1899年②,同毛是湖南省同一个县里的人,因受虐待而从他的农民家庭出走,成了一个被遗

---

① 埃德加·斯诺著,《西行漫记》,董乐山译,东方出版社,2005。
② 应为1898年。据史料记载,彭德怀出生于1898年10月24日。

弃的人……1928年，当时他指挥着国民党军队的一个团，领导了一次起义，带着他的部下参加了毛泽东的游击队。此后，他拥护毛，毛是他的政治教师。彭在战斗中和思想上犯过很多错误（而且一再承认错误），但他成了一个能干的战术家，因而为毛所信任和喜欢。彭在军队里比别人升迁得快，主要是靠毛对他的信任。"[1]虽然这段话主要是斯诺为探究"文化大革命"问题而写，但对于彭德怀作为一名优秀军事指挥员是十分肯定的，而且指出他在战术方面是深受毛泽东的信任的，这也是彭德怀留给斯诺的最鲜明、最深刻的印象。

晚年的埃德加·斯诺

威尔斯：彭德怀是最直接在军队里生活的人，兼有领导者的多种美德。

尼姆·威尔斯在《续西行漫记》中记述了1937年她在前线采访彭德怀的经历。威尔斯一见到彭德怀，就被他的粗犷作风与有趣个性所吸引。她这样描述："下午，那位大名鼎鼎的司令员彭德怀正式来访。他和我握手时以好奇的眼光看着我，而且一句废话没有。他让他的下级代表他说一切客套话，自己只在客套话结束时才开口。尽管他作风粗犷，也许正是因为这个粗犷，我才觉得这位红军中的头号湖南猛将是所有共产党员中最有个性、最有趣、最吸引人的人物之一。"[2]

在谈到彭德怀在苏区的地位时，威尔斯写道："在苏区的领导班子里，彭德怀的地位仅次于朱德和毛泽东。人们认为毛是幕后指挥的神秘'天才'，慈祥的长者朱德则几乎成了传奇式的人物。只有彭德怀才是最直接在军队里生活的人，因为他作为战地指挥员，总是在前线活动，要么是以红一方面军司令员的身份，要么是作为红军的副总司令，代表朱德。"[3]在威尔斯眼中，彭德怀是陕甘苏区仅次于朱德和毛泽东的领袖人物。威尔斯还将彭

---

[1] 埃德加·斯诺著，《漫长的革命》，贺和风译，东方出版社，2005。
[2] 尼姆·威尔斯著，《续西行漫记》，陶宜等译，生活·读书·新知三联书店，1991。
[3] 尼姆·威尔斯著，《续西行漫记》，陶宜等译，生活·读书·新知三联书店，1991。

德怀和朱德、毛泽东进行了比较，威尔斯认为，与朱德的传奇式精神领袖和毛泽东的神秘幕后指挥天才相比较，彭德怀与军队联系最为紧密，是最直接生活在军队中的人。

1937年，彭德怀和美国记者威尔斯（海伦·斯诺）在延安合影

威尔斯采访完彭德怀后，深深地被彭德怀身上所具有的领导者的美德以及对红军的深厚感情所感染。威尔斯最后评价道："彭德怀日后一定会成为中国的一位伟大民族领袖的。他兼有领导者的多种美德，似乎最适合当前历史的需要。尽管别的左翼或右翼人士也许在军事或政治上更为杰出，也许对民族解放事业也同样富有革命热情，全心全意，但是，没有人比诚实、淳朴、严正的彭德怀更孚众望。这种清教徒气质，在今天的中国，是领导者所必备的品德，正好像在同样的发展阶段，欧洲也同样需要这种品德一样。……很少人具备这位经验丰富的司令员的各种品格。他本人在政

彭德怀和朱德在延安

治上敏锐精干,军事上也如此。……彭德怀无疑是个坚强的战士,虽然他外表粗实,却有一颗炽热的心。你会感觉他是以特有的热情真正地爱着他的军队的。"①

除此之外,彭德怀作为军事家的全球战略视野也给威尔斯留下了深刻印象。威尔斯在延安采访彭德怀时,彭德怀就精辟独到地分析了当时的抗日战争的战略战术问题。1936年,西安事变发生以后,威尔斯就对彭德怀进行过专访,请他谈谈对西安事变的看法。彭德怀回答说:"西北问题是整个世界问题的一部分,必须全面地加以考虑,必须以国际的视角来看待当前的形势。"接着,威尔斯写道:"这使我终于明白,一些比中国更大的问题,作为一个整体,已经在地平线上出现,而中国问题则只是其中的一个;希特勒和墨索里尼已经在准备袭击欧洲,日本则在准备入侵中国。"②彭德怀作为军事指挥员的政治敏锐性和全球战略视野令威尔斯十分钦佩。

---

① 尼姆·威尔斯著,《续西行漫记》,陶宜等译,生活·读书·新知三联书店,1991。
② 鲍世修著,《海伦·斯诺笔下的红军将领》,见《国际人才交流》,2013年第5期。

白修德：彭德怀是工农出身的革命将领，一生戎马倥偬，具有杰出的战术素养。

1944年年底，白修德在延安访问期间，采访了中共中央领导人毛泽东、朱德等。他和时任八路军副司令员的彭德怀有过多次接触。他在《探索历史——白修德笔下的中国抗日战争》一书中写道：在13名政治局委员中，"绝大多数人是知识分子……只有四个人是工农出身——朱德、彭德怀、陈云和邓发"。"在那些岁月里，他们是亲密无间的同志，彼此间的关系是正常平等的毫无拘束……朱德、彭德怀听了对方讲的笑话后往往会开怀大笑。""无论同哪位将军谈话……他们这样坦率地谈及自己的兵力部署、计划和行动，委实使我惊讶。同彭德怀的一次谈话显然是最有代表性的。"①

白修德及其所著《探索历史——白修德笔下的中国抗日战争》一书中文版

白修德这样描述彭德怀："他身材不高，秃脑袋，脸上有皱纹，经常眯着眼。从1926年以来，他一直戎马倥偬……"②

彭德怀同白修德谈了三个小时的战争问题，彭德怀耐心细致地向白修德讲解了游击战的战术原则，强调游击战必须注重同老百姓的配合——"只有同老百姓全面配合，游击队才能分散和隐蔽在农村，同老百姓融为一体，

---

① 白修德著，《探索历史——白修德笔下的中国抗日战争》，马清槐等译，生活·读书·新知三联书店，1987。
② 白修德著，《探索历史——白修德笔下的中国抗日战争》，马清槐等译，生活·读书·新知三联书店，1987。

然后又重新集结"[①]，并如数家珍般介绍了他的部队及其实力。彭德怀杰出的战术素养和炽热的革命激情令白修德十分钦佩，这使其成为白修德在延安采访期间印象中最具代表性的共产党军队的高级将领。

（六）贺　龙

红军时期的贺龙

贺龙（1896年3月22日—1969年6月9日），原名贺文常，字云卿，湖南省桑植县人。长征期间主要担任红二军团军团长、红二方面军总指挥（兼红二军军长）等职。

1. 长征中的贺龙——"神来之笔"突重围，纵横驰骋踏征程

红二方面军的长征是红二、六军团在湘鄂川黔革命根据地完成了策应中央红军突围的光荣任务以后开始的战略转移，是在贺龙、任弼时等同志的正确指挥下，沿着中央红军长征的道路进行的一次胜利的长途远征。贺龙作为红二方面军总指挥，在长征途中展现了无产阶级军事家的卓

---

① 白修德著，《探索历史——白修德笔下的中国抗日战争》，马清槐等译，生活·读书·新知三联书店，1987。

越指挥才能和无产阶级政治家的崇高品质，为红军长征的最终胜利做出了杰出贡献。

（1）声东击西，取得战略转移主动权

1935年9月，蒋介石调集140多个团的兵力，对湘鄂川黔红色根据地发动新的"围剿"，军事、政治、经济三管齐下，妄图把红二、六军团消灭掉。鉴于局势严峻，湘鄂川黔边省委和军委分会经反复讨论，决定将主力转移出根据地，到黔东的石阡、镇远、黄平一带，在广大无堡垒地区进行运动战，争取在那里创建新根据地。

11月上旬，红二、六军团集中在桑植地区进行战略转移的准备。贺龙认为，如果直奔贵州，后边跟着咬得很紧的十几万敌军，红军将处于十分被动的境地。因此，贺龙建议先到湘中，威胁长沙，调动敌人大批兵力追往湘中，打乱敌人的"围剿"计划，然后，再抛开敌人，转入贵州，取得主动权。军委分会领导成员一致同意贺龙的提议。突围开始后，第二天便突破了敌军的澧水封锁线，第四天又突破敌军的沅水封锁线，消灭了一批敌人。

长征期间的贺龙

红军突入湘中，出敌意外，他们急忙调动7个师追了过来，还有几个师也随后赶来，企图将红军消灭在湖南中西部地区。在军委分会会议上，贺龙说："敌人追来了，我们再拖他们一阵。我们兵分两路向东南兜个大圈子，索性把这帮敌人全部吸引过来，让他们跟在我们屁股后头追，弄得他们人困马乏，我们再掉头去贵州。"大家同意贺龙这个拖着敌人兜圈子的办法。

从1935年12月11日开始，红二、六军团连续九天向东南疾进，大量敌人穷追不舍，拥向湘东南。突然，贺龙率红军转向了西北。时已隆冬，大雪纷飞，红军在崇山峻岭中忍受着寒冷和饥饿，兼程疾进，1936年1月1日进到芷江冷水铺一带，把各路敌军远远甩到了后面。红二、六军团在这里安安稳稳地度过了元旦，1月9日到达了石阡地区。

贺龙在红二、六军团长征开始时的这次行动在指挥上被人们称为"神来之笔"。

（2）辗转回旋，穿出敌人重重包围圈

1936年2月，红军占领黔西、大定、毕节三个县城及其周围地区以后，蒋介石从南京飞到贵阳，亲自布置对红二、六军团的再次"围剿"，妄想用120个团的兵力消灭红二、六军团。鉴于敌人来势凶猛，1936年2月27日，贺龙率红二、六军团撤离毕节，进入乌蒙山区。

由于敌军切断了通往黔西南的道路，红二、六军团为了摆脱敌军的反复合围，在乌蒙山中辗转回旋，转了差不多一个月。敌人的包围圈越来越紧，可以回旋的地区越来越小，红二、六军团陷入了离开湘鄂川黔根据地以来最险恶的境地。贺龙召开军委分会研究部队行动。他说："这一个月转来转去，敌人会以为我们垮得差不多了，也增加他们的骄气。现在是时候了，我认为应该以迅雷不及掩耳的速度隐蔽地从敌人的接合部钻出去，兼程进入云南，捅捅龙云这个马蜂窝。"

大家赞成贺龙的主张。贺龙召集两个军团各师和部分团的干部开会，下达了秘密突围的命令：部队行动一定要十分隐蔽，不准点火，不准喧叫，马蹄裹布，不准发出声音；凌晨从敌夹缝中通过，即使被小股敌人发现也不准打枪，不准捡歼灭小股敌人的便宜，要极迅速地摆脱敌人。根据贺龙的命令，红二、六军团从密集的敌人中间迅速穿了出去，在昭通、威宁之间越过滇军孙渡纵队的防线直趋滇东。后来有人评论说，这是贺龙在长征中指挥艺术的又一次"神来之笔"。

毛泽东称赞道："二、六军团在乌蒙山打转转，不要说敌人，连我们也被你们转昏了头。硬是转出来了嘛！出贵州、过乌江，我们一方面军付出了大代价，二、六军团讨了巧，就没有吃亏。你们1万人，走过来还是1万人，没有蚀本，是个了不起的奇迹，是一个大经验，要总结，要大家学。"

（3）佯攻昆明，转向滇西渡过金沙江

1936年3月22日，红二、六军团抵达宣威附近。贺龙接到了朱德、张国焘发来的电报，指示红二、六军团可于3月渡金沙江与总部会师，也

可在滇黔边活动。贺龙、任弼时、关向应经再次请示红军总部后，决定北上与红四方面军会师。

北上方针既定，贺龙等率红二、六军团于3月31日西行，冲破滇军防线，向普渡河疾进。4月6日，红军攻占寻甸。1936年4月9日，贺龙在和其他领导人研究下一步行动时提出，抢在蒋介石四个纵队追到之前，佯攻昆明，甩掉滇军主力。贺龙这个大胆而巧妙的计划得到了一致同意。

4月10日凌晨，红军掉头南下，直扑昆明。当天，先头部队突然进抵昆明以北地区，并派小部队进至离昆明城仅15公里处。第二天，两军团全部进至距昆明20公里的富民城，摆出了一副要打昆明的架势。敌人心急如焚般朝昆明赶来。贺龙率领红军突然转向滇西，把所有敌军甩得远远的，从而获得了更大的主动权。后来人们把佯攻昆明称作是贺龙在长征中军事指挥上的第三次"神来之笔"。

之后，贺龙率领红二、六军团分两路西进，每天行军百里，势如破竹，横扫滇西。4月25日夜，贺龙率红二、六军团开始在石鼓等处渡过金沙江，到28日黄昏，全军1.7万人顺利渡江完毕，彻底粉碎了蒋介石"围剿"红二、六军团的企图，并踏上了与红四方面军会合的征途。

（4）抵制分裂，共同北上，红军大会师

1936年7月1日，红二、六军团和红四方面军在甘孜胜利会师。会师后，朱德把红一方面军与红四方面军会师的情况、分歧，以及张国焘另立"中央"，分裂党、分裂红军的活动，详细地告诉了贺龙他们。

与此同时，张国焘也在积极活动。他向红二、六军团派出了工作组，煽动对党中央的不满，散发了《反对毛、周、张、博逃跑主义路线》的文件。贺龙、任弼时等坚决予以抵制。贺龙看了张国焘派人送来的《干部必读》的小册子以后，严肃地说："张国焘分裂中央是错误的，这个材料不能发。"并立即打电话通知红二、六军团各部队把接到的小册子统统收起来。朱德后来也讲过："贺老总对付张国焘很有办法，不争不吵，向他要人要枪要子弹，硬是要过来一个军，尽管人数并不多。张国焘对弼时、贺龙都有些害怕呢！一起北上会合中央，贺老总是有大功的！"

1936年7月5日，中革军委颁布命令："以二军、六军、三十二军组织二方面军，并任命贺龙为总指挥兼二军军长。"7月2—10日，红四方面军兵分三路从甘孜等地向甘南进发,红二方面军兵分两路从甘孜随红四方面军之后北上。在经历爬雪山、过草地的艰难困苦以及静会战役等损失后,于10月22日在会宁县将台堡与红一方面军会师,最终实现了三大红军主力的胜利会师。

贺龙(右二)与彭真、关向应、王震在延安

2. 外国人眼中的贺龙——中国的红色"罗宾汉"

贺龙是红军中身份极为特殊的一名高级将领,既当过地方军阀,又拥有农民秘密组织哥老会的最高"双龙头"地位。关于他的各种传说数不胜数,极具传奇色彩。史沫特莱、斯诺、威尔斯等早期报道红军的外国著名记者在他们的著作中都对贺龙有着浓墨重彩的描述与评价。

史沫特莱:贺龙又高又壮,人、鬼、猛兽一概不怕,很像一个太平天国人物和古时某些中亚细亚酋长的混合体。

史沫特莱在《伟大的道路——朱德的生平和时代》一书中用较多的篇幅介绍了传奇色彩浓郁的贺龙。史沫特莱在书中这样描述:

"共产党员军长贺龙,是中国最出色的人物之一。只要一提及他的名字,他的朋友和同志在嘴边总会挂上笑容。在军阀时代,贺龙是个穷苦的、目不识丁的农民，他觉得既然差不多人人都当了军阀，自己也最好走这条路。但他这种军阀主义与众不同，他把像他自己一样贫苦的农民组织成一支队伍，专门对付湘西的地主，因此获得了'土匪'称号。"

"贺龙是农民秘密组织哥老会的会员，据说已经到了最高的'双龙头'地位。青年时代，他很像个太平天国人物和古时某些中亚细亚酋长的混合体，甚至40岁过后，从头到脚都还像个'双龙头'。他又高又壮，人、鬼、猛兽一概不怕，所以只要一提到他的名字，地主马上就会收拾细软逃命……"

"关于他的传说多得不可胜数，有许多是百分之百的事实。他的队伍和朋友们能够坐在他旁边几个钟头不动，听他谈他的趣味盎然、出神入化的冒险故事。看他在小麦地里踏着步子走过，就如同看一头豹子在跳动……"①

1925年4月，任澧州镇守使时的贺龙

通过这些描述，我们不难看出贺龙的传奇色彩有多么浓厚，既有农民起义军领袖"劫富济贫"的古道侠肠，又有绿林盟主"统领群雄"的八面威风。这样一位极具个人英雄主义色彩的人物，能够成为一名共产党的高级将领，并为了共产主义事业奋斗终生，也恰好说明了共产主义所具有的强大的真理感召力。

斯诺：贺龙具有极强的个人感召力，说起话来能"叫死人活过来打仗"。

埃德加·斯诺在《西行漫记》中通过与李长林交谈的方式描述了贺龙的部分生平与传说。斯诺这样描述："他是个大个子，像只老虎一样强壮有力。他已年近半百，但仍很健康。他不知疲倦。他在长征路上背过

---

① 艾格妮丝·史沫特莱著，《伟大的道路——朱德的生平和时代》，梅念译，生活·读书·新知三联书店，1979。

许多受伤的部下行军。即使他还在当国民党的将领时,他生活也跟他的部下一样简单。……虽然贺龙性格很急躁,但是他很谦虚。他参加共产党后,一直忠于党,从来没有违反过党的纪律。他总希望别人提出批评,留心听取意见。"①

在谈到贺龙的传奇经历时,斯诺记述说:"他的父亲是哥老会的一个领袖,他的名望传给了贺龙……湖南人都传说他年轻时的许多英勇故事……传说贺龙用一把菜刀在湖南建立了一个苏区。那是早在1928年。贺龙躲在一个村子里,同哥老会的兄弟们策划起义,这时有几个国民党收税的来了。他就率领村里的几个人袭击收税的,用他自己的一把刀宰了他们,解除了他们的卫队的武装。从这一事件中,他缴获了足够的手枪和步枪来武装他的第一支农民军。"

1927年南昌起义时的贺龙(时任国民革命军第二十军军长)

"贺龙在哥老会中的名声遍及全中国……他可以手无寸铁地到全国任何哪个村子里去,向哥老会说出自己的身份后,组织起一支部队来。……贺龙的'辈分'最高,因此据说曾经不止一次把一个地方的哥老会全部兄弟收编进红军。他的口才很好……说起话来能'叫死人活过来打仗'。"②

通过对贺龙传奇经历的描述,贺龙的形象跃然纸上,如同武侠小说的武林盟主和绿林领袖一般,一呼百应,极具个人英雄主义色彩。

在描述贺龙率领红二方面军长征时,斯诺写道:"贺龙的红二方面军在1935年最后从湖南苏区撤出时,据说有步枪4万多支。这支红军在它自己的去西北的长征路上所经受的艰难困苦较之江西红军主力甚至更大。在雪山上死去的有成千上万,又有成千上万的饿死或被南京方面炸死。但是由于贺龙的个人感召力和他在中国农村的影响,他的许多部下宁可与他一

---

① 埃德加·斯诺著,《西行漫记》,董乐山译,东方出版社,2005。
② 埃德加·斯诺著,《西行漫记》,董乐山译,东方出版社,2005。

起在路上死去,也不愿意离去,在长征路上有成千上万的穷人参加,填补缺额。最后他率众约2万人——大多数赤着脚,处于半饥饿和筋疲力尽状态——到达西藏东部,与朱德会师。经过几个月的休整,他的部队现在又在行军路上……"① 由此可见,贺龙之所以能够带领红二方面军克服千难万险,能够在赤着脚、处于半饥饿和筋疲力尽的状态下依然坚持长征,其个人感召力和其在农村中的影响力起了极大的作用。

威尔斯:贺龙的生活和个性已经成为其传奇故事中的主旋律,很容易使人想起古英格兰的罗宾汉及其众兄弟。

尼姆·威尔斯在《西行访问记》中记述了对贺龙的印象。由于威尔斯本人并未直接见到"神秘莫测的贺龙"②,关于贺龙的记述主要来源于民间传闻与间接访问,特别是向长期同贺龙共同战斗生活在一起的政委关向应采访所得。威尔斯认为贺龙是一个"包围在传说中的英雄"。她在书中这样描述:"在所有的中国红色领袖中,贺龙是最有魔力,同时也是最难以捉摸的。……他率领了那些湖南籍的游击队,无论在这儿那儿以及各处,都像是一阵旋风似的,一路走一路就添上了许多传说。每个在苏区里的人,都有不同的故事来讲到他,可是没有一则故事是十分符合的。但是对于有一点,大家的意见都相同——就是贺龙具有他们任何人中最惊奇的个人生活。"③

尼姆·威尔斯(即斯诺夫人)所著《西行访问记》中文版(1939年由上海译社独立出版公司出版)

"不像大多数的红军领袖都特意要抹杀自己,贺龙是不反对刻画出一个豪迈的英勇人物来的。他通常被认为是红军中最俊美的将领,穿着一套合身的军装,带着一种洋洋的卓越气概,常是骑着一匹壮猛的骏马,像古代传统中的英雄似的,率领了他部下众兄弟杀奔敌阵而去。他并且是快乐

---

① 埃德加·斯诺著,《西行漫记》,董乐山译,东方出版社,2005。
② 尼姆·威尔斯,《续西行漫记》,陶宜等译,生活·读书·新知三联书店,1991。
③ 尼姆·威尔斯著,《西行访问记》,华侃译,译社独立出版公司,1939。

的、俏皮的，喜欢在夜间营中火堆旁，围坐着讲故事。在红军将领中，只有他还未革除那一点点的虚荣品——髭须；而且，他爱慕美丽的妇人以及美丽的马。他和萧克是被认为有着全苏区中唯一美貌惊人的老婆的——而她们俩却是姊妹。在苏维埃的传说中，贺龙之生活和个性，早已成为一种浪漫的主题，而使人想到古英格兰时，在'绿林'中的罗宾汉及其'快乐弟兄'们。"

"湖南在中国诸省中，是以士兵素质的优良及一种不可征服的战斗精神而著称的唯一省份，为了某种原因，红军领袖们多数来自这一省，而在所有他们这些人之中，贺龙似乎是一个典型的'善战的湖南人'。他是个天然的领袖，具有一种吸引人的品格，似乎能使所有跟随他的人，只要和他有过一点连带关系，就会觉得骄傲而且高兴。正如朱德是具体表现了中国腹地所固有的那种平静而原始的力量和善良，贺龙也似乎是具体表现了革命的中国农民阶级的热情和精神，而且他有着坦诚勇敢的湖南人之可爱处。"①

从这些描述中我们可以看出，贺龙在威尔斯的印象中是一个传奇式的，如同绿林好汉般的英雄人物，尤其是他的生活与个性已经成为其传奇故事的主旋律和他个人独特魅力的所在。

在对贺龙进行总体评价时，威尔斯引用了从1932年起便同贺龙共事的政委关向应的话："他是非常坦白、大胆和勇敢的，并且具有一种特殊的士兵风格。他决断敏锐而精明，并有巨大的自信力。他是一个天然的领袖，而且我以为他可以算是一个军事的天才，有着很丰富的经验。当他打仗时，他订下极仔细的计划，而且所有的决断都很准确。在战斗中他是冷静的，善于打算的，并且从来不发脾气。他对于所有的弟兄都顾念周到，但是遇到他们有错误时，却加以严格的训练。他的政治理解是良好的，而且对于共产党忠实服从，常常小心地遵行党的路线。就个人而论，贺龙是和善、天真，而且差不多孩子似的坦白。他身体很康健、强壮，爱骑美丽的骏马。他吸香烟——但是毫无别的恶习惯。"② 这既是关向应对于贺龙的评价，更是威尔斯心中贺龙的英雄形象。

---

① 尼姆·威尔斯著，《西行访问记》，华侃译，译社独立出版公司，1939。
② 尼姆·威尔斯著，《西行访问记》，华侃译，译社独立出版公司，1939。

贺龙与关向应在一起

（七）李 德

红军时期的李德

　　李德（1900年9月28日—1974年8月15日），原名奥托·布劳恩（Otto Braun），笔名华夫，曾用名李特罗夫。长征期间，主要担任共产国际派驻中国的军事顾问、军事最高领导"三人团"成员等职。

1. 长征中的李德——唯一全程参加中央红军长征的西方人

1932年10月,李德进入中央苏区,鉴于其共产国际军事代表与顾问的身份,党中央将军队的指挥权完全交给了李德。他在指挥红军作战中推行"左"倾冒险主义的战略战术,反对游击战,使红军第五次反"围剿"失败,被迫进行战略转移,并在长征初期付出惨重代价。在遵义会议上,李德被取消军事指挥权。之后,李德随中央红军继续长征,并逐步认识到自己的错误。在张国焘分裂党和红军时,李德用实际行动与其分裂行径做了直接斗争,并最终到达陕北,成为唯一全程参加长征的西方人。

(1) 采取错误的战略战术,致使第五次反"围剿"失利

1932年10月,李德到达红色首都瑞金,党中央明确由其负责军事战略战术领导、军事训练和后勤组织等工作,使其掌握了军队的最高指挥权。在李德到达中央苏区之前,蒋介石向中央苏区发动了第五次"围剿",采取持久战和堡垒主义的新战略,并于9月28日攻占了黎川。李德面对敌人持久战和堡垒主义的新战略战术,提出"短促突击"战术,首先主张"御敌于国门之外",实行进攻中的冒险主义;继而又主张分兵把守,同敌人"拼消耗",实行防御中的保守主义,致使红军节节后退。1934年4月,国民党3个纵队12个师,沿盱江两岸直逼中央苏区的北大门广昌,敌人每向广昌推进一步都构筑碉堡战壕,形成严实的"堡垒"包围圈。为了保住苏区这个战略要地,中革军委决定在广昌打一场翻身仗。在"死守广昌"和"寸土必争"的口号下,李德亲临前线指挥、督导红军"以堡垒对堡垒"。在敌强我弱的态势下,最后不得不放弃广昌。广昌失守后,红军完全处于被动挨打的境地。到9月下旬,中央苏区仅限瑞金、会昌、于都、兴国、宁都、石城、宁化、长汀等狭小区域,红军第五次反"围剿"全面失利。

(2) 组织红军"甬道式"搬家突围,遭受惨烈湘江血战

随着第五次反"围剿"失利,中央苏区版图越缩越小,李德开始考虑组织红军突围。在组织红军突围时,由于采取"大搬家"式的转移,致使红军行动迟缓;同时,在转移过程中,又采用"甬道式"的阵列,使红军失去了灵活机动作战的优势,延误了时机及战机,使红军在长征初期一直

处于十分被动的境地。

在突围初期，由于红军行动迟缓，失去了抢渡湘江的先机，面对国民党军的第四道封锁线，在国民党三路大军的夹击下，遭受湘江惨败。红军虽然突破了第四道封锁线，却损兵折将，伤了元气。湘江一战后，红军锐减至30 500多人（红军出发时约86 000人），损失惨重。可是，李德却不认为这是失败，一点也没有为自己的错误指挥感到愧疚，相反却认为："尽管在突围的最后阶段损失这般严重，但中央红军仍在1934年12月中旬——出发两个月之后，顺利地冲过了在德国军事专家看来不可攻破的国民党层层封锁……终于夺取了广阔的战略区域。蒋介石妄图把红军消灭在堡垒区的计划失败了。"湘江血战的惨烈，实为红军史上最为惊心动魄、最为悲壮的一页。李德作为军事行动的实际指挥者，负有不可推卸的责任。

（3）遵义会议上受到严厉批判，被迫交出最高军事指挥权

渡过湘江后，广大的红军指战员渐渐认识到，红军第五次反"围剿"以来，迭次失利，是排斥了以毛泽东同志为代表的正确路线、贯彻执行了错误的路线所致，部队中明显地出现了怀疑、不满和积极要求更换领导的情绪。这种情绪随着红军的失利日益显著，湘江战役后达到了顶点。

1934年12月12日，部队来到湘黔边界的通道，中央根据张闻天、王稼祥和毛泽东的建议，临时决定召开紧急会议，即通道会议，商量解救当前危局的对策。李德在会上坚持推行自己的行军路线，要北上湘西与红二军团建立联系。毛泽东在会上提出反对意见，力主西进，向敌人兵力薄弱的贵州进军。王稼祥、张闻天和周恩来等多数人赞成毛泽东的意见。李德见原定的行军路线被否决，心中很不是滋味，以生病为由，中途退出了会场。会后，红军径直向贵州前进。12月18日，中央政治局在黎平召开会议，指出"过去在湘西创立新的苏维埃根据地的决定，在目前已经是不可能的，并且是不适宜的"，"新的根据地应该是川黔边地区，在最初应以遵义为中心之地区"，否决了李德和博古由黎平北上湘西的方针。通道会议和黎平会议后，李德已经基本赋闲，无事可做。竹内实曾这样对比过李德和毛泽东："对比布劳恩一句中国话也不会说这一事实，要求召开遵义会议并最后掌握红军指挥权的毛泽东则是一步也没有离开过中国的人，这件事的意义

相当耐人寻味。"①

红军占领遵义后，召开了中共中央政治局扩大会议。在遵义会议上，李德不再是会议的主角，独自一人坐在门口的拐角处，闷闷地吸着香烟，不耐烦地听着与会者对他的批评。为了推卸第五次反"围剿"失败的责任，他极力为自己辩解，但他的辩解并没有人理会。会议增选毛泽东为政治局常委，取消"三人团"，取消博古、李德的最高军事指挥权。李德从这一天起，成了红军长征队伍中名副其实的"闲散之人"。

（4）逐步认清自己的路线错误，自觉同分裂行径做斗争

随着红军在毛泽东正确领导下，逐步摆脱国民党军队的围追堵截，扭转了被动挨打的局面，李德也真心地融入了这支队伍，深为红军跳出敌人的包围圈而欣喜，也多多少少折服于毛泽东的军事才华，同时也认识到之前自己极力推崇的西方作战方式的不适宜。在其1939年回到莫斯科，向共产国际执行委员会做的书面报告中也写道："我对红军在五次'围剿'条件下的战略战术所阐发的观点和我在红军中所实行的意见实际上都是完全错误的。红军在五次'围剿'以前的经验表明，在技术条件薄弱的情况下，只有实行机动灵活的进攻才能成功地保卫苏区，而且必须利用群众武装来牵制和骚扰敌人，而主力要形成拳头，出人意料地打击敌人的薄弱环节，并以决战制胜打败敌人，打破敌人的包围。在内线斗争中，甚至应牺牲土地诱敌深入，用'捕鼠器'歼灭敌人，收复和扩大苏区。"

中央红军在懋功与四方面军会师后，李德看出了会师后的危机。他断言张国焘将会要挟中央，一场新的政治危机就要来临。会师后，中央红军改称一方面军，并将两个方面军混编为左路军和右路军。考虑到李德的"伏龙芝军事学院"的背景，组织上让他去红军大学任教，并与军委纵队一起，随右路军行动。李德随右路军在漫无边际的草地上行进，经过一个多星期的行军，终于走出草地。

李德随右路军穿过草地后，向北急行军。天色渐亮时，只见队伍的后面，几名四方面军的干部策马追赶，边追边喊："四方面军的同志不要走，全部跟我们回去！"来人是红四方面军参谋长李特，留过苏，和李德熟悉。

---

① 竹内实著，《毛泽东的诗词、人生和思想》，张会才等译，中国人民大学出版社，2005。

当时在现场的阎捷三将军回忆说:"正在这个时刻,一个大个子突然疾步上前,拦住了李特,说了三言两语,就把他从马上拉下来,两人对吵了起来。我认出来,这个大个子是共产国际派来的代表德国人李德……两个人激烈地争吵着……只听到李德讲一口外国话……其实他就是说:'不去!不去!'你一言我一语,吵得面红耳赤,几乎要动武。……原来,二李之争是因为李特来传达张国焘的命令,要把四方面军的同志带走,不再北上了。李德不许他胡闹,要拉他去见毛泽东同志,并再三说明,北上抗日是正确的方针,不经毛泽东同志同意,任何人不得擅自把部队拉走,而李特执意不去见毛泽东同志。"

李德用自己的实际行动,维护了毛泽东的正确方针,同张国焘的分裂行径做了直接的斗争。之后,李德跟随红一方面军继续北上,翻越雪山,到达延安。

2. 外国人眼中的李德——"独立房子的主人"

李德作为共产国际派驻中国的军事顾问、长征初期军事最高领导"三人团"成员,以及唯一全程参加长征的西方人,在长征历史上具有特殊的意义与地位。李德本人在其回忆录《中国纪事1932—1939》中对于其在红军反"围剿"及长征中的"功过"进行了"辩解"。早期访问延安的西方记者也与其有直接密切的交往,并在相关著作中记述了对他的印象与评价。

布劳恩:我只是一个没有权力下达指示的外国顾问,一直用捍卫苏联人民利益的原则来指导在中国的活动。

奥托·布劳恩,也就是李德,于1973年出版了由其所著的《中国纪事1932—1939》,书中主要记述了1932—1939年我党、我军的一些重要事件,并对抗日战争初期的一些情况作了评述。虽然他在书中对很多事实进行了歪曲与狡辩,但我们还是能够从另一个角度分析他对自己在中国革命历史中"功过"的"理解"与"认识"。

布劳恩在书中评述遵义会议时写道:"毛泽东……给我的罪名是'我包办了军事委员会的一切工作','把军委的集体领导完全取消',在军事问题上对不同意见'不但完全忽视,而且采取各种压制的方法',因而'下层指挥员的机断专行和创造性是被抹杀了'。但是,一个外国顾问没有下达指示的权力,又不懂中文,和外界又没有联系,怎么才能做到这些呢?"① 布劳恩辩解自己只是"一个外国顾问","没有下达指示的权力",而无视和否认他在中央红军第五次反"围剿"及红军长征初期,在党和红军中的"太上皇"地位,以及作为军事最高领导"三人团"成员所具有的军事上最高决断权的实际,通过所谓的"反问"来试图推卸自己的责任与过失,未免过于"罔顾事实"。但是,"把全面指挥一支革命军队的战术的大权交给一个外国人"②,这样的错误的确值得反思。

1954年的李德(中)

布劳恩在书的结尾处还写道:"在我的一生中,我从来就认为,对苏联的态度是衡量每一个共产党人的试金石,不管他是哪个民族,也不管他处在什么形势下。这一认识一直指导着我在中国的活动,而体现在苏联政府政策中的苏联人民的利益,就我认识到的和力所能及的,在完全孤立的情况下,在极其困难的条件下,我始终是捍卫不懈的。我想我可以满意地说,我经受了这个考验。"③ 从这段话中,我们可以看出,李德一直是将苏联人民的利益放在第一位的,并将其作为指导中国活动的基本原则。这样的外国顾问,自然无法从中国革命的根本利益出发,无法深入地结合中国革命的实际,而只能盲目推行王明的"左"倾教条主义路线,只会不分具体情

---

① 奥托·布劳恩著,《中国纪事1932—1939》,李逵六等译,东方出版社,1973。
② 埃德加·斯诺,《西行漫记》,董乐山译,东方出版社,2005。
③ 奥托·布劳恩著,《中国纪事1932—1939》,李逵六等译,东方出版社,1973。

况地"照本宣科"进行"纸上谈兵"。或许,这就是李德给中国革命带来"严重错误"的最根本的"主观因素"。

斯诺:李德是个心灰意冷、饱经沧桑的前普鲁士军官,他承认西方的作战方法在中国不一定总是行得通。

埃德加·斯诺在访问延安时与李德有过直接的接触,他们一起打网球、打扑克,交往密切。斯诺曾对李德进行过访问,想了解一下红军中唯一的洋人的特殊经历以及他所接触到的红区高层情况,但是李德不愿揭开自己过去的伤疤,总是避谈往事。斯诺只得旁敲侧击以及从别人那儿获得一些关于李德的情况。斯诺在《西行漫记》中描述了李德刚到中央苏区的情况:"在中国红军创立后的头五年里,并没有一个外国顾问在那里……到一九三三年唯一曾与中国红军在一起作过战的外国人德国顾问李德才在苏区出现,在政治上和军事上占据高位。"[1]

斯诺在描述长征中的李德时写道:"李德是个心灰意冷、饱经沧桑的前普鲁士军官,在他骑上马同红军一起出发长征时,也是个变得聪明了一些的布尔什维克。"[2]斯诺还记述了李德同他在保安的谈话:"他在保安向我承认,西方的作战方法在中国不一定总是行得通的。他说:'必须由中国人的心理和传统,由中国军事经验的特点来决定在一定的情况下采取什么主要战术。中国同志比我们更了解在他们本国打革命战争的正确战术。'当时他的地位已降到极其次要的地位——但是他们都已埋葬了过去的不愉快感情。"[3]尽管李德在晚年所著的《中国纪事1932—1939》中百般为自己辩解,但通过李德与斯诺的对话,我们还是可以看出李德在长征途中及长征之后,已经逐步认识到自己军事指挥的错误及给中国革命带来的严重后果,并理解和认可了以毛泽东为代表的具有中国军事经验的中国同志的正确的战略战术。

谈到李德在中央苏区末期所犯的错误时,斯诺将其归纳为两点:"第一个错误,据毛泽东指出,是十九路军在一九三三年秋天起义反宁时,红军没有同他们联合起来。第二个严重错误是在南京第五次'围剿'中的战术

---

[1] 埃德加·斯诺著,《西行漫记》,董乐山译,东方出版社,2005。
[2] 埃德加·斯诺著,《西行漫记》,董乐山译,东方出版社,2005。
[3] 埃德加·斯诺著,《西行漫记》,董乐山译,东方出版社,2005。

防御计划。"①

对于李德的军事才能,斯诺还是持相对肯定的态度的。斯诺在书中写道:"李德无疑是个具有过人才能的军事战略家和战术家。在世界大战中,他在德国军队中就崭露头角;后来他任俄国红军的师长,曾在莫斯科红军大学毕业。作为一个德国人,共产党也尊重他对冯·西克特将军向蒋总司令提出的战术的分析……南京的将领们看到李德的一些分析他们的战术的著作时颇为钦佩地承认,想不到李德准确地预计到了这次巨大攻势的每一个步骤。"② 另外,李德的军事顾问王智涛也曾评价说:"李德在瑞金的四所军事大学讲过课,他讲军事课程还是内行的,讲的全是苏联军事院校的常规课程。"由此可见,李德作为"军事顾问",还是具有相当的军事素养与才能的,只是他的军事才能更多地停留在了"理论""著作"与"教学"层面,而未能与中国的实际进行很好的结合。

索尔兹伯里:李德作为"独立房子的主人",是中共苏区的"太上皇",他在遵义会议之后的长征途中成了一个旁观者。

哈里森·索尔兹伯里在《长征——前所未闻的故事》中,将李德称为"独立房子的主人"。他写道:"李德是一个令人望而生畏的人。他身高6英尺③以上,在中国同事中如鹤立鸡群。他举止活像一个呆板的普鲁士人,如海伦·斯诺所描写的那样,是'一个纯粹的雅利安人,蓝眼睛,金黄色的头发'。""他的一位密友称他为'一个典型的日耳曼人,僵硬而又迂腐'。""李德有很高的威望和权力,他在军事方面的特长是能言善辩。他举例时可以引用恺撒、塔西陀、拿破仑、弗雷德里克大帝、克劳塞维茨和毛奇等一连串名人的话。他决定问题从不犹豫不定。"④ 从这段描述中我们可以看出李德呆板、僵硬、迂腐,同时又能言善辩、傲慢自大、骄横跋扈的形象。

在谈到李德在中央苏区的地位及影响时,索尔兹伯里引用了李德自己的话:"尽管我一再提醒(中国)干部们,我的职务仅仅是顾问,然而随着时间的推移,形成了一种局面,好像我掌握了最高权力。"同时,还引用

---

① 埃德加·斯诺著,《西行漫记》,董乐山译,东方出版社。
② 埃德加·斯诺著,《西行漫记》,董乐山译,东方出版社。
③ 1英尺=0.3048米。
④ 哈里森·索尔兹伯里著,《长征——前所未闻的故事》,过家鼎等译,解放军出版社,2008。

了伍修权追述的话:"我们称他为'太上皇',就是主宰一切的上帝。博古对他从来都是言听计从。"① 可见,李德当时在中央苏区拥有至高无上的权力。这与李德在其所著《中国纪事1932—1939》中辩称自己仅是一个"顾问",没有下达指示的权力,恰恰相反。

在记述完遵义会议之后,索尔兹伯里在书中写道:"红军向西北方向开辟新的路线时,骑在马背上的高高的李德已从红军最高指挥部里消失了。……在此之后的长征途中,李德就成了一个旁观者。"②

二、枪林弹雨中突围
——长征中的主要战役战斗

长征是战争史上的奇迹,是在中国共产党领导下的中国工农红军三大主力部队历尽千辛万苦,呈现给人类战争史上的壮丽奇观。这个群体具有坚定的理想信念,面对漫漫征途及沿途极端恶劣的环境爆发出强烈的求生本能。途中不仅忍受了饥饿、严寒、伤痛、死亡等个体生命几乎难以承受的生存极限,还要同总兵力多达180多万人的国民党军队及地方反动武装力量苦战,他们翻越18座山,渡过24条河,转战14个省,共进行大大小小的战役战斗1 000余次,其中规模较大的战役战斗600余次,师以上规模的战斗120余次,血战湘江、四渡赤水、巧渡金沙江、强渡大渡河、飞夺泸定桥……殊死战斗,血的洗礼,克服重重困难,闯过一道道险关,终于杀出了重围,踏上北上的求生之路。

斯诺在他写的《西行漫记》中还详细统计了触目惊心的"长征数字":"几乎平均每天就有一次遭遇战发生在路上某个地方,总共有15个整天用在打大决战上。路上一共368天,有235天用在白天行军上,18天用在夜间行军上。剩下来的100天——其中有许多天打遭遇战——有56天在四川

---
① 哈里森·索尔兹伯里著,《长征——前所未闻的故事》,过家鼎等译,解放军出版社,2008。
② 哈里森·索尔兹伯里著,《长征——前所未闻的故事》,过家鼎等译,解放军出版社,2008。

西北,因此总长5 000英里的路上只休息了44天,平均每走114英里休息一次。平均每天行军71里,即近24英里,一支大军和它的辎重要在一个地球上最险峻的地带保持这样的平均速度,可说近乎奇迹。"①

斯诺把红军长征同世界战争史上的远征行动进行对比后发现:"汉尼拔经过阿尔卑斯山的行军看上去像一场假日远足。另一个比较有意思的比较是拿破仑从莫斯科的溃败,但当时他的大军已完全溃不成军,军心涣散。"与此相反,"红军一共爬过18条山脉,其中5条是终年盖雪的,渡过24条河流,经过14个省份,占领过32座大小城市,突破10个地方军阀军队的包围;此外,还打败、躲过或胜过派来追击他们的中央军各部队。他们开进和胜利地穿过6个不同的少数民族地区,有些地方是中国军队几十年所没有去过的地方"。据此,斯诺认为,"红军的西北长征,无疑是一场战略撤退,但不能说是溃退,因为红军终于到达了目的地,其核心力量仍完整无损,其军心士气和政治意志显然是一如往昔"。②

中国工农红军在长征中的战役战斗创造了很多奇迹,无论是在战役战斗中体现出的百折不挠、自强不息、不怕艰险、不怕牺牲的战斗精神,还是党和红军领导人具备的运筹帷幄、精深智谋、灵活机动、以弱胜强的高超的指挥艺术,都是中华人民共和国的英雄和缔造者们为我们留下的宝贵财富。在长征途中,中国工农红军千百万名将士用鲜血和生命凝成的战斗精神,是中国工农红军献给人类战争史的伟大史诗,是人类战争史上的典范,是我们民族的精神食粮。

(一)血战湘江——突破国民党军队的第四道封锁线

1. 湘江战役背景

第五次反"围剿"失败后,从1934年10月10日晚开始,党中央和中革军委率领86 000余人的中央红军从瑞金出发,被迫开始长征。红一军

---

① 埃德加·斯诺著,《西行漫记》,董乐山译,东方出版社,2005。
② 埃德加·斯诺著,《西行漫记》,董乐山译,东方出版社,2005。

团作为左翼，红三军团作为右翼，两个主力部队走两翼打头阵，红八、九军团担任侧翼掩护任务，中央和军委机关及直属部队编成的两个纵队居中，红五军团断后阻击，这种甬道式的"大搬家"行军队形，使得部队行动迟缓。当时为了搬运家当，雇挑夫1 000多人，还专门抽调一个师负责搬运，甚至连医院的便壶都要带上。这种被毛泽东称为"叫花子搬家"、被刘伯承称为"抬轿子行军"、被彭德怀称为"抬棺材行军"的"甬道"队形绵延数十里，对部队机动作战极为不利，使敌人有充分的时间布防。

尽管长征的先头部队是特能打仗的林彪、彭德怀率领的红一、三军团，在他们的指挥下，红军连续冲破了敌人的三道封锁线，但损失严重。第一道封锁线，损失3 700余人；第二道封锁线，损失9 700余人；第三道封锁线，损失8 600余人。1934年11月中旬，从中央苏区向西进行战略转移的中央红军突破了国民党军队精心布下的三道封锁线，继续西进，向湘桂边境前进。红军通过第三道封锁线以后，蒋介石大为震惊，亲自部署20个师共约40万兵力组成第四道封锁线，要在湘江以西堵截消灭红军。"蒋介石准确地判断出红军会向西北方向逃窜。毛的第一方面军有3万名官兵，占长征参加者的四分之一。他们打的第一次大仗是在湘江边上，这是毛少年时代梦中的河。这次战役使党内的政治斗争几近明朗化。"[①] 蒋介石看清了中央红军主力西征的意图，并决心在红军西征的道路上，利用湘江、潇水两条大河作为天然的屏障将红军消灭。

突破国民党军队的第一道封锁线，长征第一仗：
1934年10月21日抢渡信丰河

---

① R·特里尔著，《毛泽东传》，卿文辉等译，河北人民出版社，1989。

国民党军队第二道封锁线上的广东城口

国民党军队第三道封锁线上的宜章渡口

2. 湘江战役经过

当时的中央红军，拖着长长的队伍"漫步"，在湘南足足走了20天。在做进军广西渡过湘江的准备时，敌人已经基本部署到位，形成了依托西南湘江屏障自东追击、南北夹击、四面合围的阵势，只等红军去钻他们的"口袋"。这时，中央红军已处于战略上的被动局面。"蒋要求广西和广东军阀（他们还有30多个团）协助把红军拦截在湘江前的全州、兴安和灌阳三个城镇，长约80英里、宽30英里的三角地带。这是蒋介石的一箭双雕的锦囊妙计。如果这一计划得以实现，那么两广的地方军阀在同红军交战中会受到严重削弱，从而给蒋提供一个吞并他们的良机。"① 这就是后来史学家口中的"铁三角口袋阵"。在这个大包围圈内，地域狭窄，地势平坦，红军一旦在这样的地带陷入包围，几乎等于身处绝境。

在得知中央红军沿着红六军团的路线西进后，1934年11月12日，蒋介石任命湖南军阀何键为"追剿"军总司令，指挥中央军薛岳、周浑元两部16个师，粤军陈济棠部4个师，桂军李宗仁、白崇禧部5个师，共25个师的兵力，"追剿"红军。湖南和广西军阀商定以全州为界，全州以北为湖南军阀防区，全州以南为广西军阀防区。由于"左"倾教条主义的错误领导，红军在接近第四道封锁线时行动迟缓，丧失了极好的突破第四道封锁线的机会，因此，延误了四天时间，使敌人赢得了时间形成包围的"口袋"，以致敌人重兵紧迫，造成非常严重的局面，为红军的重大损失埋下了伏笔。

11月23日，中央红军决定：坚决打击尾追之敌，迅速开辟西进越过湘桂边界、进入广西抢渡湘江的道路，为进行湘江战役做好准备。11月25日，中央革命军事委员会发布命令，坚决打击尾追之敌，进入广西抢渡湘江，前出至越城岭的西延山区。发现红军从全（州）灌（阳）兴（安）三角地带西进意图后，国民党桂军主力11月26日开始从恭城向北调动，湘军11月27日进入全州城。27日下午，红一军团抢占了全州以南、界首以北的所有湘江渡口。11月28日凌晨，桂军在新圩向红三军团发起进攻，湘江战役正式打响。

1934年11月27日—12月1日，红军主力在灌阳、兴安、全州分左、右两翼阻击追兵，确保中央第一、二野战纵队和后续部队安全渡江。新圩—光华铺—脚山铺，构成了中央红军血战湘江的三大阻击战场。

新圩位于灌阳县城北面约13公里处，是恭城和灌阳通往全州和湘江的必经之路。从11月26日红三军团第五师赶到新圩阻击由恭城、灌阳北上的桂军，到12月1日被桂军分割包围后顽强阻击，新圩阻击战确保了中央机关和后续部队安全，但是"自师参谋长以下，团、营、连干部几乎全部伤亡"，红十八团全团1000多名指战员几乎全部壮烈牺牲。

界首阻击战斗也叫光华铺阻击战，是湘江战役著名的三大阻击战之一。11月27日下午，红三军团第四师先头部队在师政委黄克诚率领下赶到界首，

---

① 哈里森·索尔兹伯里著，《长征——前所未闻的故事》，过家鼎等译，解放军出版社，2008。

接防占领渡口的红一军团。军委工兵营在渡口负责架设浮桥,保持渡口畅通。

湘江战役界首江边的指挥所

28日,师长张宗逊率红四师主力赶到,以第十二团守渡口东岸南面的渠口,第十一团布防桂黄公路西面的石门及西北地域,第十团驻守光华铺,正面阻击从兴安来犯的桂军。29日白天,桂军发起攻击,红十团与桂军多次交手。半夜,桂军一部迂回至红十团三营阵地后面,欲直插界首渡口。经过激战,敌人大部被歼,剩余敌人占领了渡口西岸。30日拂晓,红十团迅速组织部队围歼了西岸的敌人。团长沈述清阵亡,师参谋长杜宗美接任团长,也中弹牺牲。红十团政委杨勇腿部被炮弹弹片击中,他拔出弹片继续指挥战斗,收拢部队北撤死守第二道防线,确保了军委纵队当日从界首渡口的浮桥上安全跨过湘江。12月1日拂晓,从新圩阻击战撤下来的红五师第十四、十五团赶来,与30日晚赶到的十三团会合,巩固了防守阵地,一直坚持到午后才撤离阵地。光华铺阻击战,红三军团挡住了桂军四个团的进攻,以牺牲近1 000人的代价完成了保护界首渡口安全、阻击桂军北上会合湘军封锁湘江的艰巨任务。

脚山铺位于全州县才湾境内,北距全州县城约15公里,南距中央机关所属的军委纵队过江的界首渡口30余公里。11月27日晚,红一军团前锋占领了从全州县屏山渡至界首的湘江所有渡河点。为保证军委纵队和各军团渡过湘江,红一军团第二师及第一师一个团在脚山铺地域构筑工事,阻击欲沿桂黄公路南下封锁湘江的湘军。29日早上,湘军在飞机、大炮的配合下向红一军团前沿阵地发起波浪式进攻。湘军是4个师加1个团,红一军团此时只有4个团,阻击任务十分艰巨。30日拂晓前,连续急行军100多公里的红一师2个团赶到脚山铺,来不及休息即投入战斗。阻击战战况惨烈,红四团政委杨成武腿部负重伤倒在公路上,被强行从敌人枪口下救出;红五团政委易荡平腿部受重伤后不愿做俘虏,举枪自尽。30日晚,为免遭敌人包围,红一军团主动放弃脚山铺阻击线剩下的两个最高山头,退守全州绍水的珠兰铺、白沙至夏壁田、水头一带，以白沙河为屏障组织第二道阻击线。12月1日拂晓开始，红一军团的2个主力师在第二道阻击阵地与湘军反复争夺与厮杀。一股湘军突然迂回到了红一军团指挥所门口几十米的地方，警卫员及时发现，大家赶忙收起地图转移。敌人打到军团指挥所门口是从没有过的事。脚山铺阻击战是湘江战役中敌我双方投入兵力最多、伤亡最惨重的一场血战，红一军团第一、第二师与湘军激战三天三夜，以自己的血肉之躯，以大无畏的牺牲精神，筑起了军委纵队和后续部队抢渡湘江的生命通道。

血战湘江（油画）

湘江战役，中央红军的掩护部队在三个阻击地域苦战五昼夜，确保了党中央和红军大部队从广西全州、兴安间渡过湘江，突破了国民党军以湘江为屏障重兵设置的第四道封锁线。这是中央红军突围以来最壮烈、最关键的一仗，也是二万五千里长征中红军投入兵力最多、最大的一战。湘江战役，粉碎了蒋介石围歼红军于湘江以东的企图，但红军也为此付出了巨大的代价。渡过湘江后，中央红军和中央机关人员由出发时的8.6万人锐减到3万余人。

3. 外国人对湘江战役的评述

哈里森·索尔兹伯里在《长征——前所未闻的故事》里写道："本来红军在两三天内就可以全部过江，而且不会有多大损失。但是，行动迟缓的庞大的辎重队伍和那些未经训练的瘸脚新兵改变了这个形势。"[1] 无独有偶，

---

[1] 哈里森·索尔兹伯里著，《长征——前所未闻的故事》，过家鼎等译，解放军出版社，2008。

英国学者罗杰·霍华德在《毛泽东与中国人民》里同样写道:"湘江,是第四道也是最后一道国民党封锁线,有一大半的人未能通过。毛眼看着红军用如此笨拙的战术渡江而无能为力。部队非战斗人员排成两列纵队从一条狭窄的通道走过去,他们大体上像一支后卫部队那样去抗击追兵,可能是由于机动的战斗部队是如此有限的缘故。毛反对这样做,他总是倾向于保持红军初创时灵活机动的传统。"①

湘江血战是中央红军撤出中央革命根据地以来打得最激烈、损失最惨重的一仗。面对优势之敌,红军的广大指战员毫不畏惧,以高度的政治热情和英勇献身精神与国民党军苦战五昼夜,保护党中央领导机关安全渡过湘江,突破了国民党军精心设置的第四道封锁线,粉碎了蒋介石将中央红军围歼于湘江以东的企图。但是,红军也付出了极为惨重的代价。中央红军渡过湘江后,已损失过半,连同沿途的减员,由出发时的8.6万人锐减到3万余人。特别是红三军团第十八团、红五军团第三十四师全军覆没,这在红军历史上还属首次。日本作家竹内实这样评价湘江之战的惨烈:"红军在两侧摆开掩护部队,主力部队像在用红军战士的肉体搭成的隧道中钻出来一样,突破了这道封锁线。"②

哈里森·索尔兹伯里在《长征——前所未闻的故事》中记录这段历史时,试图弄清楚红军遭到的巨大损失。"湘江一战究竟损失了多少部队,又有多少人脱离了红军,中国当代的党史专家们众说纷纭,谁也提不出准确的数字。在长征的头十个星期中,如果说红军损失了四五万人(这是种种估计数字的平均值),那么战斗伤亡至少有15 000人(其中大多数是在湘江伤亡的),这样的估计似乎比较恰当。久经战斗的红军指挥员经过湘江一战的惨败之后,个个义愤填膺。这种愤慨将化为要求改变现状的强烈情绪。不久后就有人说,三十四师被消灭时发出的最后几阵震颤的枪声和红军辎重大队沿途百里丢盔弃甲的惨状,就已经宣告了李德、博古统治的结束。"③"红军渡河后集合时,人员已损失了一半。在遭到这样惨重损失的情况下,大家终于同意毛的主张,不在湖南中部孤注一掷地硬拼,而向西

---

① 罗杰·霍华德著,《毛泽东与中国人民》(未注明译者),见《毛泽东思想研究》,1992(2)。
② 竹内实著,《毛泽东的诗词、人生和思想》,张会才等译,中国人民大学出版社,2005。
③ 哈里森·索尔兹伯里著,《长征——前所未闻的故事》,过家鼎等译,解放军出版社,2008。

进入敌人力量较弱的贵州省。"① 陈志让（Jerome Chen）在《毛泽东与中国革命》一书中则过高估计了红军的损失，他认为红军在湘江战役中损兵达到5万～6万人，并且称湘江战役为"共产党的滑铁卢"②，这就言过其实了。其实，红军在开始长征的时候并不是对外宣传的10万人，周恩来和李德后来都承认这个数字是出于蒙蔽敌人所作的夸大宣传。李德根据个人笔记，估计人数在75 000～81 000人，官方说法是86 000人。所以，陈志让所估计的红军损失是基于原来为了宣传需要所说的10万人。

这是生死存亡的一战，是意志的较量。狭路相逢勇者胜。至12月1日17时，中央机关和中央红军大部队终于渡过湘江。湘江边的老百姓在湘江战役后，有"三年不饮湘江水，十年不食湘江鱼"的说法，以纪念在湘江战役中牺牲的红军战士。

（二）四渡赤水、巧渡金沙江——毛泽东的神来之笔

四渡赤水战役是遵义会议之后，中央红军在长征途中，在国民党军队几十万重兵围追堵截的艰险情况下，为争取战略主动，在贵州、四川、云南边界地区，成功实施的一次战略性运动战。此役从1935年1月19日红军离开遵义开始，到5月9日胜利渡过金沙江为止，历时三个多月。在以毛泽东为代表的中共中央、中革军委的指挥下，中央红军采取高度机动灵活的战略战术，纵横驰骋于川黔滇三省交界的广大地区，积极寻找战机，四渡赤水河、南渡乌江、北渡金沙江，转战几千里，共进行大小战役战斗40余次，歼灭和击溃敌人4个师、2个旅零10个团，共计1.8万余人，有效地调动和歼灭了敌人。中央红军最终摆脱了几十万国民党军的围追堵截，彻底粉碎了蒋介石围歼中央红军于川黔滇边的企图，取得了战略转移中具有决定意义的胜利。

1. 四渡赤水战役背景

长征初期，王明"左"倾教条主义的领导者实行逃跑主义，使中央红

---

① 斯图尔特·施拉姆著，《毛泽东》，中共中央文献研究室编译组译，红旗出版社，1987。
② 陈志让著，《毛泽东与中国革命》，中共中央文献研究室编译组译，中央文献出版社，1993。

军在湘江之战遭到重大损失。当时红军的实际指挥者、军事顾问李德又不顾敌人调集40多万兵力围堵,仍把希望寄托在与红二、六军团的会合上,坚持按原计划向湘西前进,使红军处于覆灭的险境。在此危急关头,毛泽东力主摆脱敌人主力,改向敌人力量薄弱的贵州前进,以争取主动。这个主张得到了中革军委大多数同志的赞同。在通道会议、黎平会议之后,1935年1月7日,红军又一举攻克黔北重镇遵义城,中共中央在此召开了具有历史意义的遵义会议,结束了王明的"左"倾教条主义在中央的统治,在事实上确立了毛泽东的领导地位,打开了中国革命的新局面。

遵义会议后,毛泽东直接领导中革军委的工作,亲自指挥红军的作战行动。当时的敌情是极为严重的,得知红军攻克遵义,蒋介石大为震惊,调动部队,又拼凑了150多个团,对红军实施合围,妄图围歼红军于川黔滇三省交界地区。此时的红军只有3万多人,又失去了根据地做依托,情况危急。为摆脱这种被动、危险的局面,毛主席全局在胸,决定在敌人形成合围之前,指挥红军从遵义地区向川南前进,准备在宜宾、泸州间或宜宾上游北渡长江,开创川西或川西北新的革命根据地。

蒋介石也清楚毛泽东的意图,哈里森·索尔兹伯里在《长征——前所未闻的故事》中写道:"毛泽东的目标是清楚的——找到一条北上渡过长江的通道,以便同张国焘率领的四方面军会合。蒋介石的心里也早有打算,毛泽东想北上,他就调动精锐部队来堵截。"①"但是,他要在四川做到这点比在第五次'围剿'的地区要困难得多,因为四川当时不受国民政府直接管辖,蒋不得不与当地军阀合作。在毛和他的同志们于1月中旬北上时,他们和张国焘的四方面军都遭到国民党和当地军阀部队的联合进攻。"②

四渡赤水之战,就是在这种情况下展开的。

2. 四渡赤水战役经过

一渡赤水,集结扎西,抓紧休整部队,寻求新的机动。

遵义会议后,中革军委向各军团首长下达了渡江作战计划,拟定:中央红军各部进至赤水、土城附近地域后,分三路纵队由宜(宾)泸(州)

---

① 哈里森·索尔兹伯里著,《长征——前所未闻的故事》,过家鼎等译,解放军出版社,2008。
② 斯图尔特·施拉姆著,《毛泽东》,中共中央文献研究室编译组译,红旗出版社,1987。

间的蓝田坝、大渡口、江安一线北渡长江。

赤水河蜿蜒700里，是川黔两省边界的重要水道，也是红军向长江进军途中的一道障碍。渡过赤水河就迫近长江南岸了。自1935年1月19日起，红一、三、五、九军团分三路先后从遵义、桐梓、松坎地区出发，向土城、赤水前进。24日，先头部队红一军团击溃黔军的抵抗，攻占土城，并往赤水疾进。26日，红一军团在黄陂洞、复兴场遭遇川军章安平旅、达凤岗旅阻击，红九军团在箭滩遭遇川军特遣支队徐国瑄部阻击，红军占领赤水计划受挫。27日，军委纵队进驻土城。28日，红三、五军团，军委纵队，干部团，以及从丙安回援的红一军团二师在土城、青杠坡地区对尾追的川军郭勋祺旅、潘佐旅发起猛攻，予以重创，但川军后续部队四个旅迅速增援，双方形成对峙局面。28日晚，政治局和中革军委召开紧急会议，决定撤出青杠坡，改变北上行军路线，避开强敌。29日凌晨，红军大部队分左、中、右三路，从元厚镇、土城镇向西渡过赤水河，即"四渡赤水"第一渡。

1935年2月上旬，红军进至川南的叙永、古蔺地区，寻机北渡长江。此时，张国焘借口嘉陵江"江阔水深，有重兵防守"，抗拒中央命令，不仅不率红四方面军南下以吸引川军，反而北攻陕南，致使川军无后顾之忧，得以集中全力围堵红军北进。

红军一渡赤水的土城渡口

二渡赤水，避实击虚，进行遵义战役，大量歼灭敌人。

红军进至扎西地区，敌人仍判断红军将北渡长江，除向宜宾段各主要渡口增兵外，又调滇军和川军潘文华部向扎西地区逼近，企图对红军分进合击。

鉴于敌军主力大部已被吸引到川滇边境，红军根据黔北敌人较弱的情况，出其不意地挥师东向，重入贵州。当红军先头部队东进到赤水河附近时，贵州军阀王家烈闻讯，急忙调兵向赤水河疾进，企图堵击红军东渡。红军先头部队先敌赶到赤水河东岸，背水迎战，将行进中的敌人打得落花流水。后面的大部队于2月18—20日，在太平渡、二郎滩二渡赤水，把四川的敌人甩开，使其堵击、合围红军的企图落空。渡过赤水河后，红军兼程疾进，乘桐梓、遵义地区守敌兵力薄弱之际，进行了遵义战役。

首先要夺取的就是云贵高原著名的天险娄山关，娄山关为黔北军事要隘，位于大娄山脉主峰，北接桐梓县，南临遵义城，海拔1 400多米。四周崇山峻岭，两侧悬崖峭壁，群峰环立，直削如剑，沟壑纵横，只有一条陡险的盘山路贯通南北，有"一夫当关，万夫莫开"之势，历来为兵家必争之地。红军只有攻下娄山关，才能顺利攻占遵义。在攻克娄山关的过程中，红军勇猛追击，不给敌人喘息之机，以正面攻击和两翼包围、迂回的战术实行猛攻，打得敌人土崩瓦解，狼狈溃退。2月25日，一举攻占娄山关。27日，在董公寺击溃了敌人3个团的阻击，28日晨再次攻占了遵义城。次日中午，红军进占城南的老鸦山、红花岗、忠庄铺后，与敌驰援遵义的吴奇伟纵队2个师接战。红军乘敌立足未稳，发起攻击，经反复拼杀，敌军大部被歼，吴奇伟带领残部企图逃过乌江，除少数人员跟随其过江遁去外，其余尚未过江的1 800余人和大批武器全部为红军俘获。索尔兹伯里在他的书中评论道："娄山关的胜利是红军和毛泽东在长征中取得伟大胜利的第一个捷报，彭德怀的部队比敌人早五分钟占领了娄山主峰，娄山关的胜利令人欢欣鼓舞。几周以来，红军战士跑步行军，吃不着饭，睡不上觉，一仗接着一仗，人人都已疲乏到了极点，这一胜利提高了他们的士气。"①红军战士马不停蹄，乘胜而战，2月26日又击溃板桥、黑神庙地区之敌，并于28日再次攻占遵义城。

遵义地区的这次作战，历时五天，击溃和歼灭敌人2个师又8个团，

---

① 哈里森·索尔兹伯里著，《长征——前所未闻的故事》，过家鼎等译，解放军出版社，2008。

俘敌3 000余人，是中央红军长征以来取得的一次最大的胜利，极大地鼓舞了士气，打击了敌人的嚣张气焰。娄山关一战胜利后，周恩来兴奋地说道："好一座铁关啊，终于被我们敲开了。"朱德则赞叹道："万峰插天，中通一线，这样的雄关隘口，你们能攻下来，不容易！不容易！"

红军二渡赤水和四渡赤水的太平渡口

娄山关战斗遗址

三渡、四渡赤水，突破乌江天险，调动、摆脱敌人。

红军遵义大捷后，蒋介石急忙飞到重庆"督剿"，调兵遣将向红军逼近，妄图以堡垒主义与重兵进攻相结合的战法,"南守北攻",压迫红军于遵义、鸭溪狭窄地区围而歼之。毛泽东洞察其计,将计就计,故意在遵义地区徘徊寻敌,诱使更多的敌人前来围集,以利红军摆脱强敌尾追。遂以一部兵力利用桐梓、娄山关、遵义一线的有利地形,节节阻击北面进攻之敌,而以主力在鸭溪、白腊坎、鲁班场地区寻求与国民党军周浑元纵队作战。当国民党军重新逼近时,为了进一步迷惑、调动他们,在运动中寻求歼敌机会,红军突然北进,于3月16日晨至17日12时,经茅台第三次渡过赤水河,再入川南,佯作北渡长江的姿态。

红军三渡赤水的茅台渡口

红军四渡赤水的二郎滩渡口

蒋介石以为红军又要北渡长江，急令川黔湘三省军阀部队及吴奇伟、周浑元等部向红军挺进，又调滇军从毕节截击，企图再次对红军形成包围圈，围歼红军于长江南岸。"实际上，毛泽东已放弃了从这里直接渡过长江的计划，不过他要使国民党人相信这仍然是他的意图。其实，这时他已决定向西移动到长江的上游金沙江渡江。"①

正当敌人调兵遣将之际，毛泽东审时度势，立即指挥红军回师东进，突然折回贵州，于1935年3月21日晚至22日拂晓，经二郎滩、九溪口、太平渡四渡赤水；然后掉头南下，于数十万敌军的间隙中穿插疾进。3月31日，除红九军团留在乌江北岸迷惑牵制敌人外，全部胜利突破乌江天险，把敌人统统甩在乌江以北。也是在31日当天，毛泽东到红二师第一次公开了他的"把滇军调出来"的战略构想。此时，蒋介石正在贵阳督战，红军佯装攻打贵阳，并且分兵一部东击瓮安、黄平。蒋介石怕红军攻占贵阳，急调滇军"保驾"，出现了毛泽东预料的"只要能调出滇军，就是胜利"的战机。红军立即抓住机会长驱西进，以一天120里的速度由黔西入滇，先头部队竟然前伸到距昆明15公里处。"云南王"龙云此时兵力空虚，这个只顾自己地盘的地方军阀，既防红军也怕蒋介石"假途灭虢"，一面调集各地守军及民团驰援昆明，一面托人向红军表示滇军志在保滇不会远追，希望不要进攻昆明。中央红军发现滇西北无守军，在昆明附近虚晃一枪后，立刻按照战略计划向金沙江挺进，与红四方面军会合。

四渡赤水纪念塔

---

① 哈里森·索尔兹伯里著，《长征——前所未闻的故事》，过家鼎等译，解放军出版社，2008。

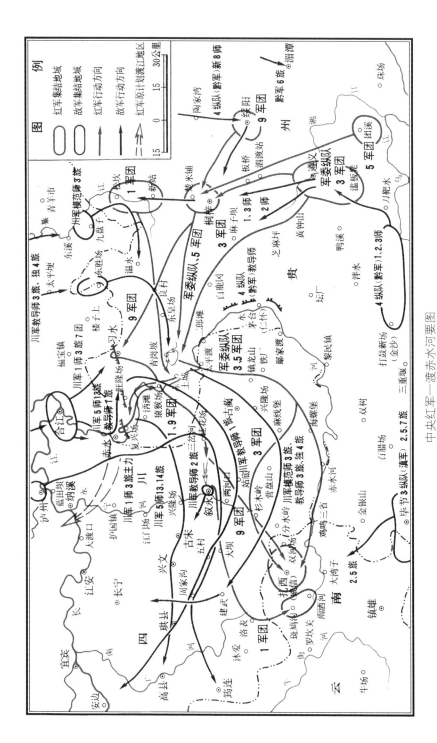

中央红军一渡赤水河要图
（1935年1月19日—2月9日）

资料来源：《中国人民解放军战史》（上卷），军事科学出版社，1987。

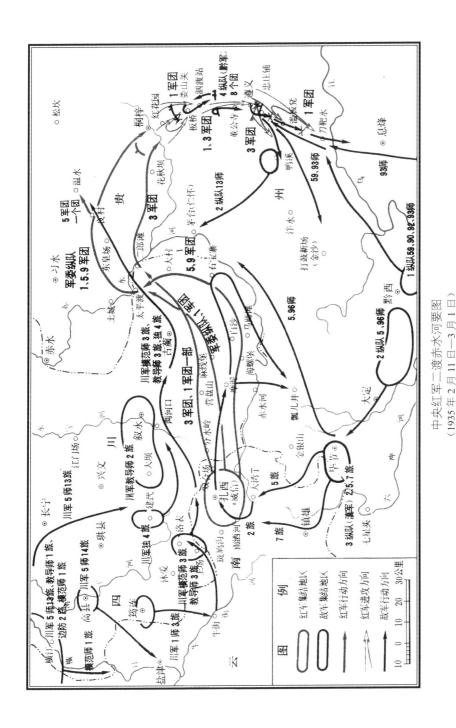

中央红军二渡赤水河要图
（1935年2月11日—3月1日）

资料来源：《中国人民解放军战史》（上卷），军事科学出版社，1987。

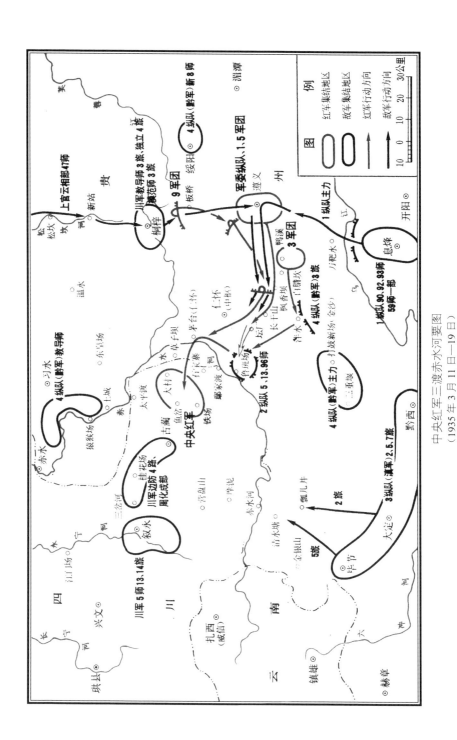

中央红军三渡赤水河要图（1935年3月11日—19日）

资料来源：《中国人民解放军战史》（上卷），军事科学出版社，1987。

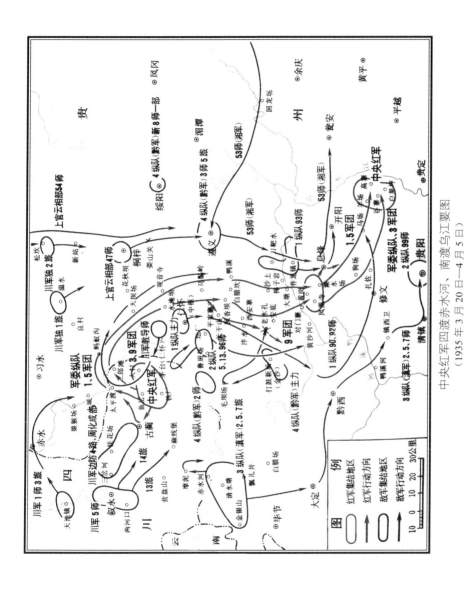

中央红军四渡赤水河、南渡乌江要图（1935年3月20日—4月5日）

资料来源：《中国人民解放军战史》（上卷），军事科学出版社，1987。

3. 巧渡金沙江

1935年4月17日，中央红军跨过北盘江，突进向南，连取数城，直逼昆明。实际上这只是中央红军的佯动，虚晃一枪后，中央红军便向金沙江疾进。红一军团经武定、元谋抢占了龙街渡；红三军团经马鹿塘抢占了洪门渡；军委纵队和红五军团经龙塘进至皎平渡，其先遣干部团先于5月3日晚在皎平渡偷渡成功，全歼对岸守敌，并击溃了川军增援的两个团，控制渡口。龙街渡江面宽并有国民党空军飞机骚扰，洪门渡水流湍急，不利红军渡江，中革军委决定除留红三军团第十三团在洪门渡渡江外，红一、三、五军团自5月3—9日，利用仅有的七条木船，全部由皎平渡过江。北路红九军团也于5月4日和5日两日在会泽西北的巧家附近渡过了金沙江。至此，红军彻底摆脱了敌人的战略包围，粉碎了蒋介石企图围歼中央红军于川黔滇边境地区的计划，从内线转到了外线，开始了新的伟大征程。

4. 外国人对四渡赤水、巧渡金沙江的评述

四渡赤水、巧渡金沙江是中国战争史上灵活用兵的著名战役，在中国战争史上占有重要地位。中央红军在毛泽东的指挥下，声东击西、指南打北，以灵活多变的战术，巧妙地穿插于国民党军重兵集团之间，创造战机，各个歼敌，甩开了国民党军的重兵，取得了战略转移中有决定意义的胜利，写下了毛泽东军事生涯的得意之笔。对此，外国学者在其研究或描写长征的著作和文章中不惜浓墨渲染。

斯图尔特·施拉姆著的《毛泽东》一书中，描写了湘江战役后四渡赤水以前面临的险境及毛泽东的主张："合乎逻辑的第一步似乎应与在湖南西北角活动的贺龙的第二和第六军团会合。因此，在敌军密集的火力下，经过一个星期的苦战，强渡了广西北部的湘江。红军渡河后集合时，人员已损失了一半。在遭到这样惨重损失的情况下，大家终于同意毛的主张，不在湖南中部孤注一掷地硬拼，而向西进入敌人力量较弱的贵州省。"① 在转战贵州的道路上红军历尽艰险，埃德加·斯诺在《西行漫记》中写道："经过江西、广东、广西、湖南的征途上，红军遭到了非常惨重的损失。他们到达贵州边境时，人数已减少了三分之一。这首先是由于

---

① 斯图尔特·施拉姆著，《毛泽东》，中共中央文献研究室编译组译，红旗出版社，1987。

大量运输工作所造成的障碍,当时用于这项工作的竟达5 000人之多。因此先锋部队被拖了后腿,有时敌人得以在路上遍设障碍。其次,从江西出发时一直不变地保持着一条西北向的路线,因此南京方面可以预计到红军的大部分动向。"①

毛泽东在追兵将至、情况危急的时刻依然是淡定自若、从容指挥,并在机动途中教战士学习文化,表现了极高的指挥艺术和革命乐观主义精神。哈里森·索尔兹伯里的《长征——前所未闻的故事》这样写道:"红军原计划西行,然后转而北上入川,毛及时改变了计划。因为他得到的情报和电台截听来的消息表明,蒋介石正向西调动部队,打算在红军再次靠近长江时一举予以歼灭。毛决定采用朱毛式出其不意的战术。2月11日在扎西开会通过了毛泽东的决定。全军掉头转回贵州,并回师攻占遵义。他的打法越来越像《水浒传》中的故事。所不同的是,当红军成一路纵队前进时,许多人丢掉了文盲的帽子。洛甫发明了他称之为'看后背'学文化的办法,战士们在背上都挂块白布,上面写着汉字。他们边走边认字,懂得文化的重要性。"②

斯图尔特·施拉姆在他的著作《毛泽东》中是这样叙述红军渡乌江、占遵义的:"年底,红军渡过贵州中部的乌江。这一战役只是由于少数精心挑选出来的人员的大无畏精神才取得了胜利。他们在敌人猛烈的炮火下用筏子渡过了宽阔的江面,爬上光秃秃的石壁,突然夺取了扼守渡口的国民党碉堡。红军采用了从《三国演义》中学来的战略,包括使用缴获的国民党制服和旗子,实际上未发一枪一弹就占领了遵义。1935年1月的第一个星期,政治局在那里举行了著名的遵义会议,终于使毛控制了中国共产党。"③

罗杰·霍华德所著的《毛泽东与中国人民》中也写道:"毛的军队打退了3万名敌人的进攻,然后转向西进,越过险峻的高山,渡过湍急的乌江,于12月第一次攻占黎平。接着又于1935年1月攻占遵义。在那儿,他们可以第一次停下来总结经验,并研究同四川省张国焘的第四方面军会合的问题。在遵义会议上,毛重申他的战略战术,他的游击战方针被重新采纳,

---

① 埃德加·斯诺著,《西行漫记》,董乐山译,东方出版社,2005。
② 哈里森·索尔兹伯里著,《长征——前所未闻的故事》,过家鼎等译,解放军出版社,2008。
③ 斯图尔特·施拉姆著,《毛泽东》,中共中央文献研究室编译组译,红旗出版社,1987。

他的士兵消息灵通，官兵平等、军民平等的作风被重新恢复。在会上同时授予毛泽东党的军事事务的最高指挥权。"①

关于毛泽东进入云南境内声东击西的调动，哈里森·索尔兹伯里在《长征——前所未闻的故事》里写道："但是共产党并不想占领昆明，他们只想使蒋介石和云南军阀龙云调回更多的军队保卫昆明，如同蒋介石以前抽调滇军去保卫贵阳那样。毛泽东对蒋介石故伎重演，而蒋介石则像巴甫洛夫训练出来习惯于条件反射的狗一样，毛泽东要他怎么样，他就怎么样。蒋介石果然从金沙江附近撤回三个团到昆明，一下子使金沙江变成了几乎是不设防的地带。""红军过了金沙江，等于在追兵面前关上了大门。虽然毛泽东尚未完全摆脱蒋介石的追赶，但他已到了长江以北。从 1934 年 10 月 16 日开始长征以来，红军的行动第一次如此成功，第一次赢得了主动。他们辗转作战已有七个月之久，伤亡很大，现在只剩下 25 000 人，但是他们坚持了下来。毛的战略成功了，横渡金沙江将成为红军历史上史诗般的壮举。"②

埃德加·斯诺也在《西行漫记》记录了红军到达云南后是如何摆脱国民党军队的围追堵截的："突然，在 1935 年 5 月初，红军又回师南向，进入云南。他们在四天急行军后到达距省会云南府 10 英里处，地方军阀龙云紧急动员一切部队进行防御。与此同时，蒋介石的增援部队从贵州过来追击，不久，这场惊惶结束了，原来发现红军向云南府的进军不过是少数部队的佯攻。红军主力已西移，显然想在长江中游少数几个通航点之一龙街渡江。""红军好像不知道自己的命运似的，仍继续向西面的龙街分三路急行军。那里的渡船已经焚毁，南京的飞行员报告，红军一支先锋部队在造一条竹桥。蒋介石更加信心百倍了，造一座桥要好几个星期时间。但是有一天晚上，有一营红军突然悄悄地倒过方向，强行军一天一夜，像奇迹一样，走了 85 英里，到傍晚时分到达附近一个唯一可以摆渡的地方——皎平渡。他们在黄昏时分到了镇上，悄悄地解除了驻军的武装。与此同时，红军主力部队大举进行了反方向进军，到第二天中午先锋到达皎平渡。现在过河已不是难事了。六条大船昼夜不停地运了九天。全军运到四川境内，

---

① 罗杰·霍华德著，《毛泽东与中国人民》，见《毛泽东思想研究》，1992 年第 2 期。
② 哈里森·索尔兹伯里著，《长征——前所未闻的故事》，过家鼎等译，解放军出版社，2008。

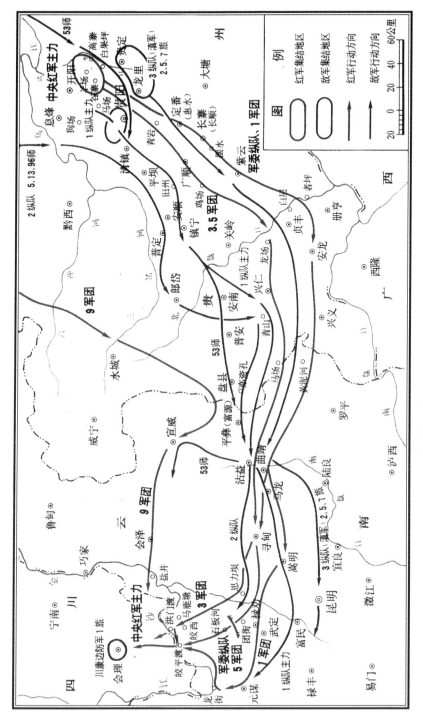

中央红军进军云南、巧渡金沙江要图
（1935年4月8日—5月9日）

资料来源：《中国人民解放军战史》（上卷），军事科学出版社，1987。

没有损失一兵一卒。"①

四渡赤水、巧渡金沙江再次体现了毛泽东高超的军事指挥艺术,R·特里尔所著《毛泽东传》是这样评价毛泽东的指挥的:"只是因为有了毛英明的声东击西战术,红军才冲破了蒋的封锁。现在看来,最佳方案是到云南兜个圈子。毛假装要攻打贵州省会。因为蒋的军队正在那里高枕无忧,等待着最后的胜利。毛对昆明又发起佯攻,这使他得以渡过长江。长江的这一段称为金沙江,它把云南和四川分隔开。但是,毛的足智多谋弥补了人力和武器上的不足。在林彪率领部队佯攻昆明,另外一支部队在蒋的眼皮底下吃力地架着竹桥时,毛迅速派遣一营兵力向西到达另一个渡口。由于伪装示形于敌,使得共产党的军队可大胆着手抢渡金沙江。这些比毛读而不厌的古典小说中的农民起义故事毫不逊色。"②

(三)强渡大渡河、飞夺泸定桥——粉碎让红军成为"石达开第二"的预言

1. 强渡大渡河

中央红军长征从云南省皎平渡巧渡金沙江后,沿会理至西昌大道继续北上,准备渡过大渡河进入川西北。1935年5月上旬,"红军跳出了国民党在金沙江上设置的圈套,却发现他们自己又陷入了大自然的圈套之中,一个被三条大河——金沙江、岷江和大渡河在西康地区围成的箱子。他们必须在蒋介石利用这自然条件将他们围在里面之前强行冲出这个大自然包围圈。毛的部队急速向北渡过汹涌的大渡河。事实表明,这是整个长征途中最难征服的关隘"。③

1935年5月24日晚,中央红军先头部队第一师第一团,经过80多公里的急行军赶到大渡河右岸的安顺场。此地由川军两个连驻守,渡口有川军第二十四军第五旅第七团一个营筑堡防守。当晚,红一团由团政治委员

---

① 埃德加·斯诺著,《西行漫记》,董乐山译,东方出版社,2005。
② R·特里尔著,《毛泽东传》,卿文辉等译,河北人民出版社,1989。
③ 罗杰·霍华德著,《毛泽东与中国人民》,见《毛泽东思想研究》,1992年第2期。

黎林率第二营到渡口下游佯攻，团长杨得志率第一营冒雨分三路隐蔽接近安顺场突然发起攻击，经过20多分钟战斗，击溃川军两个连，占领了安顺场，并在渡口附近找到一只木船。安顺场一带大渡河宽100多米，水深流急，高山耸立。在红军到达之前，川军第五旅第七团一个营抢占了这一地区，正在构筑工事，凭险防守。情况对红军十分不利。

25日晨，红一团开始强渡大渡河。刘伯承、聂荣臻亲临前沿阵地指挥。红一团第一营营长孙继先从第二连挑选18名勇士组成渡河突击队，连长熊尚林任队长，由帅士高等4名当地船工摆渡。战前，先遣队首长亲自交代任务，一起制定渡河方案，并强调这次渡河关系全军存亡，一定要战胜一切困难完成任务，为全军打开一条通向胜利的道路。7时，强渡开始，岸上轻重武器同时开火，掩护突击队渡河。炮手赵章成两发迫击炮弹命中对岸碉堡。

突击队分成两批，熊尚林带领第一批8人先渡河，孙继先带领第二批8人再渡河。18名勇士冒着川军的密集枪弹和炮火，在激流中前进。快接近对岸时，敌军向渡口反冲击，杨得志命令再打两炮，正中敌军。18名勇士战胜了惊涛骇浪，冲过了敌人的重重火网，终于登上了对岸。敌人见红军冲上岸滩，便往下甩手榴弹。智能双全的勇士们利用又高又陡的台阶死角做掩护，沿台阶向上猛烈冲杀。在右岸火力的支援下，勇士们击退了敌军的反扑，控制了渡口，后续部队及时渡河增援，一举击溃敌军一个营，巩固了渡河点。随后，红一军团第一师和干部团由此渡过了被国民党军视为不可逾越的天险大渡河。

1936年，斯诺（左三）同当年强渡大渡河的十八勇士等合影

2. 飞夺泸定桥

1935年5月26日,中央红军主力部队在小叶丹指引下,到达安顺场。在安顺场,军委决定再次分兵两路:红一师和干部团为右纵队,由刘伯承、聂荣臻指挥,在当地渡河,沿河东岸朝北前进;中央红军主力为左纵队,沿大渡河西岸前进。两岸部队互相策应,夹河而上,夺取泸定桥,最后在泸定会师。这种战略战术,可以说是一个双保险。毛泽东特别指出:只有夺取泸定桥,红军才能避免石达开的命运。假如两路不能会合,被分割了,刘、聂率部队单独走,到川西搞个局面出来。

其实,同70多年前的太平军相比,红军面临的形势更加严峻。红军到达这里已经比太平军晚了半个月,当时已经是洪水期,河面宽达300多米,强渡很困难;而且从安顺场的上游泸定桥到下游渡口数百公里,国民党军沿河陈兵、布防严密,并提前将所有船只、粮食和其他可利用的物资器材统统搜走了。

泸定桥位于四川省泸定县城西大渡河上,是中国著名的铁索桥,古为川、康交通要道。泸定桥桥身由13根铁索组成,连接着河的东西两岸。东西桥台之间净跨度100米,铁索桥长101.67米、宽约2.8米,每根铁索有碗口粗,9根作为桥面,4根作为扶手。铁索是用铁环扣成,桥面上铺有木板,供人、马通行。从安顺场到泸定桥,直线距离为160公里,但全是崎岖山路,盘绕在山腰间,一边是悬崖峭壁,一边是波涛汹涌的大渡河,行走十分困难。林彪决定派二师四团,即威名远扬的王开湘、杨成武团为全军前卫团,于三天之内夺下泸定桥。5月27日清晨,四团政委杨成武接到军团通信员飞马送来的林彪的命令:"军委来电,限左路军于29日以前夺取泸定桥。你们要用最高速度的行军力和坚决机动的手段,去完成这一光荣伟大的任务。我们预祝你们胜利。"① 看罢命令,杨成武差一点惊蒙了,这意味着两天的路程要作一天赶。但是,"军令如山",不能有一分一秒的拖延。时间紧迫,团里干部边行军边召开党总支扩大会,研究战斗部署,并提出"要桥不要命"的口号。党总支成员分头下去,到各营连做动员部署。干部战士坚定地表示:"足可疾、身可劳、衣服可烧、头颅可掉,什么都不要,只要泸定桥。"

在王安娜的书中,她是这样描述的:"红军摆成弯弯曲曲的长蛇阵,夜

---

① 哈里森·索尔兹伯里著,《长征——前所未闻的故事》,过家鼎等译,解放军出版社,2008。

里，打着数千火炬，穿过河岸的小径，持续行军。时而下陡坡，几乎碰着激流；时而攀险峰，跨过断崖峡谷，其中的艰险劳苦是难以想象的。他们用尽全力日夜兼程地行军。"① 而斯诺对这段惊险的路程则是这样描述的："峡谷两岸有时极窄，两队红军隔河相叫可以听到。有时又极辽阔，使他们担心会从此永远见不了面，于是他们就加快步伐。……这两批先锋部队日夜兼程，休息、吃饭顶多不超过十分钟，这时还得听筋疲力尽的政治工作者向他们讲话，反复解释这次急行军的重要意义，鼓励他们要拿出最后一口气、最后一点精力来夺取在前面等着的考验的胜利。"② "这真是像和死亡赛跑一样呢，"周恩来后来对采访他的王安娜说，"我们到达河边是5月末，要准备全军渡河的船只，恐怕要几个星期。那样做的话，在河的北岸占优势的蒋介石军队，就有足够的时间把我们的部队打败。因此，我军必须强行军赶到200公里外的铁索桥，这座吊桥是到达北岸的唯一通路。"③

泸定桥

第二天，北岸的先锋部队落在后面了。川军沿路设了阵地，发生了遭遇。南岸的战士就更加咬紧牙关前进。不久，对岸出现了新的部队，红军从望远镜中看出，他们是川军增援部队赶到泸定桥去的！这两支部队隔河你追我赶，整整一天之久，红军先锋部队是全军精华，终于慢慢地把筋疲

---

① 王安娜著，《中国——我的第二故乡》，生活·读书·新知三联书店，1980。
② 埃德加·斯诺著，《西行漫记》，董乐山译，东方出版社，2005。
③ 王安娜著，《中国——我的第二故乡》，生活·读书·新知三联书店，1980。

力尽的敌军甩到后面去了。"红军战士在24小时内奇迹般地走完了最后的80英里路程,到达泸定桥。"① "主力部队历尽艰辛来到吊桥下面时,敌人的一支小部队已完全占据了北岸。在桥头堡前约100米的距离内,桥的横板全被抽走了。在河两岸矗立着的巨大的混凝土桥墩之间,只悬挂着粗重的铁索,下面是大渡河的滚滚激流。"②

机不可失,必须在敌人援军到达之前把桥占领。于是再一次征求志愿人员。红军战士一个个站出来愿意冒生命危险,于是在报名的人中最后选了22个人。他们身上背了毛瑟枪和手榴弹,马上就爬到奔腾的河流上去了,紧紧地抓住了铁索一步一抓地前进。红军机枪向敌军碉堡开火,子弹都飞进在桥头堡上。敌军也以机枪回报,狙击手向着在河流上空摇晃着朝他们慢慢爬行前进的红军战士射击。第一个战士中了弹,掉到了下面的激流中,接着又有第二个、第三个。但是别的人越来越接近桥中央,桥上的木板对这些敢死队员起了一点保护作用,敌人的大部分子弹都飞开了,或者落在对岸的悬崖上。

斯诺在他的《西行漫记》中对战斗的描写非常生动:"四川军队大概从来没有见过这样的战士——这些人当兵不只是为了有个饭碗,这些青年为了胜利而甘于送命。他们是人,是疯子,还是神?有的四川军队这样嘀咕。他们自己的斗志受到了影响;或许他们故意开乱枪不想打死他们;或许有些人暗中祈祷对方冒险成功!终于有一个红军战士爬上了桥板,拉开一个手榴弹,向敌人碉堡投去,一掷中的。军官这时急忙下令拆毁剩下的桥板,但是已经迟了。又有几个红军爬了过来。敌人把煤油倒在桥板上,火开始烧了起来。但是这时已有20个左右红军匍匐向前爬了过来,把手榴弹一个接着一个投到了敌军机枪阵地。这时便有更多的红军蜂拥爬上了铁索,赶来扑灭了火焰,铺上了新板。不久,在安顺场过了河的一师红军也出现了,对残余的敌军阵地展开侧翼进攻,这样没有多久白军就全部窜逃——有的是窜逃,有的是同红军一起追击,因为有100人左右的四川军队缴械投诚,参加追击。一两个小时之内,全军就兴高采烈地一边放声高唱,一边渡过了大渡河,进入了四川境内。"③

---

① R·特里尔著,《毛泽东传》,卿文辉等译,河北人民出版社,1989。
② 王安娜著,《中国——我的第二故乡》,生活·读书·新知三联书店,1980。
③ 埃德加·斯诺著,《西行漫记》,董乐山译,东方出版社,2005。

3. 外国人对强渡大渡河、飞夺泸定桥的评述

能否渡过大渡河关系到红军能否入川北上的问题。对于强渡大渡河一战，王安娜是这样描述的："横渡大渡河，可以说是长征最大的难关。三国时代的英雄在大渡河一败涂地；决定19世纪太平天国最后一支部队的命运的，也是大渡河。因而，蒋介石期望在大渡河边把红军歼灭。"① "深藏在农民士兵记忆中的是，大渡河是最后一批奋不顾身的太平天国起义者战死的地方，这里有他们哭泣着的鬼魂。……周恩来沿着令人望而生畏的河边走着，大雨倾盆而下，河面上浊浪翻滚，其势有如骏马奔驰，似乎有千万个被河水吞噬了的不肯安分的幽灵在呼喊狂叫。"② "蒋介石确信命运已使敌人落入他的手中了。他们认为红军或者被迫向西进入西康即四川边界处的难以通行的地区，或者穿过峡口，渡过波涛汹涌的大渡河。太平军的石达开将军就是于1863年在这个地区被清军围困全军覆没的。显然，蒋介石的心里是将这二者作了类比的，他认为共产党与太平军一样都是农村中的痞子，尽管孙中山盛赞太平军是个伟大的革命运动。国民党空军甚至投下传单说毛泽东将成为另一个石达开。"③

斯诺在《西行漫记》中告诉读者，必须抢占浮桥才能在蒋介石的追兵赶来之前渡河。"考虑到船只渡河太慢、太费时间，有可能使国民党赶上来包围红军，红军决定动员连续急行军，抢占大渡河上唯一的一座浮桥泸定桥。" "如果能够占领泸定桥，全军就可以进入川中，否则就得循原路折回，经过彝族区回到云南，向西杀出一条路来到西藏边境的丽江，迂回1 000多里，很少人有生还希望。"④ 美国前国家安全事务助理布热津斯基曾说："泸定桥一战，在长征史上意义巨大。如果这次战斗失败，如果红军在炮火前畏缩不前，或者，如果国民党炸断了铁索桥，那么中国随后的历史可能就不同了。"能否渡过大渡河，关系到中央红军是否会成为"石达开第二"。1863年，石达开兵败大渡河，3万多太平军在此覆灭。蒋介石南昌行营秘书长杨永泰多次预言，朱毛将成为"石达开第二"。因为，在他看来，朱毛红军与石达开部队有几个相似之处：第一是西进路线大体一致，

---

① 王安娜著，《中国——我的第二故乡》，生活•读书•新知三联书店，1980。
② 韩素音著，《周恩来与他的世纪》，中央文献出版社，1992。
③ 斯图尔特•施拉姆著，《毛泽东》，中共中央文献研究室编译组译，红旗出版社，1987。
④ 埃德加•斯诺著，《西行漫记》，董乐山译，东方出版社，2005。

战术相同，到了西昌城下，石达开也是绕道而过；第二，入川的干支年份也相同，都是猪年，都是5月涨水的季节，渡河非常困难；第三，兵力相同，均为3万～4万"疲惫之师"，而清军与蒋介石的"追剿"部队的数量也大体相同。蒋介石听了非常高兴，他决心将红军消灭在大渡河畔，让"朱毛做第二个石达开"。王安娜对当时参加战斗的战士也进行了采访："他们生动、详尽地给我讲述了渡河的情况。横渡大渡河之所以成功，要归功于30名战士①，他们冒着危险，攀着铁索到达对岸，压制敌人。这一行动的确是长征的最高峰，克服这一障碍，北进的通路便打开了。在敌人的增援部队到达前，便把吊桥修好，全军得以安全地到达北岸。"②

史沫特莱在她的书中是这样描述泸定桥战斗中的朱德的："一名在强夺泸定桥时站在朱德和毛泽东身旁的参谋说，朱德始终不出一声，一动不动，好似一座石像。他知道红军的命运就要在此刻决定，中国历史上多少英雄在此覆灭，而20世纪的中国工人和农民却要在此胜利。"③

而"飞夺泸定桥"的"飞"字则在夏洛特的笔下找到了出处："杨将军（杨成武）是这个先遣队的领导，也是在桥被占领后第一批过去的人员之一。午夜，他护送刘伯承到现场，刘说：'啊，泸定桥！现在我们胜利了，但我们做出了多大的牺牲！'其后不久，毛泽东、周恩来和朱德都赞扬了这个团。杨将军说，他把这次攻击称为'飞夺泸定桥'。"④

2005年重走长征路的以色列老兵武大卫在考察完大渡河和泸定桥之后，非常感慨："每一个生长在大渡河畔的人，都能呼吸到红军强渡大渡河英勇的战斗气息！"

"强渡大渡河和抢夺泸定铁索桥，是整个长征中最著名的胜利，也最需要伟大的英雄主义行为和坚韧毅力。"⑤ 此战，红军行动迅速，作战英勇，仅以22人便夺取了泸定桥，堪称奇迹。中央红军主力顺利通过天险大渡河，使蒋介石让红军成为第二个石达开的梦想破灭。

---

① 原文如此。根据时任红四团政委的杨成武将军发表在《星火燎原》上的回忆文章《飞夺泸定桥》，参加飞夺泸定桥的人数为22人。
② 王安娜著，《中国——我的第二故乡》，生活·读书·新知三联书店，1980。
③ 艾格妮丝·史沫特莱著，《伟大的道路——朱德的生平和时代》，梅念译，生活·读书·新知三联书店，1979。
④ 夏洛特·索尔兹伯里著，《长征日记：中国史诗》，王之希、许丽霞译，国际文化出版公司，1987。
⑤ 克莱尔·霍林沃思著，《毛泽东和他的分歧者》，高湘泽等译，河南人民出版社，1989。

（四）吴起镇战斗——切掉了中央红军长征追兵的"尾巴"

1. 吴起镇战斗背景

长征途中，中共中央于 1935 年 9 月 12 日在俄界召开了政治局扩大会议，将红一军、红三军和军委纵队整编为中国工农红军陕甘支队，并确定了继续北上、向陕北挺进的方针。而后，陕甘支队为调动敌人，佯攻天水，主力乘机以急行军突然折向西北，摆脱敌重兵阻击，通过了武山、漳县间的敌人封锁线，并在鸳鸯镇和山丹镇之间渡过渭水，于 9 月 27 日到达通渭县的榜罗镇。中央政治局在此召开常委会，决定率领陕甘支队迅速北上，同西北红军和红二十五军会合。此后，陕甘支队又攻占了通渭城，翻越了六盘山，到达陕甘苏区。陕甘支队进驻哈达铺后，引起了蒋介石的震惊。他害怕红军东进天水威胁西安，遂将其主力向天水集结，并以一部兵力占领渭水附近的武山、漳县两城，防红军东进。同时还命令张学良的东北军进行全面"剿共"作战。东北军同红军连续作战几次，由于轻视红军实力，加上指挥失误，均告失利。

陕甘支队行进神速，1935 年 10 月 19 日毛泽东随一纵队首先抵达陕北革命根据地的吴起镇，随后彭德怀率二、三纵队也进抵吴起镇附近宿营。当天晚上，毛泽东主持召开了团以上干部会议，研究对策。当时在一些干部中，对打还是不打，意见并不一致。有一部分人不主张打，认为红军长途行军，大家都很疲劳，情况又不熟悉，没有把握，等把敌人引进苏区，了解情况后再打。毛泽东和许多同志则认为要打。毛泽东分析指出：我们疲劳，敌人也疲劳，吴起是山区，不利于骑兵作战，况且我们已有打骑兵的经验（主要指在甘肃静宁界石堡消灭东北军三个骑兵连的经验）；另外，我们已经到了陕北革命根据地，有良好的群众基础。根据这些有利条件，最后决定，不仅要在吴起打这一仗，而且一定要打好，决不能把敌人带进苏区来。会议决定，由彭德怀指挥这场战斗。

2. 吴起镇战斗经过

部队根据中革军委的部署，先后于 1935 年 10 月 19 日晚、10 月 20 日晨分别进入战地布防。一纵队进驻吴起镇及二道川塔儿湾以东,埋伏于三道川和二道川与头道川之大峁梁上,在敌之左侧,其中四大队埋伏在头道川的杨城子左右山坡上,准备截断敌人的退路;二纵队进驻吴起镇西北乱石头川的梁台、郭沟门一线,埋伏于头道川与乱石头川之间的山梁上,在敌之右侧;三纵队进驻吴起镇东南宁塞川的宗圪堵至彭沟门一线,埋伏于洛河东侧吴起镇的燕窝梁上,在敌之正面。红军布下口袋战术,严阵以待,随时准备全歼来犯之敌。

国民党军队在何连湾集结后,于10月18日拂晓奉命追击红军,以骑兵为主力先行,步兵随后跟进。其中有敌师长白凤翔所率的六师3个骑兵团,敌副师长张诚德所率的三师2个骑兵团(统归白凤翔指挥)。敌三十五师马培清骑兵团因地形熟悉,走在最前面。他们日夜兼程,死死咬住红军不放,如甩不掉的"尾巴"。10月18日晚上,马培清骑兵团先行抵达铁边城附近宿营,距红军仅有10多里。为了使红军主力在吴起镇集结,以陈赓为团长的中央干部团担任阻击敌骑兵追击的任务。陈赓命肖应棠率3个班共48人埋伏在距铁边城约10里的王畔子东西两个山坡上待机歼敌。

吴起镇战役(油画)

10月19日太阳刚出时,驻在铁边城的马培清骑兵团派出一个排,顺头道川侦察前进,当敌人进入红军的射程时,肖应棠一声令下,机枪、步枪一齐开火,敌骑兵措手不及,很快就被打散。随即敌一个连的兵力,又向红军阵地扑来，顷刻之间，也被打散。午后，敌三十五师骑兵团的一个营在飞机、迫击炮和轻重机枪的掩护下，顺着小沟、塄坎向红军阵地袭来。红军战士以一当十，激战两小时，再次把敌骑兵击退。红军干部团以3个班（48人）牵制了敌军1个团的兵力，给红军主力争取了时间，保证了在吴起镇的集结。完成任务后，他们于19日夜间12时撤离了阵地。

10月20日，敌三十五师骑兵团让开中路，又顺二道川与头道川之间的山梁侦察前进，从侧翼夹攻。他们下午准备在二道川刘河湾一线宿营时，遭到红军一纵队的伏击。马培清凭借有利地形，将部队撤到头道川与二道川之间的山梁上，在一块尚未收割的荞麦地里修筑工事，准备在此扼守。入夜，估计情况不会有变化，便留一部分人由一个连长带领，在荞麦地防守，其余都撤到二道川塔儿湾附近休整。此日，白凤翔率2个骑兵师由正面推进。敌人凭借人多势众、装备精良，气势汹汹地顺头道川奔驰而下。黄昏时，敌三师2个骑兵团进入红军包围圈，埋伏于杨城子山坡上的红军一纵队四大队约600人趁敌不备，突然发起攻击，经过两个多小时的激战，打死打伤敌军400余人，缴获战马100余匹。

10月21日4时半，毛泽东同志登上洛河以西的平台山（今胜利山），来到设在一株杜梨树下的指挥所，召开部分干部会议，再次强调打好这一仗的重大意义。会后对警卫员说："现在休息休息，枪声响得激烈时不要叫我，到打冷枪的时候再叫我。"7时左右，一纵队二大队在二道川塔儿湾首先对敌三十五师骑兵团发起攻击，敌军大乱，敌团长马培清随即把兵力撤到二道川与头道川之间的山梁上，窥视方向，准备逃跑。当逃窜未及10里时，又遭到红军一纵队主力的伏击，敌警戒连瓦解。这时战斗全面打响，红军左右两翼配合作战，截住白凤翔第六师的1个骑兵团，将其全部缴械，其余被我击溃。白凤翔率残部掉头逃命，红军追击50余里。敌马培清的骑兵团亦被红军在山梁上打得七零八落，残部向元城子方向逃窜。在齐桥，又遭到埋伏在三道川的一纵队二大队的伏击，被歼50余人，被缴战马20余匹。

从7时整个战斗打响，到9时多结束，全歼敌三师的2个骑兵团、敌六师的1个骑兵团，击溃敌六师的2个骑兵团和敌三十五师马培清骑兵团，总计打死打伤600余人，俘虏1 000余人，缴获战马1 600余匹，另外还有迫击炮、重机枪数十门（挺）。毛泽东在视察阵地时风趣地说："步兵追骑兵，这是个创举啊！"至此，红军切断了长征中一直甩不掉的"尾巴"，结束了长征中的最后一仗，完成了战略大转移。

吴起镇一役，红军共牺牲200余人，其中有一纵队二大队大队长李英华同志。这些牺牲的指战员，一部分葬在今天的胜利山上，一部分葬在杨城子，一部分葬在刘坪。

3. 外国人对吴起镇战斗的评述

吴起镇战斗是中央红军在长征中的最后一仗。这场战斗的胜利，标志着国民党对红军围追堵截的破产，也向世人宣示了中央红军两万五千里长征的胜利结束，从而完成了艰苦卓绝的战略转移任务，开启了中国革命的新篇章。在此后召开的政治局会议上，确定了党和红军今后的战略任务是建设西北苏区，领导全国革命。从此，党和红军在陕甘晋宁地区广大人民群众的大力支持下，开始了开创中国革命和革命战争新局面的伟大斗争。

杨炳章在《从革命到政治：长征与毛泽东的崛起》中，简略地评述了这次战斗及其意义——切掉了一直尾随的敌人，他写道："共产党人发动了一次挫败马鸿逵一个骑兵团的袭击战，并一路追敌，他们的口号是'不给苏区带来尾巴'。"[1] 埃德加·斯诺在《西行漫记》中评价道："红军现在到了甘肃边境。前面仍有几场战斗，任何一仗如果打败，都可能是决定性的失败。在甘肃南部部署了更多南京、东北、回民军队要拦阻他们，但是他们还是闯过了这些障碍，在这过程中还俘获了回民骑兵的几百匹马，原来一般都认为这些骑兵能一举把他们消灭掉的。"[2]

中央红军长征的胜利，标志着蒋介石企图消灭中共中央和中央红军计划的失败，充分显示了中国无产阶级革命事业具有无比强大的生命力，证明了中国共产党领导下的人民军队是不可战胜的。这是以毛泽东为代表的中共中央正确领导的结果，是中央红军广大指战员前仆后继、英勇奋战的结果。亚历山大·潘佐夫在《毛泽东传》中记述道："政治局在吴起镇召开了一次会议。在会上，毛宣布长征结束了。"[3]

---

[1] 杨炳章著，《从革命到政治：长征与毛泽东的崛起》，郭伟译，中国人民大学出版社，2013。
[2] 埃德加·斯诺著，《西行漫记》，董乐山译，东方出版社，2005。
[3] 亚历山大·潘佐夫著，《毛泽东传（上）》，卿文辉等译，中国人民大学出版社，2015。

三、运筹决策定乾坤
——长征中的重要会议

党中央在长征途中先后召开的32次重要会议，是坚持党的实事求是思想路线的光辉实践。从这些会议中，我们不仅能看到长征历程的艰险、敌人处心积虑的图谋、党内争论的激烈，同时也能看到以毛泽东为代表的中国共产党人实事求是、独立自主地解决中国革命重大问题的能力，闪烁着的真理和智慧的光辉。可以说，长征中的重要会议，是中国共产党实施正确领导、做出重大决策的需要，也是统一思想、统一行动、凝聚意志和力量的需要。历史证明，正是这些会议将红军长征引向了胜利。长征途中召开的重要会议，逐步确立和巩固了毛泽东在党和红军中的领导地位，制定和完善了红军正确的战略方针，为党和红军战胜分裂、巩固团结奠定了坚实基础，是党的实事求是思想路线的光辉实践。在此我们选取了长征途中生死攸关的五次会议，从会议背景、经过及主要内容和历史地位三个方面进行叙述，并穿插外国学者、作家、记者的评述，从一个崭新的视角透视会议的历史价值。

（一）黎平会议：确认毛泽东转兵贵州的战略决策

1. 黎平会议召开的历史背景

1934年12月1日结束的湘江战役，红军损失巨大，至当日17时，中央机关和红军大部队终于拼死渡过了湘江。红军虽然突破了第四道封锁线，但付出了巨大的代价，中央红军和军委纵队已由出发时的8.6万多人锐减到3万余人。血的事实宣告了"左"倾军事路线的彻底破产，使广大红军指战员对王明路线的怀疑、不满以及积极要求改变中央和红军领导的情绪达到了顶点。

12月11日，中央红军占领湖南通道县城。12日，中革军委临时决定在这里召开紧急会议，与会者有：博古、周恩来、张闻天、毛泽东、王稼祥和李德。会议着重讨论红军战略转移的前进方向问题。李德、博古认为，依靠二军团的根据地，再加上贺龙和萧克的部队，就可以在广阔的区域向敌人进攻，并在湘黔川三省交界的三角地带创建一大片苏区。毛泽东极力说服博古等人，建议放弃与红二、六军团会合的原定计划，改向敌人力量薄弱的贵州前进。他说："应该放弃在长江以南同二军团一起建立苏区的意图，向四川进军，去和四军团（即红四方面军）会师。"张闻天、王稼祥、周恩来等大多数人赞同毛泽东的正确主张。但李德、博古仍坚持与红二、六军团会合的原定计划。这次会议虽然通过了毛泽东的建议，但由于中央领导层意见不统一，未能对战略转移的大方向作出决定。

会后，中革军委于当日19时半下达了"万万火急"的《我军明十三号继续西进的部署》，仍按李德、博古的意见行事，电令红一军团第二师及红九军团向黎平方向前进，"相机进占黎平"。同时寻机北上，与红二、六军团会合。野战军司令部在13日《我军进入贵州动作的部署指示》中指出："我军以迅速脱离桂敌，西入贵州，寻求机动，以便转入北上。"14日，野战军司令部在给红二、六军团的指示中重申："我西方野战军已西入黔境，在继续西进中，寻求机动，以便北上。"要求活动于常德一带的红二、六军团，策应中央红军北上。

当中央红军进入贵州黎平后，此时的红二、六军团利用湘桂两省敌军参加围堵中央红军的有利时机，连连向湘西地区发动攻势，歼灭和击溃敌四个旅，初步建成了湘鄂川黔苏区。可是，这时的红二、六军团总兵力只有1万余人，况且蒋介石当局已经判明中央红军欲与红二、六军团会师的企图，在中央红军通往湘西的路上布下了一个足可吞噬红军的口袋。国民党"追剿"军薛岳、周浑元、吴奇伟部在通往湘西的路上修筑好了工事，正张网以待。东面则有湘军何键、刘建绪集团，南面是国民党桂系集团，三面合围而来，形同拉网捕鱼之势。通道紧急会议虽然暂时同意了毛泽东转兵贵州的主张，但李德、博古根本不顾实际，抱着僵化的"左"倾教条主义模式，一味墨守成规，即便进入黎平，仍然没有放弃同红二、六军团会合的计划。行进中安排红九军团占领贵州锦屏、龙里一线，就是欲继续往湘西，显然，通道会议虽然成功地转兵贵州，但只是在行军路线上做了一些变通,没有从政治策略上、组织上、军事战略上做出根本性的转变。在这种情况下,1934年12月18日,中共中央在黎平召开了政治局会议,又称黎平会议。

2. 黎平会议召开的经过及主要内容

1934年12月18日,在黎平城中二郎坡胡荣顺店铺,中共中央召开了自长征以来的首次政治局会议。出席会议的政治局委员有:博古(政治局委员、党中央总负责人)、周恩来(政治局委员、中革军委副主席、红军总政委)、朱德(政治局委员、中革军委主席、红军总司令)、毛泽东(政治局委员、中革军委委员、中华苏维埃共和国中央政府主席)、张闻天(政治局委员、中华苏维埃共和国中央政府人民委员会主席)、王稼祥(政治局候补委员、中革军委副主席、红军总政治部主任),共计6人。李德因疟疾病发,没有参加。① 会议由周恩来主持,议题是集中讨论中央红军进军的战略方向问题。黎平会议就中央红军进军的战略方向问题的争论十分激烈。

会议一开始,博古就首先代表他和李德发言。他认为进兵湘西同红二、六军团会合,是共产国际同意的,不能越雷池一步,即便现在转兵贵州,也应该从黔东南一带向湘西进发。博古发言完毕后,毛泽东发言,他苦口婆心地阐述了自己的主张,提出了与博古、李德截然相反的意见,坚决主张放弃进兵湘西的原定计划。他认为中央红军当务之急是改向黔北进军,在以遵义为中心的川黔边地区创建新的根据地。博古固执己见,与毛泽东发生了激烈的争论,王稼祥、张闻天、朱德、周恩来都赞同毛泽东的主张,大家纷纷表态发言,痛陈湘江失利带来的恶果,指出进兵湘西是没有希望和出路的。同时,他们对第五次反"围剿"以来的军事路线进行了尖锐的批评。王稼祥甚至动了怒,与博古唇枪舌剑争论起来,毫不妥协。最后,周恩来依然采取民主表决的方式,结果与会者大多同意毛泽东的主张。会议接受了毛泽东的意见并通过了《中央政治局关于战略方针之决定》。

该决定全文约500字,但字字珠玑、力透纸背,指出:"鉴于目前所形

---

① 关于黎平会议的参加人员尚无确切资料,存在争议,此仅为一种说法。

成之情况，政治局认为过去在湘西创立新的苏维埃根据地的决定在目前已经是不可能的，并且是不适宜的。……政治局认为新的根据地区，应该是川黔边地区，在最初应以遵义为中心之地区，在不利的条件下应该转移至遵义西北地区，但政治局认为深入黔西、黔西南及云南地区，对我们是不利的。我们必须用全力争取实现自己的战略决定。"决定还指出："在向遵义方向前进时，野战军之动作应坚决消灭阻拦我之黔敌部队。对蒋、湘、桂诸敌，应力争避免大的战斗，但在前进路线上与上述诸敌部队遭遇时，则应打击之，以保证我向指定地区前进。"决定最后说："为着保证这个战略决定之执行，必须反对对于自己力量估计不足之悲观失望的失败情绪，及增长着的游击主义的危险。"会议还决定在适当的时候召开政治局扩大会议，以便审查黎平会议的决定和总结第五次反"围剿"以及长征以来军事指挥上的经验教训。

黎平会议纪念馆

值得指出的是，周恩来在黎平会议上的态度是至关重要的。自湘江战役后，周恩来在实际上已经具体负责军事指挥和政治局的协调工作。他是会议的主持者，又是一位十分关键的人物，如果没有他的认识转变，黎平会议不可能取得成功。正如他后来回忆所说："从湘桂黔交界处，毛主席、稼祥、洛甫即批评军事路线，一路开会争论。从老山界到黎平，在黎平争论尤其激烈。这时李德主张折入黔东。这也是非常错误的，是要陷入蒋介石的罗网的。毛主席主张到川黔边建立川黔根据地。我决定采取毛主席的意见，循二方面军原路西进渡乌江北上。李德因争论失败大怒。此后，我与李德的关系也逐渐疏远。我对军事错误开始有些认识。军事指挥与以前也不同，接受毛主席的意见，对前方只指出大方向，使能机动。"

在黎平政治局会议上，周恩来以会议主持人的身份否定了李德、博古的错误主张，坚决支持毛泽东的意见，并且以政治局会议决定的形式采纳了毛泽东的主张，可以说是投出了具有决定意义的一票。也正是周恩来主持的黎平会议作出的决定，为召开遵义会议铺平了道路。

不过，黎平会议召开时，由于敌情紧迫，只解决了中央红军的战略进军路线问题，组织问题没有来得及解决。因此，黎平会议便决定在适当时候召开政治局扩大会议，以便审查黎平会议的决定和总结第五次反"围剿"以及长征以来军事指挥上的经验教训。会后，中央书记处立即转发了中央政治局这一新的决定，并要求各军团首长将中央的决定传达到师以上干部。为执行新的战略方针，会议次日，中央红军还进行了部队整编：撤销红八军团，余部并入红五军团；军委一、二纵队合并为军委纵队，由刘伯承任司令员、陈云任政治委员、叶剑英任副司令员。12月19日，中革军委根据黎平会议的决定作出了《军委为执行黎平会议决议作出的行动部署》，即将中央红军分为左、中、右三路军向以遵义为中心的黔北地区前进。

3. 外国人对黎平会议的评述

作为通道会议的延续，黎平会议是中国革命伟大转折的开始，是红军走向胜利的起点。它肯定了毛泽东的正确意见，校正了中央红军前进的方向。作为长征以来的首次党内最高级别的会议，黎平会议作出的决定至关重要，决定着中央红军的命运和未来。会议通过的"决定"首次以中央政治局的名义，从形式上否定了博古、李德顽固坚持的错误军事路线，结束了自1932年宁都会议以来毛泽东在中央领导层受排斥的状况，开始形成了中央绝大多数领导人支持、拥护他的正确主张的局面，从而为遵义会议确定毛泽东的领导地位奠定了坚实的基础。同时，这次会议还是中国共产党独立自主地解决自己重大问题的尝试。

英国历史学者迪克·威尔逊在《周恩来传》中说道："李德一心想迅速

渡江，而毛泽东想同地方国民党交战。在贵州黎平，他们就是否改变方向，向北进军，并趁身后的国民党部队不备之际溜走，展开了争论。毛泽东断然反对这一提议。他坚决主张继续向西，深入贵州境内，那里的国民党部队防备稍弱一些。"① 杨炳章在《遵义会议：毛泽东的崛起》中说，黎平会议的总气氛是可以肯定的，会议由临时中央政治局召集，张闻天起到了积极的作用。会议上李德的建议被否决时，毛泽东的反对意见被接受了。他认为，会议的重大意义还在于决定了尽快召开一次政治局扩大会议，制定一个关于第五次战役和长征军事指挥的总战略。② 日本作家竹内实也在他的著作中说道："似乎可以说，毛泽东的领导地位在决定红军中央纵队改变路线，即不与第二方面军会合而进入国民党势力薄弱的贵州省的时候已见端倪，转向贵州就是毛泽东的主张。在占领贵州的黎平之后，中央政治局决定今后要采取进攻贵州的路线。"③ 美国著名作家、记者哈里森·索尔兹伯里在谈到黎平会议时说道："黎平会议结束了，会议做出的简明扼要的决议得到了贯彻。没有迹象表明李德意识到他指挥中国革命军队的日子从此宣告结束，除非他有了什么疾病，可以得到某种心灵上的暗示，他所担心的事情正在发生。毛泽东也未必意识到他当时已赢得了中国革命的领导权，而且后来便一直掌权，直至他生命的最后时刻。"④

由于黎平会议是政治局会议，许多军团的主要负责人都没有参加，但他们接到政治局的决定和中革军委根据政治局的决定下达的命令后，无不称快。黎平会议是中国共产党不顾共产国际军事顾问李德的干预，第一次独立自主地解决党和红军的战略方针问题的会议。它初步批判了"左"倾教条主义军事错误，使毛泽东的正确主张逐步为全党全军接受，党的集体领导原则和民主集中制原则开始得到恢复；它从政治上、思想上、组织上、军事上为遵义会议的召开，奠定了重要基础。它是伟大转折的起点。可以说，没有黎平会议，就不会有遵义会议。如果说遵义会议是中国共产党历史上生死攸关的转折点，那么，黎平会议就是这个伟大转折的开始。

---

① 迪克·威尔逊著，《周恩来传》，封长虹译，解放军出版社，1989。
② 杨炳章著，《遵义会议：毛泽东的崛起》，见《长征大事典（下卷）》，姜思毅主编，贵州人民出版社，1996。
③ 竹内实著，《毛泽东的诗词、人生和思想》，张会才等译，中国人民大学出版社，2005。
④ 哈里森·索尔兹伯里著，《长征——前所未闻的故事》，过家鼎等译，解放军出版社，2008。

（二）猴场会议：解除李德的军事决策权和指挥权

1. 猴场会议召开的历史背景

黎平会议通过了《中央政治局关于战略方针之决定》，放弃与红二、六军团会合的原定计划，确定了中央红军向黔北进军的正确战略方针。会后，中央红军和军委纵队进行了整编，中革军委主席朱德、副主席周恩来即于1934年12月19日发出了《关于军委执行中央政治局决议之通电》，将中央红军分为左、中、右路军，经黔东南向黔北挺进，连克锦屏、天柱、施秉、瓮安、黄平等七座县城。

12月20日，军委纵队到达黄平，在一片挂满了红玛瑙般的橘林里，躺在担架上的张闻天、王稼祥让担架停了下来，两人头靠头地躺着说话。王稼祥问张闻天："我们这次转移的目标究竟定在什么地方？"张闻天忧心忡忡地说："唉！也没有个目标。这个仗看来这样打下去可不行。"王稼祥若有所思地沉默了。良久，张闻天又说："老毛（指毛泽东）这个人打仗有办法，比我们有办法，我们是领导不了啦，还是要毛泽东同志出来。"当天晚上，王稼祥就将张闻天这两句话先打电话告知了彭德怀，然后又告诉了毛泽东。几个人相互一传，其他的领导与高级将领大多深有同感，大家都说应该开个会，让毛泽东出来指挥。这就是著名的黄平"橘林谈话"。这充分说明中央红军高层已经对毛泽东出来领导红军有着热切的盼望了，也有了很好的群众基础。

中央红军进入贵州，大大出乎蒋介石的意料，他原定在湘西对红军张网以待的作战计划宣告破产。他得知红军向乌江南岸前进，便急忙改变兵力部署，出动了31万兵力重新对中央红军进行围追堵截：命湘军陈光中师和赵梦炎旅由贵州黎平进驻剑河，湘军王东原师进驻贵州锦屏、江口、沿河一带，湘军章亮基、陶广两个师向沅渡疾进，李云杰师向会同疾进；命国民党中央军薛岳兵团吴奇伟纵队4个师、周浑元2个纵队4个师尾追红军至镇远、施秉、黄平穗一带；命桂系军阀廖磊1个军进驻都匀、榕江、独山一带；命川军廖泽旅入遵义地区的松坎驻扎；同时，命黔军王家烈、犹国才4个师集结于贵州平越（今福泉）、马场坪、重安江等地阻截，黔军6个团防守乌江以北从老君关渡以东至岩门渡以西百余里的十几个渡口，以图阻止红军"赤化黔北",还沿江烧毁民房和船只,决心围堵红军于乌江南岸地区。博古、李德置中央政治局黎平会议决议于不顾,仍顽固地坚持东进黔东、再入湘西的计划,提出召开政治局会议重新研究,一路上争吵不休,并散布"到了乌江南岸,红军就该拐弯了,应当沿着打前站的六军团的路线前进"等言论,企图分散红军主力,沿乌江右岸边打游击边去湘西,实现与红二、六军团会合的计划。

张闻天

王稼祥

他们的行为引起部队思想混乱,毛泽东意识到问题的严重性,如不解决,将直接影响即将进行的乌江战役。另一方面,十余天来,中央领导层一直对最终的战略方针争论不休,博古、李德有召开会议的想法,毛泽东、王稼祥、张闻天等也同样想召开会议,解决红军的战略方针问题。不少高级将领与领导人则希望尽快召开一次会议,恢复毛泽东对红军的领导权。12月31日,红军野战司令部到达瓮安县猴场,中央决定在猴场召开政治局会议。

2. 猴场会议召开的经过及主要内容

军委纵队到达贵州瓮安县猴场已是12月31日下午。中共中央与中革军委领导人大多住在猴场西1公里的宋家大院。1934年12月31日下午5时左右至1935年1月1日凌晨,党中央就在中央领导人临时宿营的宋家大院召开了政治局会议,史称猴场会议。参加会议的有毛泽东、周恩来、朱德、张闻天、王稼祥、李富春、博古、李德、伍修权（翻译），周恩来主持会议。会议的议题是：讨论博古、李德提出的意见。

就像通道会议、黎平会议一样，会议争论得十分激烈。博古首先发言，依旧老调重弹，提出要红军"一是不过乌江"在南岸打游击，"二是回头与红二、六军团会合"。他发言完毕后，毛泽东发言指出，"不能走回头路"，去湘西与红二、六军团会合是行不通的，重申应该尊重和执行黎平会议做出的中央政治局决议，中央红军主力应该在川黔边地区以遵义地区为中心建立新的根据地。随后，王稼祥、张闻天、朱德、李富春相继发言，全力支持毛泽东的主张。当李德通过翻译伍修权得知大家几乎是一边倒地支持毛泽东的意见后，他暴跳起来，甩掉了披在身上的大衣，咆哮道："现在必须回头东进湘西，这是得到共产国际同意的，决不能更改。"① 李德坚决反对过乌江建立新的根据地。毛泽东反问他，共产国际已经与我们失去了这么久的联系，事物都是发展变化的，第五次反"围剿"的失败、湘江战役的失利就是打的"神仙仗""糊涂仗"，目前，国民党蒋介石在通往湘西的路上布下了口袋阵等着红军去钻，"怎么能听天书呢"？持续了近十个小时的会议，就是这样一直在激烈的争论。随着其他与会领导人众口一词地对毛泽东的正确意见表示支持，博古显得心余力绌，坐在一旁耷拉着头默然无语，李德越来越理屈词穷。最终会议再次否定了李德等人回头东进与红二、六军团会合的错误主张，作出《中央政治局关于渡江后新的行动方针的决定》，重申了黎平会议精神，坚持在川黔边建立新苏区，完成了红军战略方向的转移；强调加强政治局对作战方针的领导，基本上结束了"左"倾教条主义领导者的军事指挥权；确立了转入反攻、消灭敌人主力的指导思想，使作战方针由消极防御、消极避战转为积极作战、积极防御；要求有计划、有步骤地进行赤化，积极开展政治宣传，武装群众，建立政权，扩大红军，瓦解敌军，传播革命火种。

由于红军必须通过乌江，跨进黎平政治局会议所确定的新苏区根据地的遵义地带，因此，中央政治局为了明确红军在渡过乌江以后的行动方针，作出了《关于野战军过乌江以后的行动方针的决定》，其内容如下：

---

① 李世明著，《历史的决策》，国防大学出版社，2012。

①立刻准备在川黔边广大地区内转入反攻,"主要的是和蒋介石主力部队(如薛岳的第二兵团或其他部队)作战,首先消灭他的一部,来彻底粉碎五次'围剿',建立川黔边新苏区根据地。首先占领以遵义为中心的黔北地区,然后向川南发展,是目前最中心的任务"。②必须在"创造川黔边新苏区根据地""彻底粉碎敌人五次'围剿'""消灭蒋介石的主力部队"的基本口号之下,在全体红军指战员中间进行广泛的深入的宣传鼓动,最大限度地提高他们的战斗情绪,鼓舞他们作战的意志与胜利的信心。新苏区根据地只有在艰苦的残酷的胜利的战斗中才能创立起来,反对一切逃跑的倾向与偷安休息的情绪。③"不论蒋介石的'追剿'部队向我们迅速追击还是推迟时日,都必须尽量利用我们所争取到的时间,使部队得到短期的休息,并进行整顿补充的工作。"应特别加强在连队中的政治工作,在充实战斗连的原则之下,应缩编部队,军委纵队必须继续缩小,以适应新的作战环境。④同样在这一时间内,"必须有计划与有步骤地开始我们的赤化工作",争取广大群众到苏维埃的旗帜之下,坚决消灭当地贵州军队与地主武装,武装当地群众,扩大红军,搜集资材,建立政权,"扩大我们的活动地区"。为达到这一目的,"可以适当地使用我们的部队",但以不违背基本作战方针为原则。⑤在目前转入反攻已具有取得胜利的有利条件这种形势之下,军委必须特别注意敌情的分析研究、道路敌情的侦察,抓住反攻的有利时机,并不失时机地求得在运动战中各个击破敌人,来有把握地取得胜利。关于作战方针,以及作战时间与地点的选择,军委必须在政治局会议上作报告。⑥责成书记处与军委保持同红二、六军团与四方面军的密切通信联络,"加强对他们在政治上与军事上的领导,使他们以积极的行动来配合我们的反攻"。

政治局认为这一反攻的彻底胜利,五次"围剿"的最后粉碎,与川黔边苏区的建立,对于胜利地粉碎蒋介石正在部署的对于中央红军、红四方面军与红二、六军团的新的"围剿"计划,有极端重要的意义。因此,政治局号召全党同志为坚决实现这一决定而斗争。

猴场会议会址

3. 外国人对猴场会议的评述

猴场会议是继黎平会议之后,中共中央政治局召开的又一次重要会议。但是长期以来,猴场会议没有被提到应有的历史地位而加以研究和宣传。随着研究者对长征意义不断深入挖掘,对猴场会议的历史价值逐渐有了恰当的评价:首先,限制了共产国际军事顾问李德对党和红军的决策权和指挥权,公开反对洋顾问李德凌驾于党中央集体领导之上、我行我素、独断专行的恶劣作风,恢复了党的民主集中制原则,这就为恢复以毛泽东为代表的正确路线扫清了障碍,为遵义会议的成功召开奠定了基础。其次,重申了黎平会议的决定。决定强调指出:中央红军渡过乌江后,"主要的是和蒋介石主力部队(如薛岳的第二兵团或其他部队)作战,首先消灭他的一部,来彻底粉碎五次'围剿',建立川黔边新苏区根据地。首先占领以遵义为中心的黔北地区,然后向川南发展,是目前最中心的任务"。最后,会议强调加强对红二、六军团和红四方面军的领导,使红军内部的团结力、凝聚力进一步增强,为以后全国各地红军正确执行中央的战略方针奠定了基础。

杨炳章在他的《从革命到政治:长征与毛泽东的崛起》一书中也指出:"在前线工程队建造浮桥,其他部队正在欢庆新年时,共产党的领导人在猴场召开了政治局会议。猴场会议的决议重申在川黔边界地区建立新的苏维埃根据地的计划,指出:'首先占领以遵义为中心的黔北地区,然后向川南发展，是目前最中心的任务。'"他还指出："猴场会议决议的另一段提到：关于作战方针，以及作战时间与地点的选择，军委将在即将召开的政治局会议上作报告。这里有两点值得特别注意：共产党在进入遵义前就已决定要召开关于军事问题的政治局会议；中央的现任领导人显然更愿意讨论目前的军事任务，而不是总结过去的军事教训，更不用说追究谁来承担责任了。"①韩素音在她的《早晨的洪流——毛泽东与中国革命》中也提到了这次会议的影响："新的权力中心正在形成，指挥员们围绕在新太阳毛的周围，而共产国际的专家则被悄悄地拒之门外。"②

（三）遵义会议：生死攸关的伟大转折

1. 遵义会议召开的历史背景

猴场会议结束之后，中革军委决定强渡乌江，向黔北遵义进发。1935年1月1日，中革军委主席朱德下达了突破乌江的作战命令。当时，乌江以北及江防全线是由贵州军阀王家烈、侯之担部负责。侯部在乌江严密布防，各渡口都修筑了防御工事，渡口南岸的民房一律烧毁，船只一律破坏。在布防完毕后，王家烈信誓旦旦地报告蒋介石，一定能在乌江南岸聚歼红军。他还到处狂妄宣称：红军疲惫之师，必难飞渡乌江。王家烈言犹在耳，红军却如神兵天降，于1935年1月1日，兵分三路纵队直插乌江南岸。从西起镇南关，东至回龙场约200里的地段上发起了强渡乌江的战斗。

渡过乌江后，红军于1935年1月6日直指遵义城。遵义北靠娄山、南临乌江，又能控制贵阳到重庆的交通要道。城市分为老城、新城两部分，人口约5万人，驻守遵义的是侯之担的教导师，师部设在遵义城内。担任攻占遵义任务的是红二师六团，由军委总参谋长刘伯承同志亲自率领。红军于1935年1月7日凌晨攻占了遵义城。从此，遵义这座古老的城市便与中国革命紧紧地联结在一起，放射出灿烂的光辉。

中央红军进驻遵义城后，积极发动群众，建立革命政权，扩大补充红

---

① 杨炳章著，《从革命到政治：长征与毛泽东的崛起》，郭伟译，中国人民大学出版社，2013。
② 韩素音著，《早晨的洪流——毛泽东与中国革命》，韦文朔、齐力译，北京出版社，1979。

军。这样,红军在遵义得到了休整,也有了时间来完成黎平会议、猴场会议作出的召开中央政治局扩大会议的决定。此时,中央红军转兵贵州、攻占遵义,只是暂时甩开了原来尾追和堵截的敌军,红军面临的形势仍然十分严峻,所处环境仍然十分险恶。这时,中央红军只剩下3万多兵力,经过跋山涉水,部队非常疲惫,加上失去了原有的革命根据地做依托,部队的物资和装备供应十分困难。更严重的是占据党和红军领导地位的博古、李德仍然坚持"左"倾教条主义的错误路线,面对国民党军队的围追堵截,他们存在孤注一掷的拼命主义倾向和悲观失望、丧失信心的低沉情绪,不顾形势的变化,仍然坚持要去湘西与红二、六军团会合。因此,如果党中央不彻底解决军事路线问题,中央红军仍有陷入全军覆没险境的可能性。所以,摆在党和红军面前的首要任务,就是坚决纠正和克服"左"倾教条主义的错误路线,确立以毛泽东为代表的马列主义正确路线在党和红军中的领导地位。军事问题是当时亟待解决的首要问题,军事问题不解决,直接威胁到党和红军的生存和发展。

召开政治局会议已是大势所趋、人心所向,但在党中央负总责的博古却认为问题已经解决,没有再开会的必要。最后,在生死攸关的严峻形势下,政治局大多数委员要求在遵义召开政治局扩大会议,除政治局成员外,扩大到红军总部和各军团主要首长参加。中央采纳了这一意见,决定召开一次政治局扩大会议。

2. 遵义会议召开的经过及主要内容

1935年1月15—17日,中央政治局扩大会议在遵义老城红军总司令部驻地举行。参加会议的人员有:中央政治局委员毛泽东、朱德、陈云、周恩来、张闻天(洛甫)、博古(秦邦宪);中央政治局候补委员王稼祥、邓发、刘少奇、凯丰(何克全);红军总部和各军团负责人刘伯承、李富春、林彪、聂荣臻、彭德怀、杨尚昆、李卓然;还有党中央秘书长邓小平,共产国际军事顾问李德及翻译伍修权列席了会议。会议的主题是审议黎平会议的决定,总结第五次反"围剿"和中央红军长征以来在军事指挥上的经验教训。

会议由博古主持,首先博古代表党中央作了关于第五次反"围剿"的总结报告。博古在报告中,总结了第五次反"围剿"失败的原因,认为是国民党反动派军事力量过于强大等客观原因造成的。随后，周恩来作了关于军事问题的副报告。在副报告中，周恩来认为第五次反"围剿"失败的主要原因是在军事领导上犯了单纯防御的路线错误。不仅如此，周恩来还主动作了自我批评。会上，周恩来勇于承担责任并作出自我批评的态度与博古企图推脱责任并为自己辩护的态度形成了鲜明的对比，大家对周恩来的副报告持欢迎态度，而对博古的报告及态度很反感。

在会上，张闻天根据毛泽东、王稼祥的意见，作了批评"左"倾军事路线的"反报告"。然后，毛泽东作了重要发言。毛泽东讲了一个多小时，主要是说当前首先要解决军事问题，批判了"左"倾教条主义的消极防御方针及其在各方面的表现，如防御时的保守主义、进攻时的冒险主义和转移时的逃跑主义。毛泽东还尖锐批评了李德的错误指挥：只知道纸上谈兵，不考虑战士要走路、要吃饭、要睡觉，也不问走的是山地、平原还是河道，只知道在地图上一画，限定时间打，当然就打不好。毛泽东在发言中，用第一、二、三、四次反"围剿"胜利的事实，批驳了用敌强我弱客观原因为第五次反"围剿"失败辩护的错误观点，并指出：正是在军事上执行了"左"倾教条主义的错误主张，才导致了第五次反"围剿"的失败，也造成了红军在长征中的重大牺牲。由于毛泽东的发言反映了大家共同的想法和正确意见，因而受到了与会绝大多数同志的热烈拥护。除毛泽东作重要发言外，张闻天、王稼祥、朱德、彭德怀、聂荣臻等同志都作了发言。朱德历来谦逊稳重，在这次发言时，却严厉地批评中央领导的错误：弄得丢了根据地，牺牲了多少人命！他还说，如果继续这样的领导，我们就不能再跟着走下去了。周恩来在发言中也坚决支持毛泽东对"左"倾错误的批评，全力推举毛泽东出来参与全党全军的领导工作。他的发言和建议得到绝大多数同志的积极支持。博古后来在会上作了检讨，但并没有彻底承认错误。会议直接批评的是博古，而批评博古实际上就是批评李德。李德因为是列席会议，没有正式座位，坐在了会议室的门口，别人发言时他一边听，一边不停地抽烟，垂头丧气的，情绪十分低落。李德也曾为自己的错误进行辩护，把责任都推到客观原因和别人身上，不过，他实际上已经理不直气不壮了。

根据陈云同志的手稿所记，会议作出了下列决定："（一）毛泽东同志选为常委；（二）指定洛甫同志起草决议，委托常委审查后，发到支部中去讨论;(三)常委中再进行分工;(四)取消'三人团',仍由最高军事首长朱、周为军事指挥者,而周恩来同志是党内委托的对于指挥军事上下最后决心的负责者。"《中共中央关于反对敌人五次"围剿"的总结的决议》(即《遵义会议决议》)是这次会议的一个最重要的成果。《遵义会议决议》的主要内容包括以下几个方面:一是批评了博古关于第五次反"围剿"总结报告的主要错误观点,批评了博古、李德单纯防御的军事路线及其在军事指挥上的错误;二是批评了博古、李德在实行战略转变与实行突围问题上所犯的原则错误,阐述了在这个问题上应采取的正确的战略转变方针和实行正确的突围作战方针;三是尖锐批评了博古、李德处理一切、指挥一切、取消军委集体领导、包办军委一切工作的极端恶劣的领导方式,提出纠正这些错误的原则,强调要改变军委的领导方式,恢复军委的集体领导,加强书记处和政治局对军委的领导;四是提出了党和红军当前的主要任务是进行广泛的游击战争,战胜川、滇、黔、蒋军等问题,强调了中央红军同红二、六军团以及红四方面军的协同作战。最后,号召全党同志以布尔什维克的坚定性,反对一切惊慌失措、悲观失望的右倾机会主义,反对单纯防御的错误路线;要团结在党中央的周围,为党中央的总路线奋斗到底,去迎接光辉的胜利。

《遵义会议决议》是标志着党的历史上一个重要的伟大历史性转折的决议,是一份极其重要的文献,它论证了以毛泽东为代表的经过实践检验是行之有效的反映中国国内革命战争规律和特点的马列主义的正确军事路线,批判了违背中国国内革命战争规律和特点的错误军事路线,这对全党全军纠正错误思想、统一认识、树立正确思想,从而加强团结、打破敌人的"围剿"并夺取中国革命的胜利,起到了极其重要的作用。

3. 外国人对遵义会议的评述

《遵义会议决议》是分期分批向部队传达的。1935年2月10日,张闻天在扎西向军委纵队营、科以上干部传达;陈云是在2月16日准备二渡赤水时,在白沙向部队传达的;毛泽东是在2月18日晚上向红一军团直属队排以上干部传达的;3月4日,毛泽东还在遵义天主教堂向驻遵义连以上干部作了报告,传达遵义会议精神;3月17日,红九军团政治部主任黄火青在平家寨向连以上干部传达遵义会议精神。

遵义会议会址

参加遵义会议的 20 人（雕塑）

遵义会议是中国共产党历史上独立自主地运用马克思列宁主义的基本原理，解决中国革命和革命战争的重大问题的重要会议。这是中国共产党在政治上成熟的重要标志。会议结束了以王明为代表的"左"倾教条主义在中共中央长达四年之久的统治，开始确立了毛泽东在党中央和红军中的领导地位，使中国共产党重新走上了马克思主义的正确轨道，从而在最危急的关头，挽救了党，挽救了红军，挽救了中国革命，并为后来战胜张国焘的右倾分裂主义、胜利完成长征、开创中国革命新局面奠定了最重要的基础。

对于遵义会议，国外的研究者也是经历一个从未知到了解再到深入研究的漫长过程的。例如，斯诺在他的《西行漫记》一书当中就没有提及遵义会议。后来，遵义会议的价值和历史地位逐渐被挖掘出来，对于遵义会议的细节也有很多探讨和争议。索尔兹伯里曾这样描述遵义会议："从某种意义说，这20个人在这里开会，是为了正式确定长征的领导和方向的彻底改变，从更深远的意义上说，则是中国共产主义革命运动的领导和方向的彻底改变。后来很多人都说，这是整个中国革命史上最重大的一个事件。"[1]但是，关于遵义会议都有哪些人参加，国外有的学者并不清楚。1984年3月4日，中共中央的党史学家公布了一份珍贵的资料——遵义会议备忘录，这样，很多模糊不清的认识得到了澄清。关于邓小平是否参加遵义会议的问题也引起了国外学者的关注。邓小平是红军报纸《红星报》的编辑，而且刚刚被任命为党中央秘书长。"邓自己记得是出席了会议，杨尚昆将军亲自进行过一次调查。杨出席了会议，但记不得邓是否也在场。70年代初，杨曾问过周恩来总理，周说邓确实在场。后来，杨回忆起他看到邓坐在一个角落忙着记笔记……""遵义会议改变了邓小平的低级地位。他从政治上的底层上升到参与毛泽东的高层梯队。"[2]

遵义会议的召开不像西方学者所推测的那样是匆匆忙忙举行的，恰恰相反，遵义会议是经充分酝酿召开的，是中国共产党历史上生死攸关的转折点。遵义会议把战争问题放在首位，集中全力解决当时最紧迫的、关系到中国共产党和红军生死存亡的军事问题和组织问题。

从黎平会议开始，经过猴场会议、遵义会议，中共中央不仅从政治路线、军事路线上，而且从组织路线上，都发生了根本性的转变。促成这一根本转变的关键人物，当然是毛泽东。杨炳章在《遵义会议：毛泽东的崛起》中说，1935年1月15—17日在遵义召开的中央政治局扩大会议，在中国共产党的历史上确实是一个重要事件。他认为，尽管会议召开于困难的环境之下，但是应该把会议理解为一次总结和规划党的军事战略和策略的有计划的会议。因为会议上有很多争论涉及第五次反"围剿"战役失败的原因，这些争论发生在一些坚持前期军事指挥路线者与

---

[1] 哈里森·索尔兹伯里著，《长征——前所未闻的故事》，过家鼎等译，解放军出版社，2008。
[2] 哈里森·索尔兹伯里著，《长征——前所未闻的故事》，过家鼎等译，解放军出版社，2008。

占压倒多数要求改变军事路线的人之间,而不是几个人为达到自己的权力目的导演的突然的军事暴动。"遵义会议对毛泽东政治生涯的影响问题是很重要的。在会议上,毛泽东在党内军内的地位实际得到了恢复,并且他很快变成了实际领袖。会议本身恰好给毛泽东提供了他获得最高权力整个步骤的一步。会议前毛泽东不是没权力的,也不是会后就变成主导人物。许多极其特殊的条件激起了许多影响因素,而毛泽东的政治经验和能力在他整个不断提升的过程中都是促进因素。"① 索尔兹伯里指出:"由毛泽东指挥后,军队就放心了。""在离开遵义时,红军战士的体质比长征开始时好了。"② 遵义会议是"分水岭——毛泽东牢牢地掌握了领导权,而且中国共产主义运动宣布独立于莫斯科的指挥棒。在以后的二十五年里,世界并没有意识到这种独立性,但斯大林却早已把这种独立性同毛泽东的名字连在一起了。""遵义会议还标志着毛泽东和周恩来的政治大联合,从此以后,他们一辈子保持了这种伙伴关系……"③ 夏洛特·索尔兹伯里也在她的《长征日记:中国史诗》中谈到了周恩来与毛泽东在遵义会议及以后的关系:"经过几天的讨论,毛泽东的意见取得了胜利。这标志着李德和博古领导地位的结束,毛泽东擢升为共产党的领袖,这是他最终成为全中国的领袖的开端。周恩来从此效忠于毛泽东,成为他的参谋长,并终生保持了这个地位。"④ "遵义的十二天改变了长征的面貌,给这次战略转移赋予了新的政治使命:围着民族和革命的双重目的。"⑤ 韩素音评论说:"遵义会议是一个分水岭,是一个大的分界线。这次会议确立了毛泽东在全党和红军中至高无上的地位,它也是周恩来和毛泽东之间紧密结合的开端,这种结合终身未变。"⑥ 正如巴拉奇·代内什所说:"遵义会议发生的一切,只有在以后毛泽东面对岁月挑战而能成功地保持他在会上争得的领导地位时,才显出它的更大价值。"⑦

---

① 杨炳章著,《遵义会议:毛泽东的崛起》,见《毛泽东思想研究》,1989 年第 1 期。
② 哈里森·索尔兹伯里著,《长征——前所未闻的故事》,过家鼎等译,解放军出版社,2008。
③ 哈里森·索尔兹伯里著,《长征——前所未闻的故事》,过家鼎等译,解放军出版社,2008。
④ 夏洛特·索尔兹伯里著,《长征日记:中国史诗》,王之希等译,国际文化出版公司,1987。
⑤ R·特里尔著,《毛泽东传》,刘路新、高庆国等译,河北人民出版社,1989。
⑥ 韩素音著,《早晨的洪流——毛泽东与中国革命》,韦文朔、齐力译,北京出版社,1979。
⑦ 巴拉奇·代内什著,《邓小平》,阚思静、季叶译,解放军出版社,1988。

（四）两河口会议：确定北上抗日的战略方针

1. 两河口会议召开的历史背景

中央红军渡过金沙江后，在四川会理地区进行短期休整。1935年5月12日，中央政治局在会理县城附近的铁厂举行了扩大会议，讨论军事行动问题。会议决定中央红军继续北上，并对林彪等怀疑毛泽东的领导、不同意机动作战的主张进行了批评。在北上经过少数民族聚居区时，红军严格执行党的民族政策，尊重少数民族的风俗习惯，得到少数民族群众的支持和帮助。在进入大凉山彝族地区时，红军总参谋长刘伯承同彝族果基部落首领小叶丹杀鸡歃血为盟，争取到他的支持，使红军顺利地通过这个地区。5月下旬，红军强渡大渡河，飞夺泸定桥，翻越终年积雪、人迹罕至的夹金山。

红四方面军是在1935年3—4月下旬渡过嘉陵江、涪江、岷江，到达理番（今理县）、懋功一带的。红四方面军的西进部队于1935年6月8日攻克懋功。接着，以一部前出至懋功东南的达维镇。6月12日，中央红军先头部队在北进达维途中，同红四方面军一部胜利会师。18日，中共中央、中革军委和中央红军主力到达懋功，21日晚，中央红军和红四方面军的部队举行联欢会，庆祝会师。

红四方面军为了向四川、甘肃边界发展，配合中央红军在川、黔、滇边的作战，于1935年3月底发起强渡嘉陵江战役。经过激烈的战斗，取得强渡嘉陵江战役的重大胜利。红四方面军由此打乱了敌人的"川陕会剿"计划，控制了嘉陵江以西纵横二三百里的广大新区，部队发展到8万多人，形成了极为有利的形势。党中央认为，两军的会合为开创红军和革命发展的新局面，创造了十分有利的条件，因此，"总的方针应是占领川陕甘三省，建立三省苏维埃政权"，目前应当先夺取松潘、平武，消灭胡宗南部。但是张国焘决定放弃川陕根据地，把原定留守根据地的部队、地方武装和一切后方机关都转移到嘉陵江以西。他采取这一行动，是由于对川陕根据地和整个革命形势作了悲观的估计。他看不到坚持川陕根据地的有利条件和对于策应中央红军的重大作用，认为尾追中央红军的蒋介石嫡系军队会很快进入四川，红军将招架不住，不如主动撤走。因此，他主张向西康发展，建立"川康政府",实现其所谓"川康计划"。张国焘的这种右倾思想,不可避免地要在战略行动方向问题上与中央发生严重分歧。

中央红军(会师后不久又改称红一方面军)与红四方面军会师后,总兵力约10万人,战斗力大为增强,士气更加旺盛;红四方面军主力正位于岷江两岸的镇江关、片口、北川、茂县地区,随时可向东向北发展;湘鄂川黔根据地的红二、六军团和陕甘根据地的红二十六、二十七军在反"围剿"斗争中,都取得了很大胜利;红二十五军在长征中创建了鄂豫陕根据地,粉碎了国民党军的第一次"围剿";留在南方八省十五个地区的红军和地方武装,在极其艰苦的条件下,积极开展游击战争,牵制和消耗了大量国民党军,在战略上有力地配合了主力红军的行动。

中共中央、中革军委根据当时蓬勃发展的抗日救国形势,以及川西、川西北地区多系高山深谷、地瘠民贫、经济落后的少数民族聚居区域,语言不通,风俗习惯不同,存在着复杂的民族矛盾,不利于红军的生存和发展,不适于建立根据地等情况,决定放弃遵义会议确定的在川西或川西北地区建立根据地的计划,继续北上,在川陕甘三省创建根据地,推动抗日救国运动的发展,开创中国革命和革命战争的新局面。

1935年6月16日,毛泽东同朱德、周恩来、张闻天联名致电张国焘、徐向前、陈昌浩,提出了继续北上,在川陕甘建立根据地的战略方针,但是,张国焘不同意中共中央提出的这一正确的战略方针。

6月17日,张国焘和陈昌浩致电中共中央,仍然坚持其南下川康边或组织远征军,"占领青海、新疆"的错误主张,说:"北川一带地形、给养均不利大部队行动,再者水深流急,敌已有准备,不易过。"由此可见,正确判断革命形势,适时制定正确的战略方针,已经成为党中央同张国焘的错误斗争的关键。

6月18日,毛泽东和朱德、周恩来、张闻天又致电张国焘、陈昌浩、徐向前,强调指出:"目前形势须集中大力首先突破平武,以为向北转移枢纽。其已过理番部队,速经马塘绕攻松潘,力求得手。否则,兄我如此大部队经阿坝与草原游牧区域入甘、青,将感绝大困难,甚至不可能。向雅、名、邛、大南出,即一时得手,亦少继进前途。因此,力攻平武、松潘,是此时主要一着。望即下决心为要。"

6月20日,中共中央再次致电张国焘:"从整个战略形势着想,如从胡宗南或田颂尧防线突破任何一点，均较西移作战有利。请你再过细考虑：打田敌方面是否有若干可能？则须力争此着，如认为绝无办法，则须暂时抛弃川陕甘方针，改变为向川西南发展。因此，出草原游牧地，此时极少可能，只有坚决的川西南方针才是出路。如此战役部署，则应以有力一部在东岸佯攻，西岸松潘方面亦必使用多的兵力，主力速向懋功开进，向雅、名、邛、大打去。这一动作，关系全局，须集中二十个团以上突然出击，且后续飞速跟进，方能一下消灭敌人大部，夺取广大地区展开战局。"并请他"立即赶来懋功，以便商决一切"。

为统一两军会师后的战略方针，党中央决定在两河口召开中央政治局扩大会议。

2. 两河口会议召开的经过及主要内容

1935年6月26日，中央政治局在两河口关帝庙召开扩大会议，会议由张闻天主持，出席会议的政治局委员和候补委员有毛泽东、周恩来、朱德、博古、王稼祥、张国焘、刘少奇、邓发、凯丰，列席会议的有刘伯承、李富春、林彪、聂荣臻、彭德怀、林伯渠等。会议的主要议题是讨论两军会师后的战略方针问题。

会上首先由周恩来代表党中央和中革军委作关于目前战略方针问题的报告，着重阐述了以下三个问题：

第一，关于战略方针。一、四方面军在会师以前的战略方针是不同的。红四方面军决定西去懋功向西康；红一方面军决定到岷江东岸，并派支队到新疆。两个方面军会师后在什么地区创建新根据地，首先要便利于我军作战，应力求具备如下三个条件：①地域宽大，好机动。松潘、理番、懋功地域虽大，但路狭，敌人容易封锁，我不易反攻。②群众条件好，汉族人口较多的地方。松潘、理番、懋功、汶川、抚边等八个地区人口只有20万，且藏民占多数。③经济条件好，要比较宽裕。松潘、理番、懋功一带粮食缺少，牛羊有限，布匹不易解决，军事补给困难，在大草原和游牧地，既不习惯又不安全。鉴于此，党中央决定在川陕甘建立新根据地，而且必须迅速前进。

第二，关于行动方针。目前一、四方面军的战略行动转移，如向南是不可能；向东过岷江也不可能，因岷江东岸有敌兵力一百三十个团，对我不利；向西北是广大草原。在这种情况下，党中央认为现只有转向到甘肃。应向岷山山脉以北向西，这里地域道路多，人口多，山少，可用运动战消灭敌人，以实现建立川陕甘根据地的战略方针。

第三，关于战略指挥。指挥问题的最高原则是：①应集中统一；②使作战更有力量，须统一为左、中、右三个纵队；③为克服粮食、气候、地形、少数民族区等各种困难，须加强政治工作。

周恩来作报告后，张国焘首先发言。

这是两军会合后他第一次在中央政治局会议上发言，因此大家听得很认真。出乎与会者预料的是，张国焘并没有坚持反对北进。但他在详尽介绍了西北地区和红四方面军的情况后，却依然提出了他的南下主张。

毛泽东在讲话中同意周恩来的报告，并提出了五点意见。

朱德发言，表示同意周恩来代表中央提出的总的战略方针。与会的其他同志都发了言，表示拥护周恩来代表中央提出的北上方针，认为当前最关键的是进行松潘战役。

张闻天作总结发言，指出：中央提出的北上的战略方针，大家的意见既然一致，就应一致来实现。这个战略方针是前进的、唯一正确的。要实现这个战略方针，首先要进攻松潘。那种避免战争的想法，是退却逃跑倾向，应尽力克服困难去创造川陕甘苏区。他强调，会师后在组织上应该统一。

会议由周恩来作结论讲话后，与会全体同志一致通过了周恩来报告中的战略方针，并委托张闻天起草《中共中央政治局决定——关于一、四方面军会合后的战略方针》。

张闻天夫人刘英担任这次会议记录。她后来在回忆录中对两河口会议作了简明概括："会开了三天，集中讨论战略方针问题，主要是围绕要不要打松潘的问题来讨论，从战略上说这是牵涉到向北还是向南的问题，从战役部署来说牵涉到谁当打松潘的先锋的问题。""张国焘明里不好反对打松潘，实际上又不愿当先锋。他怕四方面军同胡宗南碰，要保存实力。""毛主席很耐心，同他慢条斯理讲道理，说得他没有办法。最后他同意中央的决策，并同意由四方面军负责打松潘。"

6月29日，中共中央政治局在两河口召开第二次会议，张闻天主持会议，参加会议的人员有张闻天、毛泽东、周恩来、博古、王稼祥等，主要议题是组织问题。会议决定增补张国焘为中革军委副主席,徐向前、陈昌浩为中革军委委员。这为解决两军会师后的统一指挥提供了组织保证。

这次会议还讨论通过了中革军委根据中央政治局决定的战略方针制订的《松潘战役计划》。

两河口会议会址

3. 外国人关于两河口会议的评述

两河口会议是一、四方面军胜利会师以后,在战略方针出现严重分歧的情况下,党中央及时召开的一次政治局会议,其意义重大而深远。

关于两河口会议的情况,李德在《中国纪事1932—1939》中谈道:"无论是毛泽东还是张国焘,对两河口会议的结果都不甚满意。毛泽东竭力通过他在政治局和第一方面军的支持者动摇张在会师队伍中的地位,张国焘这方面也在竭力夺取党的领导权。冲突在酝酿着,最后由于外部环境的影响,终于公开爆发并导致了党和军队的分裂。在两河口,虽然谈到了一方面军和四方面军的联合,但实际上并未实现,只对一些高级指挥员的职务重新进行了调整。"[①] 而索尔兹伯里则这样描述两河口会议:"不管毛和张的关系如何——中国现代史专家用'冷

---

① 奥托·布劳恩著,《中国纪事1932—1939》,李逵六等译,东方出版社,1973。

淡'来形容两人之间的关系——第一和第四方面军的广大指战员一般都是非常融洽的。张国焘回忆，出席会议的有六名政治局委员：毛泽东、张国焘、朱德、周恩来、博古和洛甫。刘伯承和红军保卫局首脑邓发也在场，可能还有张的主要军事指挥员徐向前。但马尔康博物馆工作人员介绍的与会人员略有不同。他说会议参加者有：毛、周恩来、朱德、刘伯承、洛甫、刘少奇、凯丰、聂荣臻、张国焘、林彪和李富春。"① 在中国近代史多个领域均有建树的历史学家陈志让在其《剑桥中华民国史》中说，"或许他（张国焘）希望以他的军事优势和苏维埃运动必将失败的不移的信念，可以使大部分的党的领导跟着他走"，他"把苏维埃政府改为建立在少数民族基础上的西北自治政府却被提交这次高层干部会议去决定，这只是可能引发整个事件的一个楔子。这次高层干部会议，按说会在更大程度上代表四方面军的意见。如果张国焘自治政府的计划被接受，他将获得梦寐以求的在党内至高无上的领导地位"。② 而杨炳章则在他的《从革命到政治：长征与毛泽东的崛起》一书中提到一个有趣的现象——党中央致电张国焘时，"电文中的称呼不用共产党人常用的'同志'，而特别称呼张为'兄'。这里既有奉承的意思，也有疏远的意味"；而且杨炳章还评论说：张国焘与毛泽东"作为中共政治家有分歧，但也有共同利益——个人利益、所属部队利益以及面对共同的国民党敌人的全党全军的利益，但是这三层关系的联系是微妙的"。③ 克莱尔·霍林沃思则简略地提到："毛泽东与张国焘在有关红军最终去向问题上发生严重的意见分歧，在开过两次协商会也未能统一思想的情况下，张国焘带着一部分人（包括朱德）西去俄国方向，毛泽东则带着一部分人北上陕西。"④

可以看出，较多的外国研究者将毛泽东与张国焘之间的分歧过多地看成个人恩怨与权力斗争，没有更多地着眼于两河口会议对于统一红军行动战略方向上的作用。

---

① 哈里森·索尔兹伯里著，《长征——前所未闻的故事》，过家鼎等译，解放军出版社，2008。
② 陈志让著，《剑桥中华民国史》，中国社会科学出版社，1994。
③ 杨炳章，《从革命到政治：长征与毛泽东的崛起》，郭伟译，中国人民大学出版社，2013。
④ 克莱尔·霍林沃思著，《毛泽东和他的分歧者》，高湘泽等译，河南人民出版社，1989。

（五）吴起镇会议：宣告胜利扎根陕北

1. 吴起镇会议召开的历史背景

根据榜罗镇会议作出的保卫与扩大陕北苏区的新的战略决策，党中央率陕甘支队约6 000人分左、中、右三路纵队北上，通过通渭地区，翻越六盘山，又经过1 000多里的艰苦行军和英勇作战，从甘肃进入陕北，于1935年10月18日抵达铁边城。党中央在这里召开了政治局常委会议。参加会议的有张闻天、毛泽东、王稼祥、博古，以及林彪、聂荣臻、杨尚昆等。会上，张闻天指出：关于在陕北建立苏区问题，政治局同志无一异议；毛泽东在上次榜罗镇召集的会议上作出决定，大家是同意的，应批准；至于中央整个政治决议，应在与二十五、二十六军同志商量后再发。

在这次会议上，根据当时形势和部队实际情况，提出了许多议案。如红军入陕后的作战方针主要是在西边打蒋介石的嫡系部队，还是在南边打东北军，或是向北打的问题；同西北红军会合的方向和解决战略方针的问题；整顿部队，提高战斗力，群众工作，解决物资、冬衣等问题。上述问题迫切需要中央迅速作出决定。毛泽东在会上还指出，现在我们已到陕西，到保安尚有45天路，需要一天休息才好，这几天没有饭吃，不得不走，到前面有粮的地方休息。我们要把保安变为苏区，过去敌人对我们是追击，现在改为"围剿"，我们要打破这"围剿"，我们须在敌人"围剿"前做很多工作。这次会议实际上是吴起镇会议的预备会议。

1935年10月19日，党中央和陕甘支队进驻陕甘革命根据地吴起镇，在吴起镇进行了"切尾巴战斗"，同红十五军团胜利会师。至此，中央红军胜利地完成了历时一年、纵横11个省、行程25 000里的长征。党中央和中央红军终于找到了长征立足点，抵达最后的目的地，胜利地实现了历史性的战略转移。

党中央到达吴起镇后，为了研究中央红军到达陕北苏区后与陕北红军会师的有关问题，决定在这里召开政治局扩大会议。

2. 吴起镇会议召开的经过及主要内容

1935年10月22日，中央政治局在吴起镇召开会议。参加会议的有张闻天、博古、毛泽东、王稼祥、周恩来、邓发、李富春、聂荣臻、刘少奇、叶剑英、凯丰、贾拓夫、彭德怀等。会议的中心议题是总结俄界会议后红军的行动,确定新形势下陕甘支队的行动方针。

毛泽东在会上首先报告俄界会议以来的形势与陕甘支队的任务。主要内容是:

第一,宣布中央红军已完结一年长途行军,提出党的新任务是保卫与扩大陕北苏区,以领导全国革命。报告指出:自俄界出发已走2 000里,到达这地区的任务已完成了,"敌人对于我们追击堵击不得不告一段落","现在是敌人'围剿',而我们保卫与扩大陕北苏区,主要敌人是蒋介石、张学良、阎锡山。他们正准备对陕北苏区'围剿'"。所以,现陕甘支队应提出保卫陕北苏区的口号。俄界会议与张国焘决裂,那时口号是打到陕北去,以游击战争与苏联发生联系,榜罗镇会议改变了俄界会议的决定,因为那时得到了新的材料,知道陕北有这样大的苏区与红军,所以改变,决定在陕北保卫与扩大苏区。在俄界会议上想在会合后,带到接近苏联的地区去,那时保卫与扩大陕北苏区的观点是没有的,现在应批准榜罗镇会议的改变,从陕北苏区来领导全国革命。

第二,确定了红军当前作战方针。毛泽东根据陕北的环境和形势,阐明了红军的作战方针。他指出:10月到11月初约20天,"我们的方向应是西和西北,大的方向是陕甘,陕甘晋三省是发展的主要区域,现在先向西,以吴起镇为中心",整顿部队,扩大部队,做群众工作。

第三,规定了红军当前的中心工作。报告指出:在部队方面应提高战斗力,扩大红军,解决物质问题。这三件是目前部队中心工作。

第四,决定继续加强与国际联系。报告说:"与国际联系派一支队去,取得国际技术帮助,现在仍是一项重要任务,但目前我们具体不能派去,条件还不够。"

第五,重视同西北同志的团结。毛泽东指出:现在应极大注意两方面关系问题。"南北军队有些不同,互换领导,亦须注意。""我们应以快乐高兴的态度和他们见面。"

在讨论中,邓发、李富春、聂荣臻、刘少奇、叶剑英、凯丰、博古、贾拓夫、张闻天、彭德怀先后发言。他们着重阐述了下列主要问题:一是粉碎敌人"围剿",保卫与扩大陕北苏区。指出,如没有动员广大陕北群众，单靠陕甘支队的力量，是不能粉碎敌人"围剿"的。由于陕北苏区领导全国的革命运动，所以，任务是扩大和保卫陕北苏区，要采取一切力量来巩固与发展陕北苏区。二是拥护榜罗镇会议决定，使陕北成为领导全国革命的中心。指出，榜罗镇决定的改变是很正确的、重要的，是很应该的，应决定在此建立巩固苏区，应向战斗员解释。彭德怀指出，俄界会议还不能决定在陕甘的什么地区建立根据地，现已胜利到达这一地区，保卫这一苏区是唯一正确的方针。三是打通国际路线，取得苏联援助。刘少奇认为，打通国际路线，取得联络，现虽不能派部队，但用电报或通信与之联络是很重要的。博古认为，派一个支队去打通国际路线应拒绝，取得联络，求得指示，是很重要的，长期失去国际联络是损失。张闻天认为，国际路线无论如何要打通，主要是得到政治帮助，与之发生直接联系。四是加强与西北红军联系。叶剑英认为，应使二十五、二十六军了解中央红军到陕北苏区，为领导一方面军及二十五、二十六、二十八军，应公开军委与中央机关。他还提出，恢复一、三军团名义有很大历史意义。

　　毛泽东作会议总结发言时指出，党中央和中央红军已经完结一年的长途行军，开始新的有后方的运动战。他还强调指出："正确的方针，需要我们一致的努力，首先统一领导问题，应由政治局委托常委去解决。"

吴起镇会议会址

吴起镇会议是榜罗镇会议和铁边城会议的继续和完善。会议批准了榜罗镇会议把红军长征落脚点放在陕北的战略决策，决定党和红军今后的战略任务是建立西北苏区，以领导全国革命，从而宣告了中央红军长征的完结，开创了把全国革命大本营放在陕北的新的历史时期。这次会议为1935年11月上旬中央红军同西北红军顺利会师做了准备，对团结和汇聚西北革命力量起了重要作用。这次会议对我们党由土地革命战争向民族革命战争转变和党在西北地区建立抗日反蒋统一战线做了重要的准备，起着决定性的推动作用。

1935年10月29日，陕甘支队发表《告红二十五、二十六军全体指战员书》，明确指出，陕甘支队与红二十五、二十六军的会合，为的是"开展西北苏维埃运动的大局面，替中国苏维埃运动定下巩固的基础，迅速赤化全中国"，指出"我们的会合是中国苏维埃运动的一个伟大胜利，是西北革命运动大开展的导炮"，号召全体指战员"团结起来，为保卫和扩大陕北苏区，粉碎敌人新的'围剿'，开展西北苏维埃运动的大局面，开展神圣的民族革命战争，武装保卫苏维埃而斗争"。

3. 外国人对红军长征胜利到达吴起镇的评述

1935年9月18日，中央红军长征到达甘肃南部的哈达铺，党中央曾召开重要会议，决定红军长征以陕北为"落脚点"。是什么原因使红军长征要在陕北落脚呢？美国记者索尔兹伯里在他的《长征——前所未闻的故事》一书中，是这样说的："红军先头部队攻占哈达铺时，果断地拿下了邮局。他们在那里找到了国民党报纸，毛泽东和他的指挥官兴致勃勃，一口气读完了这些报纸。""这个有关去向的重大问题终于获得了解决。"[1] 杨炳章在《从革命到政治：长征与毛泽东的崛起》中提到："共产党领导人在哈达铺就已经意识到了，而且下决心挺进陕北，不是把陕北作为一块临时性跳板，而是作为永恒的根据地。"[2]

最终党中央胜利到达吴起镇，并连续在吴起镇召开会议，对于实现中央红军与陕北红军的胜利会师，克服和扭转陕北苏区和红军的危机，巩固

---

[1] 哈里森·索尔兹伯里著，《长征——前所未闻的故事》，过家鼎等译，解放军出版社，2008。
[2] 杨炳章著，《从革命到政治：长征与毛泽东的崛起》，郭伟译，中国人民大学出版社，2013。

和发展陕北苏区这个革命大本营具有十分重大的意义。

吴起镇会议宣告了中央红军长征的结束，决定党和红军今后的战略任务是"建立西北苏区，领导全国大革命"，确定陕西、甘肃、山西三省是发展的主要区域。这就为中国革命下一步的发展指明了正确的方向。中央红军长征的传奇性胜利，在国内外产生了广泛影响。共产国际高度评价中国工农红军的长征是"英雄斗争的模范"。[1] 史沫特莱在她的书中提到，"史诗般的长征结束了"，"重新合在一起的有战斗力的红军和1934年10月中央红军离开江西时的战斗力不相上下。来到西北的平原和山区以后，它是历史上一支无与伦比的坚强队伍"。[2] 王安娜则高度赞扬说："红军幸存的主力部队，经受了难以名状的艰难困苦的考验，在激烈的战火中锤炼成钢铁战士。他们都是有坚定的政治信念和不屈不挠精神的人。"[3]

---

[1] 姜思毅主编，《长征大事典（下卷）》，贵州人民出版社，1996。
[2] 史沫特莱著，《中国的战歌》，丘融译，新华出版社，1985。
[3] 王安娜著，《中国——我的第二故乡》，李良健、李希贤译，生活•读书•新知三联书店，1980。

第四章 外国人看长征：需要继续讲述的故事

长征在中国历史及至世界历史上都产生了巨大影响。80年来，很多外国人被红军长征的壮举所吸引，他们各自以不同的视角审视着红军的那一段历史，思索着长征精神对中国及至世界的影响。一些外国人起初是怀着好奇心，甚至是以质疑的态度来看待红军长征的，但通过对长征进行深入的了解和思考，他们都成了长征的崇拜者和赞颂者，并且开始以自己的视角和方式对长征进行解读。因此，很多人高度赞扬中国红军在长征中所表现出的英勇无畏精神。他们认为，长征精神不仅是一种民族精神，也是世界人民共同的精神财富。一些外国人通过实地走访，全景式地展现红军长征的整个过程，紧扣长征主题，以此凸显人类对生存的渴望和挑战自然的能力，力图淡化意识形态的色彩，而更多地探寻人类共同、共通的东西。

一、长征
——中国好故事讲给世界听

80年前，中国共产党领导红军用理想和信念、意志和力量、生命和鲜血谱写了豪情万丈的英雄史诗，树起了一座永不磨灭的丰碑。在历时两年的长征中，中国工农红军以无与伦比的英雄气概，粉碎了国民党几十万军队的围追堵截，战胜了自然界无数的艰难险阻，纵横十余省，转战数万里，最终到达了陕甘革命根据地，胜利完成了战略大转移，开创了中国革命的新局面。

长征不仅是中华民族一部惊天动地的英雄史诗，更是人类历史上的伟大壮举。它产生的巨大国际影响，让许多外国人士赞叹不已，他们盛赞长征在世界史上震古烁今。英国元帅蒙哥马利称赞长征"是本世纪最伟大的军事史诗,是一次体现出坚忍不拔精神的惊人业绩"①。苏联领导人斯大林在长征胜利结束后,说道:"中国共产党与国民党蒋介石斗争了十几年,经过长征到达了陕北根据地,这是件可喜的历史事件。"②

(一)长征是中国的"好故事"

从1934年第五次反"围剿"失败开始,以遵义会议为转折点,到1936年红一、二、四方面军三大主力胜利会师,在历时两年的征程中,中国共产党把自己的命运与中华民族的命运联系在一起,把军事上的战略转移与政治上的战略转变联系在一起,把长征前进的大方向与建立抗日的前进阵地联系在一起,实现了中国革命从挫折走向胜利的伟大转折。长征的胜利不仅使党、红军和中国革命转危为安,而且为党带领人民打败日本帝国主义的侵略,争取建设独立、自由、民主、统一、富强的新国家迎来了新曙光;它不仅推动了党的团结和成熟,而且为中国革命和建设奠定了重要基础。③所以,红军长征在中国革命和中国历史上有着非凡的意义。

1. 挽救了工农红军,开启了中国革命的新局面

由于王明"左"倾教条主义的错误,红军第五次反"围剿"失败,中央苏区面临着极其严峻的形势,不但根据地不断缩小,而且面临着共产党领导的工农红军被歼灭的危险。在此危急时刻,中共中央及红军被迫实行战略转移。然而,西行之路处处充满了坎坷和凶险。在两年的时间里,红军不仅要摆脱国民党军队的围追堵截,还要用生命去挑战各种恶劣的自然环境。在这生死攸关的转折点上,在革命的最危急关头,遵义会议的召开挽救了党、挽救了红军、挽救了中国革命。此后,以毛泽东为代表的党中央领导工农红军不断突破敌人封锁线,摆脱了敌人的围追堵截,战胜了恶

---

① 姜廷玉主编,《多视角下的长征》,国防大学出版社,2006。
② 姜廷玉主编,《多视角下的长征》,国防大学出版社,2006。
③ 高凤林著,《长征历史地位和作用新探》,中国社会科学出版社,2008。

劣的自然条件，在陕北建立起新的革命根据地。自此，中国共产党和红军不断壮大。

毛泽东在提到长征时，明确地说："谁使长征胜利的呢？是共产党。没有共产党，这样的长征是不可能设想的。中国共产党，它的领导机关，它的干部，它的党员，是不怕任何艰难困苦的。谁怀疑我们领导革命战争的能力，谁就会陷进机会主义的泥坑里去。长征一完结，新局面就开始。直罗镇一仗，中央红军同西北红军兄弟般的团结，粉碎了卖国贼蒋介石向着陕甘边区的'围剿'，给党中央把全国革命大本营放在西北的任务，举行了一个奠基礼。"①

2. 突破了重重围堵，粉碎了敌人扼杀中国革命的企图

从1934年10月中央红军撤出中央苏区开始，红二十五军、红四方面军和红二、六军团相继撤出鄂豫皖、川陕、湘鄂川黔根据地，也踏上了图存发展的征途。蒋介石为追剿并消灭红军，不顾"九一八"事变后国难当头，顽固坚持"攘外必先安内"的反动政策，先后调集上百万军队，对红军实施围追堵截，妄图全歼中国工农红军。

中国共产党领导的工农红军并没有被打垮，尤其是在遵义会议重新确立了毛泽东在党中央和红军中的领导地位后，以压倒一切敌人的英雄气概，经过长途跋涉和艰苦卓绝的斗争，粉碎了国民党几十万军队的围追堵截，克服了重重艰难险阻，纵横14省，相继在陕甘地区会师，使中国革命转危为安。此后，中国共产党以此作为革命大本营，将中国革命的胜利推向全国。长征"向全世界宣告，红军是英雄好汉，帝国主义者和他们的走狗蒋介石等辈则是完全无用的。长征宣告了帝国主义和蒋介石围追堵截的破产"②。

3. 纠正了"左"倾错误，确立了党的新一代领导核心

遵义会议后，毛泽东卓越的领导指挥使得红军摆脱了国民党军队的"围剿"，最终到了陕甘革命根据地，由此确立了毛泽东在党和红军中的最高

---

① 毛泽东著，《论反对日本帝国主义的策略》，《毛泽东选集（第一卷）》，人民出版社，1991。
② 毛泽东著，《论反对日本帝国主义的策略》，《毛泽东选集（第一卷）》，人民出版社，1991。

领导地位。

第五次反"围剿"和长征初期的失败，引起了广大指战员对于当时党和红军领导者的怀疑和不满，迫切希望改变中央领导，挽救革命战争的危局。同时中共中央也逐步认识到"左"倾教条主义的严重危害，如再继续执行下去，将面临全军覆没的危险。在革命的危急关头，党召开了具有伟大历史意义的遵义会议，选举毛泽东为中央政治局常委，确立了毛泽东同志在红军和全党的领导地位，拨正了中国革命的航向，从此红军踏上胜利的征程。此后，在以毛泽东为代表的中共中央、中革军委的正确指挥下，红军充分发挥运动战特长，四渡赤水、巧渡金沙江，以高度机动灵活的战略战术调动和打击国民党军，摆脱了几十万敌军的围追堵截，粉碎了蒋介石围歼红军于川滇黔的反革命计划，夺取了战争的主动权。这一胜利集中体现了毛泽东高超的军事指挥艺术，创造了红军战争史上的奇观。

正因为有了以毛泽东同志为核心的党中央的正确领导，我们党才能坚持按照马克思主义基本原理，紧密结合中国的具体实际，独立自主地解决中国革命的重大问题，使中国革命转危为安，走上顺利发展的道路。

4. 实现了北上抗日总方针，推动了全国抗日形势的发展

长征的伟大胜利，实现了把党中央领导全国革命的大本营放在西北、红军主力转移到抗日前线的战略任务，为党和红军的大发展创造了条件，开创了中国革命的新局面。

日本帝国主义的疯狂侵略，使中华民族面临亡国的危险，拯救国家和民族成为当时中国政治的主旋律。但蒋介石不顾国家安危，实行"攘外必先安内"的主张，对红军进行疯狂"围剿"。中国共产党及其领导的工农红军以抗日救国为己任，将战略转移与北上抗日有机结合在一起，把反"围剿"失败的战略退却转变为北上抗日的战略进军，积极高举抗日救国的伟大旗帜。在长征途中，红军指战员发表演说，张贴标语，宣传抗日主张，将自己拯救中华民族于危难之中的决心昭示于天下，使广大民众懂得了只有红军的道路才是解放他们的道路，只有中国共产党才是救亡图存的希望。长征的胜利使红军进入了抗日前进阵地，推动了全国抗日高潮的到来，促进了抗日民族统一战线的形成和全面抗战的发动，使中国革命由此进入一

个新的历史时期。1935年召开的瓦窑堡会议,更是将中国共产党在政治和军事上的路线由国内战争转向民族战争,有力地推动了全国抗日形势的发展,最终迫使蒋介石放弃了"攘外必先安内"的反动政策而与中国共产党携手共赴国难。红军长征的胜利,吹响了全民族觉醒和奋起的号角,它为中华人民共和国的大厦奠定了稳固的基石。

瓦窑堡会议会址

5. 建立了稳固的革命根据地,奠定了中国革命胜利的基石

中央红军由于未能打破国民党军队的第五次"围剿",军事上节节失利,根据地不断缩小,被迫突围,实行战略转移。其他革命根据地和红军也都受到严重挫折,形势日益恶化,不得不另行开辟新的根据地。1935年6月,中央红军与红四方面军在长征途中胜利会师,并在两河口召开会议,确定了创建陕甘宁根据地、迎接即将到来的抗日民族战争的战略方针。中国共产党建立陕甘宁抗日根据地,以陕甘宁抗日根据地为基点,将革命辐射到全国。

1935年9月,红二十五军到达永坪与陕北红军会师,成为各路红军中最早长征到达陕北的部队。同年10月,中共中央率领陕甘支队到达陕甘根据地的吴起镇,使中共中央领导全国革命的大本营奠基在陕北。随后,红一方面军通过东征、西征作战,巩固和扩大了陕甘苏区。长征的红军到达陕北后,与陕北红军一道致力于根据地的建设和巩固,最终将延安建设成中国的"红色之都"。陕甘宁抗日根据地的建设经验,对全国有着积极的指导意义,中国共产党在全国范围内先后创建了晋察冀抗日根据地、晋绥抗日根据地、晋冀鲁豫抗日根据地,开创了抗日战争的新局面。在解放战争期间,陕甘宁边区政府的建设和巩固、"三三制"原则的确立、土地改革的进行,一方面团结了最广大的中间力量共同革命,另一方面,边区政府的建设也为我党后来取得政权、进行政权建设积累了宝贵的经验。

6. 树立了历史丰碑,传承了不朽的长征精神

在长征中培育出来的长征精神,是伟大民族精神的最高体现,是中华民族精神史上的一座丰碑。英勇的红军将士在长征中所展现的那种坚韧不拔、勇于牺牲、乐于吃苦、重于求实、善于团结的精神,是人类精神的一次亘古未有的升华与张扬。

长征精神宣传画

(1) 乐于吃苦、不惧艰难的革命乐观主义

无论是拿破仑从莫斯科的大撤退,还是色诺芬率领 1 万名陷入困境的希腊雇佣军撤出波斯,其面临的艰险、蒙受的牺牲、创造的业绩,都无法与中国红军的长征相提并论。长征途中,红军将士面临一条条波涛汹涌的江河,一座座巍然耸立的雪山,一片片茫茫无际的草地,前有堵截的强敌,后有铺天盖地的追兵,上有狂轰滥炸的飞机……就在这"敌军围困万千重"

的逆境中，中国工农红军忍受了酷暑严寒、干渴饥饿，爬雪山，过草地，涉沼泽，眠雪野，食草根，苦战杀出了一条生路。长征给人们一种深刻的启示：一个民族、一个国家、一个政党、一支军队，只要有不畏艰难险阻、百折不挠的大无畏精神，就能够成就事业、创造辉煌。

（2）勇于战斗、无坚不摧的革命英雄主义

长征是充满革命英雄主义的史诗。长征是最严峻的生死考验，死亡的阴影时刻笼罩在红军将士的头顶上。无论是难以自拔的沼泽，还是茫茫无际的草地；无论是皑皑白雪，还是飞机大炮；无论是酷暑严寒，还是干渴饥饿……随时都有可能吞没他们的生命。就是在这样恐怖的环境中，红军将士怀着对共产主义的坚定信念和对革命事业的无比忠诚，抱定全心全意为人民服务的宗旨，以坚韧不拔的毅力，与穷凶极恶的敌人展开殊死斗争，将生的希望让给别人，把死的威胁留给自己，10万多名红军将士为此献出了自己的血肉之躯。他们那种忠于理想、忠于党、忠于人民的革命英雄主义精神永不泯灭。

（3）重于求实、独立自主的创新胆略

长征之初，红军面临覆没之险，党和红军饱尝了执行王明"左"倾教条主义路线的中央领导违背实事求是原则的苦果，后来红军摆脱险境，争得主动，获得生存，赢得胜利，是以毛泽东为代表的中共中央坚持实事求是原则的胜利。纵观长征的全过程，无论是弃湘西、转贵州，否定博古、李德的错误领导，确认以毛泽东为代表的正确路线，还是舍弃川西、北上陕甘，同张国焘的分裂主义做斗争；无论是四渡赤水河、智取娄山关、巧渡金沙江，还是强渡大渡河、飞夺泸定桥、突破腊子口……每一个战略方向的改变，每一项战略任务的确定，每一套战略战术的实施，每一次战斗胜利的取得，无不与共产党人的探索和求实精神息息相关。长征中所表现出来的独立自主、实事求是的创新精神是非常可贵的，没有这种精神就没有长征的胜利。

（4）善于团结、顾全大局的集体主义

长征途中，各路红军将士坚持中国共产党的正确领导，维护党中央的

集中统一，顾全大局、紧密团结、互助友爱、生死与共，表现出高度的全局观念和团结精神。毛泽东顾全大局，不计个人得失，主动提出向贵州进军的战略方针。遵义会议也没有清算"左"倾领导人的错误，而是集中全力解决在当时具有决定意义的军事问题和组织问题。各路红军互相配合，协同作战，有的部队为了主力部队的安全，不惜牺牲自己的局部利益，孤军奋战，直至战斗到最后一人。长征途中，红军将士同甘共苦、患难与共，朱德、周恩来等红军领导人把自己的马让给伤病员骑，自己则踏着泥泞道路艰难前进。长征路上，红军时时处处关心群众、宣传群众、武装群众，帮助群众建立革命政权，与各族人民团结战斗，共同对敌。沿途群众为红军筹款筹粮、烧水送饭、搜集情报、救护伤员、提供兵员，军民团结如一家，构筑了一道牢不可破的"御敌长城"。

（二）"他们"讲长征好故事给世界听

世界各国人民的斗争不是孤立存在的。一个国家发生重大的历史事件，往往引起别国的反应。中国共产党领导工农红军进行的长征，在国际上引起的反响是深远的。毛泽东早在长征尚未结束时，便预见到长征将产生的国际影响，并为扩大这种影响进行了工作。80年来，红军长征已经成为世界各国人民谙知的著名历史事件，成为了解中国革命历史的一个窗口。一些国际友人谈到中国现代历史时，常常提到"以长征为中心的中国现代史"。长征的英雄气概和艰苦卓绝的斗争得到全世界的称颂，甚至西方对中国共产党有成见的人士也无不认为长征是"人类历史上英勇无畏和坚韧不拔精神的典范"。长征精神不仅作为民族精神薪火相传，也令许多外国人赞叹不已，使得他们乐于向全世界讲述长征"好故事"。

美国著名作家和记者埃德加·斯诺在《红星照耀中国》中赞扬红军："冒险探索、发现、勇气和胆怯、胜利和狂喜、令人惊诧的革命乐观情绪，像一把烈焰，贯穿着这一切，他们不论在人力面前、或者在自然面前、上帝面前、死亡面前都绝不承认失败——所有这一切以及还有更多的东西，都体现在现代史上无与伦比的一次远征的历史中了。"斯诺认为，长征"是一次可浓墨重彩、大书特书的远征"，是一部"无与伦比的现代史诗"，"与它相比，汉尼拔越过阿尔卑斯山就像是一次假日远行"。①

埃德加·斯诺的《红星照耀中国》于1938年在美国出版，哈里森·索尔兹伯里读了此书，对长征产生了极大的兴趣。1984年4—6月，他几乎完全沿着中央红军的长征路线行进，途中也到了红二、六军团和红四方面军战斗过的部分地区，在进行了7 400英里的旅行后，认识到长征是"一项极其艰巨的任务"，"只有亲身走过这段路程的人才能以现实主义的方式描绘长征中的战斗和艰难困苦——特别是过雪山和草地"。走过长征路后，他认为长征是"红军的壮丽史诗"，人们"可以从某种意义上开始了解那些为了中国革命事业而不惜牺牲的男男女女的品质"，长征是"人类有文字记载以来最令人振奋的大无畏事迹"，长征是"激动人心的远征"，它不但"过去是激动人心的，现在它仍会引起世界各国人民的钦佩和激情"，"它将成为人类坚定无畏的丰碑，永远流传于世"。他通过对长征的了解，深切地认识到，长征是"一曲人类求生存的凯歌"。长征使"毛泽东及其共产党人赢得了中国。本世纪中没有什么比长征更令人神往和更为深远地影响世界前途的事件了"。②哈里森·索尔兹伯里对长征的深远意义更是赞赏有加：长征"锻造了在毛泽东领导下打垮蒋介石、夺取全中国的整整一代的人和他们兄弟般的革命情谊"，"长征在人类活动史上是无可比拟的"，"它所表现的英雄主义精神激励着一个有十一亿人口的民族，使中国朝着一个无人能够预言的未来前进"，"这种传奇式的牺牲和坚忍不拔的精神是中国革命赖以生存的基础。中国革命将从这些奋斗牺牲的传奇故事中汲取无尽的力量"。③

和哈里森·索尔兹伯里一道沿着长征路线走的夏洛特·索尔兹伯里，1986年在美国出版了《长征日记：中国史诗》一书，她说："长征的意义，我是深刻领会到了。如果不是沿着长征的路走一遍，没有见到那些开会的地方、战场，长征中跨越过的高山、草地、江河，没有和一些幸存者交谈，绝不可能做到这一点。"长征鼓舞着中国年轻的一代，使他们想着"他们要怎样生活才无愧于那些英雄，使英雄的精神永葆青春。"④

---

① 埃德加·斯诺著，董乐山译，《西行漫记》，东方出版社，2005。
② 哈里森·索尔兹伯里著，《长征——前所未闻的故事》，过家鼎等译，解放军出版社，2008。
③ 哈里森·索尔兹伯里著，《长征——前所未闻的故事》，过家鼎等译，解放军出版社，2008。
④ 夏洛特·索尔兹伯里著，《长征日记：中国史诗》，过家鼎等译，国际文化出版公司，1987。

美国前国家安全事务助理、著名学者布热津斯基认为："对崭露头角的新中国而言，长征的意义绝不只是一部无可匹敌的英雄主义的史诗，它的意义要深刻得多。它是国家统一精神的提示，也是克服落后东西的必要因素。"1981年7月，布热津斯基全家来到安顺场旅游，参观了当年中央红军胜利渡过的大渡河。回去之后，感触颇深的布热津斯基写了一篇题为《沿着长征路线朝圣记》的文章，描述了自己的感受："在我们走近大渡河时，曾经一度怀疑它是否真的像长征战士在回忆录中描述的那样水流湍急、险象环生，及至亲眼目击，才知并非言过其实。这条河水深莫测、奔腾不驯，加上汹涌翻腾的漩涡，时时显露出河底参差狰狞的礁石，令人触目惊心、不寒而栗，有几处，河水还以异常的速度倒流回旋。我们一行之中谁也没有见过这种水流现象。时而回流，时而顺流，时而侧流……似乎和地球的引力场不发生关系。原来大渡河自有它自己的生活规律！"布热津斯基不得不由衷地钦佩中国共产党及其领导下的中国工农红军，在这样艰苦的环境下，依然取得了长征的辉煌胜利。

伟大的国际主义战士、加拿大著名医生白求恩在日记中写道："我一回想长征，就想到毛泽东同志和朱德同志领导着红军经过二万五千里的长途跋涉，从而挽救了中国。"

美国友人、著名医生乔治·海德姆（中文名马海德）说："我深为红军长征的精神所吸引，长征是中国人民的骄傲。"1936年，在宋庆龄的推荐下，来自美国的医学博士乔治·海德姆和记者埃德加·斯诺一起前往陕北，实地考察中国共产党领导的苏区情况和了解中国共产党的抗日主张。后来，海德姆随中国工农红军第一方面军南下甘肃省迎接在长征途中的第二、四方面军。10月，红军三个方面军在甘肃省南部胜利会师后，他又先后随第二、四方面军行动。1937年1月，海德姆随红军队伍回到陕北延安后，以满腔热情投入工作中，担任了革命军事委员会的卫生顾问。1937年2月，海德姆加入了中国共产党。他激动地说："从此，我能够以主人翁的身份，而不是作为一个客人置身于这场伟大的解放事业之中，我感到极大的愉快。"①

在朝鲜半岛，长征的故事和精神也在当地民众中广泛流传。朝鲜已故领导人金日成曾说过："中国共产主义者根据毛泽东的战略思想，冲破蒋介

---

① 姜廷玉主编，《多视角下的长征》，国防大学出版社，2006。

马海德(左)与毛泽东在延安

石的包围,在北上抗日的旗帜下开始了二万五千里的长征。……中国共产主义者北上抗日的滚滚洪流,在中国大陆蓬勃开展的抗日救国运动,也为包括东满①在内的满洲地区朝中两国共产主义者的革命斗争创造了有利的条件。"2005年,韩国大中华电视台播放我国拍摄的24集电视连续剧《长征》(韩国译名为《毛泽东的大长征》)。韩国媒体评论说:长征是中国共产党创造的奇迹,不理解"长征精神",就不能理解中国,就无法同中国进行充分的交流。

韩国大中华电视台在播放《毛泽东的大长征》

---

① "九一八"事变后,日本在我国东北扶植建立了伪满洲国。东满指今吉林省东部地区。中国共产党曾在20世纪30年代成立中共东满特别委员会,领导各族人民同日寇斗争。

2016年7月，一部从独特视角反映长征题材的电影《勃沙特的长征》在贵州省安顺市旧州古镇开机，电影由青年导演孟奇执导，美国演员白雷森（音译）扮演曾随萧克领导的红六军团进行长达18个月长征的瑞士传教士勃沙特。这部电影也是讲述长征好故事的生动力作。

《勃沙特的长征》开机仪式

二、以国际眼光"讲中国好故事，讲好中国故事"

今天，我们在80年后回顾长征在海外传播的历史，会得到不少启迪。当年之所以能够突破国民党的新闻舆论封锁，得以较快地向世界传播长征，首先是因为红军长征是人类历史上的奇迹，是当时国外媒体及受众普遍关注的一大热点。中国共产党与中国革命的命运如何，国共能否形成抗日统一战线，长征的早期传播正是用事实回答了这些人们关注的问题。其次，在国民党严密的封锁和共产党尚无有力传播手段的情况下，中共领导人能够采取巧妙、迂回的办法及借助于外界媒体，开展对外传播。最后，因为共产党用事实说话，显示了真实的力量。早期传播长征的作者，有长征亲历者，有当事人采访者，他们都着重于真实性，用感人的事实作平实的介绍。而这种朴实的、有时又含有正负面平衡、少有宣传味道的传播方法正是国外受众易于接受的。这值得我们对外传播工作者好好学习借鉴。

如今,中国的好故事一个接着一个,"长征"作为其中一个优秀的代表,在被一批批外国人介绍到海外的同时,也在有意无意间把中国共产党带领中国人民不畏艰难、勇于奋斗,创造一个又一个奇迹的好故事带到了海外。以"长征精神""长征文化"为代表的中国走向世界,无论是过去还是现在,都具有十分重要的意义和价值。

长征,这场伟大的、史诗般的战略大转移,引起了国际上的无数关注,受到了世人的敬仰和称颂,红军长征的光辉历史在世界人民心目中占有十分重要的地位。80年来,外国人研究介绍红军长征的热情经久不衰,以斯诺的《西行漫记》为例,此书一问世,立即引起了国际上的轰动,其几十万的国外读者群中包括学者、政要、学生及军人,等等。几十年来,该书再版多次,并被翻译成俄、德、法、意、荷、瑞典、印地等20多种文字,在全世界广为流传。这就使红军长征在国际上的影响力进一步扩大。

新中国成立以后,国外研究介绍红军长征的书籍如雨后春笋般不断地涌现。在外国人的这些著述中,作者热情地向世界人民介绍中国红军的长征,反映长征在中国革命进程中的重大历史作用,赞颂红军在长征中表现出的伟大精神。当今世界,无论是思想家、政治家、历史学家还是普通民众,他们对中国红军长征的历史都不会感到陌生。80年来,长征以其特有的魅力吸引着无数的国际人士,不同民族、国家、地域以及不同年龄的人纷至沓来,沿着红军当年的脚步重走这段漫长的征途。无论他们重走长征路的理由和目的如何,一个共同原因不可不提,那就是"长征精神""长征文化"在海外的传播。他们在重走这段征途的同时,也使这段峥嵘岁月融入了世界。同时,中国共产党的文化也被推介到了海外,外国民众对中国、对中国共产党也有了新的认识。罗马尼亚前驻华大使V·伊斯蒂奇瓦亚就曾说道:"红军长征是中国近代史上非常重要的历史事件,我作为外国驻华外交人员,了解中国执政党的历史是非常必要的。历史证明,一个坚强的领导核心团结各阶层的人员参加革命,形成一支强大的力量,才能达到一个共同的目标。"[1] 也有外国媒体评论认为:"长征是中国共产党创造的

---

[1] 丁海明,《外国人参观长征胜利70周年展览见闻》,载《解放军报》,2006年10月18日。

奇迹，不理解长征精神，就不能理解中国，就无法同中国进行充分的交流；长征是人类史上的奇迹，同时也是中国共产党把中国革命引向胜利的历史记录，在长征中诞生的'长征精神'，体现了中国人民的自豪和顽强意志，从这种精神中，可以看到中国在现代世界史中将发挥中心作用的潜力。"①由此我们可以看到，"长征精神"和"长征文化"已然超越了时空和地域局限，冲出了国门而走向世界，成为全人类共同拥有的财富。

80年来，一批批外国人介绍、研究长征是一种在自主、自发的自然状态下的传播行为。然而，中国共产党带领中国人民不懈奋斗的一个个"好故事"毕竟是中国共产党人和中国人民共同创造的，它是属于全体中国人民的。所以，笔者对于向世界"讲中国好故事、讲好中国故事"有着自己的几点思考：

一是遵循实事求是的原则，打造"好故事"精品

新中国的历史核心载体是中国共产党的历史，对待历史我们务必保持客观公正的态度，对待我们党的历史更应该实事求是，这关系着外部世界对中国共产党的认知与评价。中国共产党是马克思主义的政党，中国共产党讲求实事求是、客观公正，这既是马克思主义的本质要求，也是外界对中国共产党人的期许。然而，当前我国社会文化领域里出现了一些不正常的现象：一些涉及党的历史的文化作品极尽调侃之能事，用戏谑的口吻嘲讽党的某些事迹、某些人物；有一些媒体节目未经考证，臆测党的某些鲜为人知的历史；更有甚者，部分影视作品"恶搞"党的历史，出现了一些所谓的"抗日神剧"，把共产党员夸大为"奇侠"而无所不能。凡此种种，不仅歪曲了中国共产党的历史，扭曲了党在部分群众心目中的形象，更是阻碍了中国文化的健康发展。文化大发展大繁荣的标志就是有越来越多的无愧于历史和人民并且符合时代要求的作品不断涌现，这是我们创作文化精品的题中应有之义。文化要实现健康发展、散发持久魅力，需要的是更多质量高、影响力大的文化精品。只有那些高质量的文化精品才能够占领思想文化阵地，引领社会主流文化，发挥资政育人的作用。回顾外国人对长征的传播历史，尽管部分学者囿于条件出现了对长征研究的疏漏和瑕疵，

---

① 徐宝康，《韩国关注"长征精神"》，载《人民日报》，2005年9月8日。

但是他们力求客观公正的实证主义精神和实事求是的态度着实给人以深刻的印象。打造文化精品需要的就是这种孜孜以求的研究精神和实事求是的研究态度。"己所不欲，勿施于人"，只有打造文化精品，我们才有继续推动中国文化向海外传播的自信和勇气。

二是保持"好故事"的精髓，挖掘人类的共同价值

事物发展的趋势遵循的是否定之否定的规律，呈现的是螺旋式的上升。红色文化在发展的过程中就经历过这种螺旋式的上升，遭遇到挫折与曲折，曾经一度出现过泛滥化、娱乐化和庸俗化的不健康倾向而遗失了自身的价值精髓。鉴于此，我们在推动文化向前发展的同时，务必坚定地保持文化的精髓。红色文化的精髓就是中国共产党人全心全意为人民的理想追求，其蕴含的是中国共产党执政合法性的历史逻辑，这其中是有着意识形态意味的。如果我们在传播文化的过程中剔除了其精髓性的特质、抹去了其意识形态的色彩，红色文化的对外传播就失去了最本真的意义。当前，虽然社会主义的中国与资本主义的西方世界处于和平共处、共同发展之中，我们应尽量避免简单的、粗糙的意识形态宣传，但这并不意味着对意识形态的维护不迫切、不重要。事实上，西方国家输出文化产品从来就不是单纯的国与国之间的文化交流，最典型的就是美国在与其他国家进行文化交流的时候，始终秉持着"输出民主战略"，即"综合运用多种手段，把根据自身价值观念界定的民主传播或强加给别的国家，改造其他国家政权形式，影响其他国家政治发展，在全世界实现美国式的民主制度，建立和巩固美国在世界上领导地位的战略"，"文化已经成为美国穿透强大障碍的渗透工具"。例如以美国为首的西方国家习惯性地向世界兜售所谓的"宪政"理念和"普世价值"，其背后隐藏的是资产阶级的生存理念和活动法则，有着险恶的政治意图，但却在世界范围内占有相当大的市场。可是，他们却常常倒打一耙，指责我们与世界各国进行正常的文化交流活动，这就是典型的霸权逻辑。如果在传播文化的过程中，我们有意无意地抛弃了属于文化精髓的东西，就是在画地为牢、自缚手脚，把自己的行动置于"敌人"允许的范围内。党的历史已经证明：这是十分有害的！然而，这绝不意味着我们可以用简单粗陋的方式宣扬自身意识形态的正当合理性。文化传播是一项充满智慧的事业，讲求的是策略和方法，尤其是在进行跨文化传播

的时候。在传播文化的过程中,我们要注重挖掘、突出党史文化当中属于人类共同价值的主题,比如战胜自然的勇气、克服困难的斗志、追逐理想的信念等具有人类普遍共识的价值观念,其中的隐语却是中国共产党人为人民、为理想奋斗的高贵品质。这样的传播就更具有隐蔽性,而不至于招致其他国家政府的反感,也更容易为世人所接受。

三是树立文化的传播意识,创新"好故事"讲述手段

几十年来,外国人通过对中国革命相关史实的介绍与研究,把红色文化传播到了海外,这是外国人的自发行为。然而,红色文化毕竟是属于中国共产党和全体中国人民的,我们是中国共产党历史的叙事主体。因此,把专属于中国的红色文化传播出去我们更加责无旁贷。所以,树立传播文化的自觉意识是我们的首要任务。我们应该有这样一种观念:保护文化就是维护党的优良传统;开发党史文化就是发展社会主义先进文化;弘扬文化就是积聚党的政治优势。总之,一切的一切都是为了巩固党的执政地位。有了这些思想认识,我们才能做到心中有数,更加自信自觉。一般来说,文化的影响力源于两个方面:一是其本身内容的独特魅力;二是传播文化的手段和能力。如果把党史工作者的研究成果作为资料"存史"而束之高阁,寄希望于它自然发酵而弥漫、传播,在这个"酒香也怕巷子深"的时代是远远不够的。当今时代是一个传媒时代,媒体是传播文化和推介主流价值观念最主要的载体。虽然传统媒体正在不断衰落,但是各种形式的新媒体却层出不穷,其影响力也日益强大,支撑着整个社会传播文化的重任。然而,一直以来,我们对文化的宣传更多的是倚重传统的纸质媒介,这种相对单一的传播手段使得文化的影响力越来越弱,本应成为社会主流文化的内容逐渐被边缘化而有沦为亚文化的危险。因此,创新文化的传播手段,积极利用新媒体宣传党史文化就显得尤为重要。方式、手段可以多种多样,例如,我们可以借助于电视媒体的各种"文化讲坛"来普及红色知识、传播红色文化;我们可以在主流网站的专栏,为读者追忆革命先烈和革命事迹提供平台;还可以将红色文化融入电影、电视、动画乃至电子游戏作品当中,使广大青少年在潜移默化间受到文化的熏陶,让文化慢慢地渗入人们的思想当中。然而,当今中国各种思潮纷繁复杂,它们在不同程度上影响着人们的价值取向和行为准则。因此就需要一个社会主流价值观来统筹

全局、整合各种思潮，涤荡意识形态领域的污浊观念，促进各种积极的文化因子充实社会主义多元文化。所以，文化的传播不应成为被动自发的状态，我们要有推动文化对外传播的意识和一些基于传播的策略考量，从而主动地把它引向世界，使其引领风尚。

参 考 文 献

[1] Agnes Smedley. Chinese Destinies: Sketch of Present-day China[M]. New York: The Vanguard Press, 1933.

[2] Agnes Smedley. Chinese Red Army Marches[M]. New York: The Vanguard Press, 1934.

[3] Agnes Smedley. The Great Road: The Life and Times of Chu Teh[M]. New York: Monthly Review Press, 1956.

[4] Agnes Smedley. Battle Hymn of China[M]. New York: Da Capo Press, 1975.

[5] Claire William Band. Two Years with the Chinese Communists[M]. New Haven: Yale University Press, 1948.

[6] Edgar Snow. Journey to the Beginning[M]. New York: Random House, 1958.

[7] Janice R MacKinnon, Stephen R MacKinnon, Agnes Smedly. The Life and Times of An American[M]. Radical Berkeley, Los Angeles: University of California Press, 1988.

[8] Zhao Yifan, Agnes Smedley. An American Intellectual Pilgrim in China[D]. Harvard University, 1989.

[9] Kenneth E. Shewmarker. Americans and Chinese Communists,1927–1945[M]. Cornell: Cornell University Press, 1971.

[10] Bensen Lee Grayson. The American Image of China[M]. New York: Fredrick Ungar, 1979.

[11] Nym Wales. Inside Red China[M]. Beijing: Foreign Languages Press, 2004.

[12] [美]肯尼思·休梅克. 美国人与中国共产党人[M]. 郑志宁, 等, 译. 长春：吉林文史出版社, 1989.

[13] 肖显社. 东方魅力[M]. 北京：中共党史出版社, 1996.

[14] [德]奥托·布劳恩. 中国纪事1932—1939[M]. 李逵六, 等, 译. 北京：东方出版社, 1973.

[15] [美]约翰·马克斯韦尔·汉密尔顿. 埃德加·斯诺传[M]. 北京：学苑出版社, 1990.

[16] [美]艾格妮丝·史沫特莱. 伟大的道路——朱德的生平和时代[M]. 梅念, 译. 北京：生活·读书·新知三联书店, 1979.

[17] 解放军政治学院. 中共党史参考资料（第7册）[G]. 1984.

[18] [美]费正清. 费正清中国史[M]. 张沛, 等, 译. 长春：吉林出版社, 2015.

[19] [美]杨炳章. 从革命到政治：长征与毛泽东的崛起[M]. 郭伟, 译. 北京：中国人民大学出版社, 2013.

[20] [美]莫里斯·梅斯纳.毛泽东的中国及其发展——中华人民共和国史[M].张瑛,等,译.北京:社会科学文献出版社,1992.
[21] [英]安东尼·劳伦斯.《中国——长征》[M].北京:中国摄影出版社,1986.
[22] [英]李爱德,马普安.两个人的长征[M].姜忠,译.武汉:长江文艺出版社,2005.
[23] [美]施拉姆.毛泽东[M].中共中央文献研究室编译组,译.北京:红旗出版社,1995.
[24] [美]埃德加·斯诺.西行漫记[M].董乐山,译.北京:东方出版社,2005.
[25] [美]哈里森·索尔兹伯里.长征——前所未闻的故事[M].过家鼎,等,译.北京:解放军出版社,2008.
[26] 中共中央党史研究室第一研究部.红军成长史[M].北京:中共党史出版社,2006.
[27] 中共中央党史资料征集委员会.遵义会议文献[M].北京:人民出版社,1985.
[28] 刘伯承.回顾长征[N].人民日报,1975-10-19.
[29] 聂荣臻.聂荣臻回忆录[M].北京:解放军出版社,1984.
[30] 中国人民解放军历史资料丛书编审委员会.红军长征·文献[M].北京:解放军出版社,1995.
[31] 邓力群.介绍和问答——学习关于建国以来党的若干历史问题的决议[M].北京:北京出版社,1981.
[32] [美]R·特里尔.毛泽东传[M].刘路新,高庆国,等,译.石家庄:河北人民出版社,2010.
[33] [美]瑞贝卡·卡尔.毛泽东传[M].龚格格,译.长沙:湖南人民出版社,2013.
[34] [英]迪克·威尔逊.毛泽东传[M].中共中央文献研究室编译组,译.北京:国际文化出版公司,2011.
[35] 中央档案馆.中共中央文献选集(1934—1935)[M].北京:中共中央党校出版社,1992.
[36] 中国人民解放军政治学院党史教研室.中共党史参考资料(第七册)[M].北京:人民出版社,1979.
[37] 《中国人民解放军军史》编写组.中国人民解放军军史(第一卷)[M].北京:军事科学出版社,2010.
[38] 中共中央毛泽东选集出版委员会.毛泽东选集(第2卷)[M].北京:人民出版社,1991年.
[39] 马宣伟,肖波.四川军阀杨森[M].成都:四川人民出版社,1983.
[40] 胡大牛.长征时期朱德在四川的活动[J].中国现代史,1986(11).
[41] 中共广西壮族自治区党史研究室.中国共产党与少数民族人民的解放斗争[M].北京:中共党史出版社,1999.
[42] 中共中央文献研究室.周恩来年谱[M].北京:中央文献出版社,2007.
[43] 中央档案馆.中共中央文件选集(第10册)[M].北京:中共中央党校出版社,

1991.

[44] [美]埃德加·斯诺. 斯诺文集：复始之旅[M]. 董乐山，等，译. 北京：新华出版社，1984.

[45] [美]艾格妮丝·史沫特莱. 中国的战歌[M]. 丘融，译. 北京：新华出版社，1985.

[46] [美]白修德，贾安娜. 中国的惊雷[M]. 瑞纳，译. 北京：新华出版社，1988.

[47] [美]理查德·尼克松. 领袖们[M]. 施燕华，等，译. 海口：海南出版社，2012.

[48] [美]埃德加·斯诺. 漫长的革命[M]. 贺和风，译. 北京：东方出版社，2005.

[49] [美]埃德加·斯诺，等. 周恩来访问记[M]. 宋连，译. 香港：万源图书公司，1976.

[50] 许芥昱. 周恩来传[M]. 香港：明报出版有限公司，1977.

[51] 梁金安. 外国政要视野中的周恩来[M]. 北京：中央文献出版社，2013.

[52] [英]韩素音. 周恩来与他的世纪[M]. 北京：中央文献出版社，1992.

[53] [英]迪克·威尔逊. 周恩来传[M]. 封长江，译. 北京：解放军出版社，1990.

[54] [美]尼姆·威尔斯. 续西行漫记[M]. 陶宜，等，译. 北京：生活·读书·新知三联书店，1991.

[55] [新西兰]詹姆斯·门罗·贝特兰. 中国的第一幕——西安事变秘闻[M]. 牛玉林，译. 西安：陕西人民出版社，1989.

[56] 鲍世修. 海伦·斯诺笔下的红军将领[J]. 国际人才交流，2013（5）：56-57.

[57] [美]白修德. 探索历史——白修德笔下的中国抗日战争[M]. 马清槐，等，译. 北京：生活·读书·新知三联书店，1987.

[58] [美]尼姆·威尔斯. 西行访问记[M]. 华侃，译. 上海：译社独立出版公司，1939.

[59] [美]斯图尔特·施拉姆. 毛泽东[M]. 中共中央文献研究室编译组，译. 北京：红旗出版社，1987.

[60] [英]罗杰·霍华德. 毛泽东与中国人民[J]. 毛泽东思想研究，1992（2）：138-144.

[61] [德]王安娜. 中国——我的第二故乡[M]. 李良健，李希贤，译. 北京：生活·读书·新知三联书店，1980.

[62] [英]克莱尔·霍林沃思. 毛泽东和他的分歧者[M]. 高湘泽，等，译. 郑州：河南人民出版社，1989.

[63] [俄]亚历山大·潘佐夫. 毛泽东传（上）[M]. 卿文辉，等，译. 北京：中国人民大学出版社，2015.

[64] 李世明. 历史的决策[M]. 北京：国防大学出版社，2012.

[65] [英]韩素音. 早晨的洪流——毛泽东与中国革命[M]. 韦文朔，齐力，译. 北京：北京出版社，1979.

[66] [美]杨炳章. 遵义会议：毛泽东的崛起 [J]. 毛泽东思想研究，1989（1）：119-136.

[67] [美]夏洛特·索尔兹伯里. 长征日记：中国史诗 [M]. 王之希，许丽霞，译. 北京：国际文化出版公司，1987.

[68] [匈]巴拉奇·代内什. 邓小平 [M]. 阚思静，季叶，译. 北京：解放军出版社，1988.

[69] 陈志让. 剑桥中华民国史 [M]. 北京：中国社会科学出版社，1994.

[70] 姜思毅. 长征大事典（下卷）[M]. 贵阳：贵州人民出版社，1996.

[71] 姜廷玉，等. 多视角下的长征 [M]. 北京：国防大学出版社，2006.

[72] 高凤林. 长征历史地位和作用新探 [M]. 北京：中国社会科学出版社，2008.

[73] 毛泽东. 论反对日本帝国主义的策略 [G]// 毛泽东选集（第一卷）. 北京：人民出版社，1991.

[74] 丁海明. 外国人参观长征胜利70周年展览见闻 [N]. 解放军报，2006-10-18.

[75] 徐宝康. 韩国关注"长征精神" [N]. 人民日报，2005-09-08.

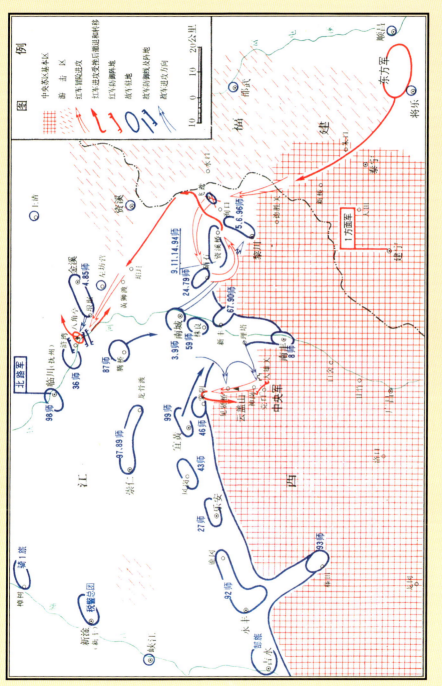

红一方面军第五次反"围剿"作战经过要图（一）
（1933年9月下旬—11月中旬）

资料来源：《中国人民解放军战史》（上卷），军事科学出版社，1987。

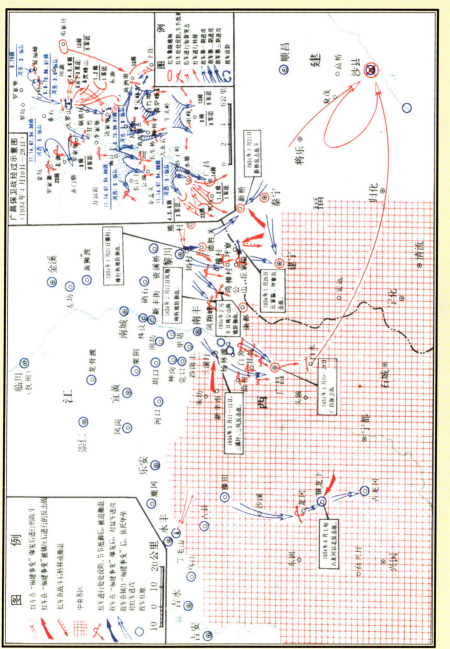

红一方面军第五次反"围剿"作战经过要图（二）
（1933年11月—1934年6月）

资料来源：《中国人民解放军战史》（上卷），军事科学出版社，1987。

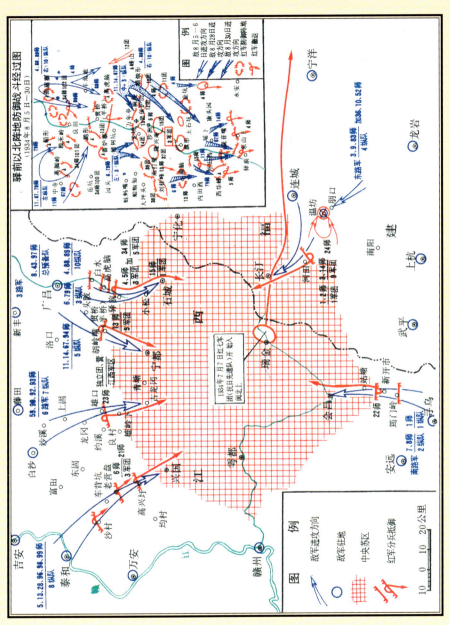

红一方面军第五次反"围剿"作战经过要图（三）
(1934年7月—9月)

资料来源：《中国人民解放军战史》（上卷），军事科学出版社，1987。

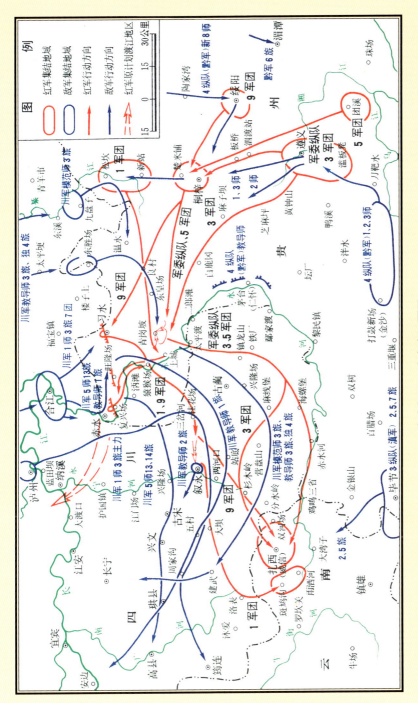

中央红军一渡赤水河要图
（1935年1月19日—2月9日）

资料来源：《中国人民解放军战史》（上卷），军事科学出版社，1987。

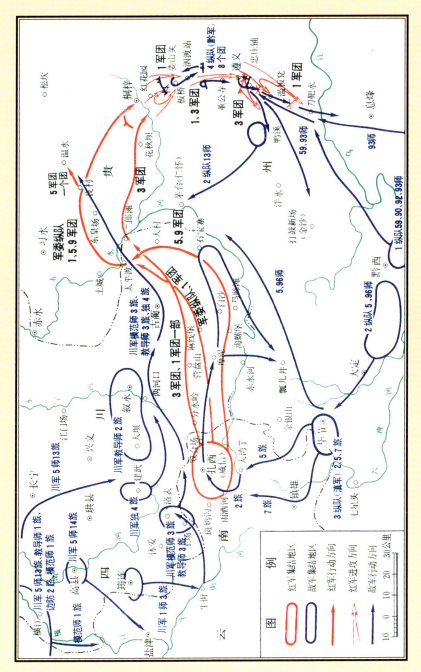

中央红军二渡赤水河要图（1935年2月11日—3月1日）

资料来源：《中国人民解放军战史》（上卷），军事科学出版社，1987。

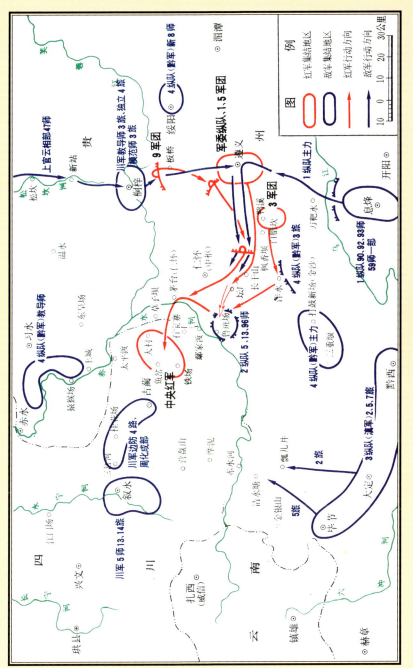

中央红军三渡赤水河要图（1935年3月11日—19日）

资料来源：《中国人民解放军战史》（上卷），军事科学出版社，1987。

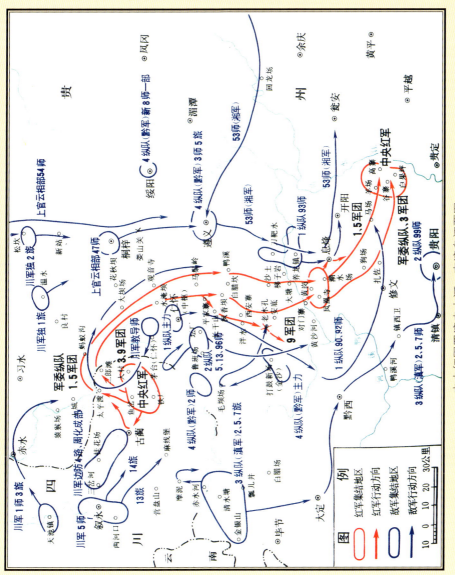

中央红军四渡赤水河、南渡乌江要图
（1935年3月20日—4月5日）

资料来源：《中国人民解放军战史》（上卷），军事科学出版社，1987。

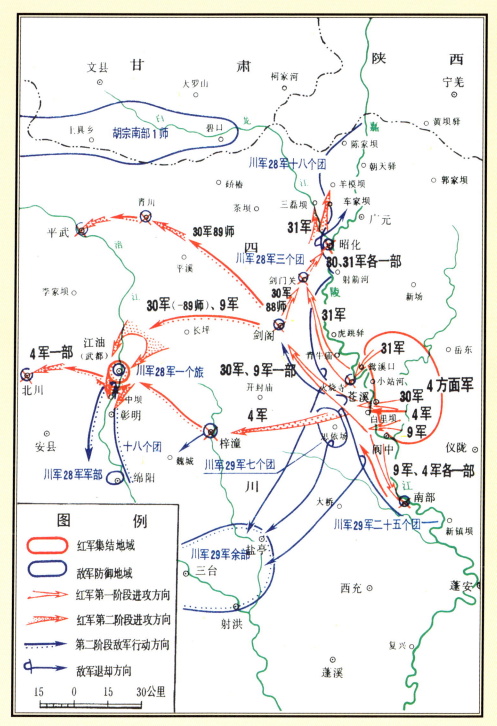

红四方面军嘉陵江战役经过要图
(1935年3月28日—4月21日)

资料来源:《中国人民解放军战史》(上卷),军事科学出版社,1987。

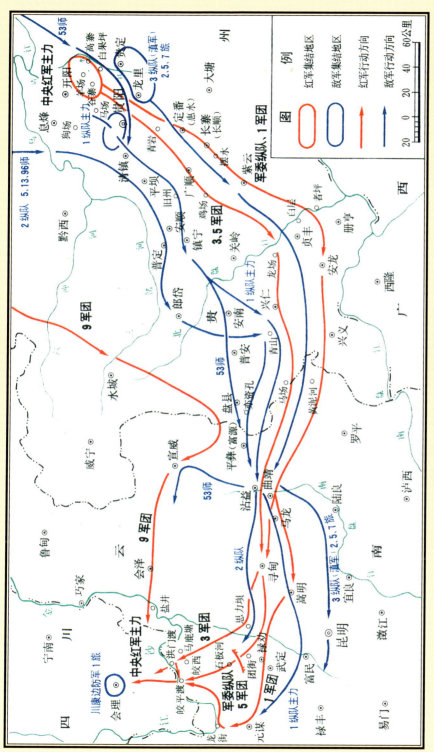

中央红军进军云南、巧渡金沙江要图（1935年4月8日—5月9日）

资料来源：《中国人民解放军战史》（上卷），军事科学出版社，1987。

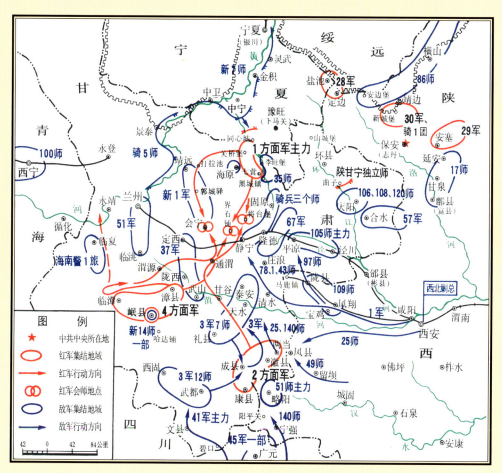

三大主力红军会师示意图
（1936年10月）

资料来源：《中国人民解放军战史》（上卷），军事科学出版社，1987。